毛姆

一只贴满标签的旅行箱

W.S. Maugham　刘世芬 ◎ 著

成都时代出版社
CHENGDU TIMES PRESS

图书在版编目（CIP）数据

毛姆：一只贴满标签的旅行箱 / 刘世芬著. -- 成都：成都时代出版社，2022.1
ISBN 978-7-5464-2950-2

Ⅰ.①毛… Ⅱ.①刘… Ⅲ.①毛姆（Maugham, William Somerset 1874-1965）—生平事迹 Ⅳ.①K835.615.6

中国版本图书馆 CIP 数据核字（2021）第 250200 号

毛姆：一只贴满标签的旅行箱
MAOMU: YIZHI TIEMAN BIAOQIAN DE LUXINGXIANG

刘世芬　著

出 品 人	达　海
责任编辑	樊思岐
责任校对	刘　瑞
装帧设计	柳育婷
责任印制	车　夫
出版发行	成都时代出版社
电　　话	（028）86618667（编辑部） （028）86615250（发行部）
网　　址	www.chengdusd.com
印　　刷	天宇万达印刷有限公司
规　　格	710mm×1000mm　1/16
印　　张	16
字　　数	240千字
版　　次	2022年1月第1版
印　　次	2022年1月第1次印刷
印　　数	1-20000
书　　号	ISBN 978-7-5464-2950-2
定　　价	45.00元

著作权所有·违者必究
本书若出现印装质量问题，请与工厂联系。电话15901190372

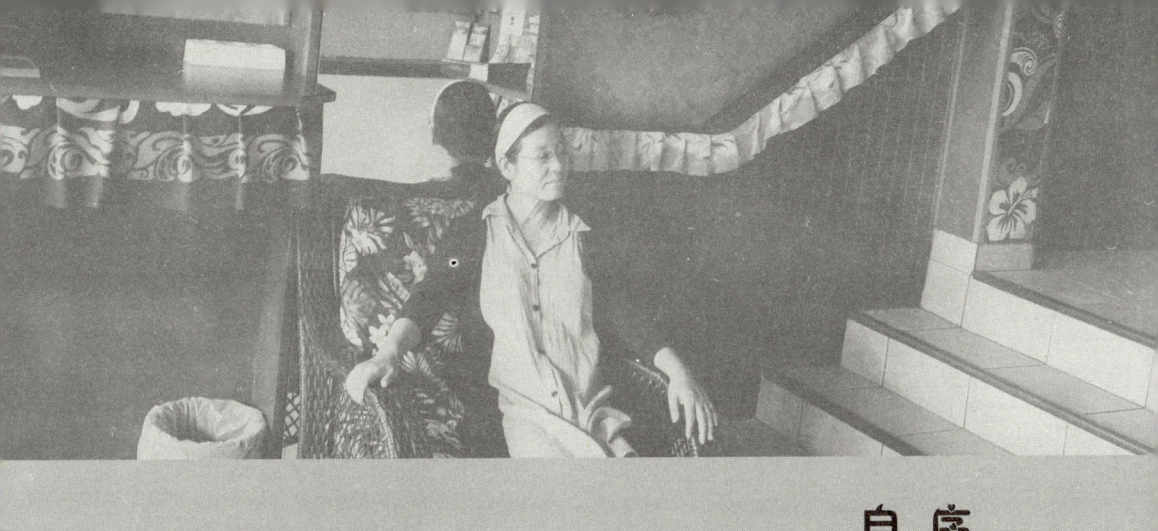

自序

我有一张"毛姆地图"

早年读一本《世界文学名著速读手册》(方洲主编,中国青年出版社,1999年),名著丛中过,偏偏驻足于寥寥几笔的《月亮与六便士》。及至买来整书读完,当即"抛"下一众文豪,直奔毛姆,将他所有中译本一网打尽,塞满了书房里满满两排。

就在这个"毛姆专柜"中,有一本《湖畔恋情》(中国文联出版社,1992年),购自网上,封面署名"毛姆等 著"。那段时间我对"毛姆"饥不择食,轻易忽略了那个"等",更没检查目录,以为全书都是"毛姆著"。可是书到手,翻开目录,只有第一篇《湖畔恋情》(也译成《池塘》)的作者是毛姆。

后面那几位作者不能不算"著名",我也在后来的日子里读了他们的小说,却在想:编者为何没把作者写成"詹姆斯·乔伊斯等 著",难道他们"吸引力"不足?

显然,这个问题有点个人化,事实上,我还真的被毛姆牢牢"吸"住——倘若封面的作者换成后面任何一人,我与这本书很难有现在的缘分。

毛姆：一只贴满标签的旅行箱

似乎不宜完全归结于名气，像后面的赫胥黎、厄普代克、乔伊斯，也难说他们的名气不及毛姆，但"为什么是毛姆"？

那就再让我"个人化"一回，读完毛姆所有中译本，我的脑海立即浮出一幅"毛姆地图"——毛姆是个十足的"驴友"。

毛姆被"锁定"，固然因为他终生锲而不舍的人性钻探，在我看来，他的驴友特质，更令他的作品充满极具诱惑的异域性。

距离感从来都是美感的前提。作为一个天生的异乡人，毛姆拒绝同一，寻求多异，他的作品带给人的生存异质感总让人欲罢不能，呈现在他笔下的那些遥远奇异的地名、人名、植物、事物，因距离而充满神异的召唤。

就说这篇《湖畔恋情》吧，背景是阿皮亚，这在信息高度发达的今天或许不是什么问题，但再往前推20年、50年呢？我对其中浓郁的异域情调欲罢不能。加之《月亮与六便士》的合力"夹击"，2017年，在毛姆前往南太平洋100周年之际，我先从上海至日本东京，再飞越太平洋抵达波利尼西亚的塔希提岛，沿着《月亮与六便士》的素材发生地漫溯……倘若不是疫情影响，我在2020年已经探寻了毛姆的欧洲足迹。

当初，毛姆立志写作后，开始的几个剧本失败，他在日记中写道："回圣托马斯医院复习一年，再找个船上的外科医生的差事干，至少有机会旅行。"

看到了吧，旅行，就是毛姆的出发点和落足点，也是他的生命写照——他的一生，认真做了两件事：旅行，写作。

毛姆的一生，哦——足够漫长，差40天92岁；无论生活在哪里，他总是一次次地，沿着这个地球出发。

出发，已经嵌入他的生命，在一个地方不能超过三个月，否则就会浑身不适。

"我很清楚，我总是渴望离开，渴望到国外去。"他对画家朋友杰拉德·凯利说,"其实,旅行时还不如在伦敦舒坦呢,但我就是无法克服这种推着我向前走的焦躁心情。"

比如这几个年份——

1908年,他去了瓦伦纳、马德里、君士坦丁堡、布尔萨、卡普里和希腊的科孚岛;

1909年,他去了巴黎、安特卫普、布鲁塞尔、法国南部、米兰、雅典和威尼斯,还去伯罗奔尼撒半岛徒步旅行。这一年,他还做好了去美国的计划;

1911年,他去了勒图凯、爱尔兰、巴利阿里群岛,秋天再去纽约。不过,这时他满脑子都是对远东的憧憬,"曼谷和上海的风景,日本的港口,棕榈树,蓝天,深色皮肤的人,东方的香气。"

1912年,他先后去了西班牙、巴黎、布拉格、马里昂巴德和慕尼黑。9月,其他人都回家后,他只身去了罗马。11月,回到伦敦后立即又去了纽约;

1916年至1917年初,他先是告别在瑞士的特工身份,又从美国前往南太平洋,此行佳作频频,《月亮与六便士》成为代表作。并在同年再次以特工身份进入俄国;

1924年,从墨西哥城去了尤卡坦半岛、哈瓦那、牙买加、英属洪都拉斯,最后来到危地马拉。从危地马拉城乘船到了顺化,又经西贡乘船去了马赛;

1928这一年,毛姆主要是在旅行——丹麦、德国、奥地利、希腊、塞浦路斯和埃及。

两次世界大战期间,毛姆摇身一变成为打入多国的英军间谍,开启了"行李上的生活"。以"阿申登"为主人公的间谍小说中,摇曳多姿的地名连接起整个欧洲版图。他从每一个行程里"残酷"地榨取着写作素材,连乘客的眼神都不肯放过。

与当今跨海越洋的朝发夕至相比，毛姆时期堪称"慢生活"。可这远远不能阻滞毛姆那颗拥抱地球渴望放飞的心。即使到了耄耋之年，每年的出行仍保持 5 到 10 次。毛姆同时期的英国作家克里斯托弗·衣修午德说："毛姆让人想到一只贴满标签的旅行箱，只有上帝知道里面装的是什么……"

毛姆的暮年，爱仆艾伦忠实地陪伴着他，而这种陪伴最直接的体现就是一起旅行，艾伦也承认和毛姆生活在一起最有价值的就是有机会旅行：90 岁那年，神智时有不清的毛姆，依然催促艾伦上路……

毛姆钟情别处，也让自己时刻身在别处。

无论身在何处，首先让文学在场。整个人往那一站，就是诗和远方。

当我通读毛姆之后，早就想写这样一本书了，梳理一下专属于毛姆的文学履迹。这些年，我读了国内毛姆作品的所有中译本（仅《月亮与六便士》就多达 7 个版本），其中包括 9 个版本的毛姆传记。其实，在我电脑桌上方的那张世界地图早已被我标注成为"毛姆地图"——在这本书里，我并未完全依照时间顺序，而是按毛姆的旅行线路划定了不同的地理版块：欧洲、美洲、南太平洋、东南亚、东方。特别是两次世界大战期间先后赴瑞士、俄国、美国的特工经历，正如他自己所说的"在行李上生活"。本书同时也展示了毛姆迥异于常人的人生切面，比如《毛姆在一九五四》，集中展现了毛姆 80 岁的精彩；《这一世，两个人》则揭秘毛姆与视若生命的两个英俊男孩——杰拉德·哈克斯顿与艾伦·塞尔传奇感人的一生。

我试图把这样一张属于毛姆的"世界地图"移植到文字里，感受他那精彩、跌宕、丰实的履迹。

我愿循着这张"地图"，一次次缅忆，一次次出发。

目录

第一章 　欧洲织锦

丹婷路 25 号 / 2

白马厩镇：别样的成长 / 6

海德堡：向世界进发 / 10

圣托马斯医院：在文学的柔波里漫溯 / 14

对德国的矛盾印象 / 20

英伦：文学大本营 / 24

在法国的英国人 / 31

莫雷斯克时间，8 点整 / 39

意大利：艺术的诱惑 / 47

西班牙：迷人的放逐 / 53

俄罗斯：一半秋山带夕阳 / 60

苏格兰疗养院 / 65

第二章 　谍影幢幢

日内瓦湖畔 / 70

俄地谍影 / 83
"英国特工"在美国 / 97
"在行李上生活" / 101

第三章　美洲"淘金"

美国：在美元里绽放 / 114
加拿大：《应许之地》/ 125
墨西哥：邂逅劳伦斯 / 129
法属圭亚那：魔鬼岛奇遇 / 133

第四章　南太平洋：星辰大海

遍地珠玑 / 138
阿兰森：金兰之契 / 146
多彩塔希提 / 149
南纬17度，一百年后的遇见 / 154
蒂阿瑞旅馆：倏忽百年 / 157

第五章　东方之魅

中国屏风 / 162
印度：宗教之旅 / 174
日本：那一年，他85岁 / 183
毛姆到过首尔吗？/ 186

第六章　东南亚：陌上花开　缓缓归

　　文学富矿 / 190

　　沙捞越　婆罗洲 / 204

第七章　非洲掠影

　　埃及：异乡里的宁静 / 210

第八章　诗意的流浪

　　这一世，两个人 / 216

　　笛福　毛姆　鲁滨孙 / 223

　　毛姆在一九五四 / 229

　　坎特伯雷：肉身与尘　灵魂飞天 / 238

第一章
欧洲织锦

毛姆童年

毛姆少年

毛姆青年

毛姆中年

毛姆老年

毛姆与丘吉尔

丹婷路25号

毛姆是英国人,但生在法国。

应归结于父辈的国际化生存——父亲罗伯特·毛姆曾与友人搭档在巴黎开设律师事务所,同时兼任英国驻法大使馆的法律顾问;母系亲属更是高贵,外祖父是东印度公司造船商的儿子,与一个具有皇室血统的大地主的女儿结婚,从这一血缘可上溯到英王爱德华一世。

毛姆的父系可谓律政世家。祖父是英国律师协会的发起人之一,大英博物馆藏有他撰写的大量法学著作,国家名人传记词典中也收有关于他的一个条目;1840年,毛姆的母亲伊迪丝·斯勒尔出生在印度,第二年,外祖父去世,外祖母带着两个女儿到法国定居,从事儿童文学写作——可见,毛姆的文学之路是有基因传承的。

1863年,毛姆的父母在巴黎相遇、结婚。毛姆出生之前,母亲已经为他生下三个哥哥。1873年,母亲发现自己又怀孕了。由于法国在普法战争中失利,出于对征兵的需求,法国政府拟提出一项法律条款:凡是在法国土地上出生的婴儿,均自行取得法国公民权,这样,在下一次战争时,他们就必须承担应征入伍的义务。

为了避开这一点,时任英国大使里昂斯勋爵批准在使馆二楼设立一间产房,这个坐落在丹婷路25号(如今叫罗斯福路,靠近爱丽舍宫)、曾经是拿破仑姐姐葆琳的官邸的英国大使馆,就成为英国的土地。

情势危急的一年,共有三个英国孩子降生,1874年1月25日,伊迪斯生下了她的第四个孩子,这就是威廉·萨默塞特·毛姆(有时朋友喊他乳名"威利")。

三个哥哥——查尔斯、弗雷迪和哈利被送到英国读书去了,只在过节的时候回到法国。平时小毛姆过的是被骄纵、溺爱的独子生活。父亲整天在办公室,心爱的母亲完全属于他一人。在巴黎的日子里,一位法国保姆照料着毛姆,大部分时间由她领着到爱丽舍宫前面去跟小伙伴们玩耍。家里有那么一处沙龙似的场所,伊迪斯常邀请政界和文艺界的一些名流在这里聚会。

从现存的毛姆照片中可以看到他当时的样子,大约七岁,白皙的皮肤、金色的卷发和棕色的大眼睛,腰间系着一条黑腰带,他和他的玩伴们——那些穿着短裤和系带靴的法国小男孩没什么区别。

毛姆的旅行,一定始自童年。

父母在杜维尔的海滨租了一栋房子,那里景色优美,空气宜人。他们一家周末乘火车前去度假,星期日晚上再返回巴黎。一天,毛姆逗得伊迪斯哈哈大笑,他从火车的窗口瞥见一匹马,于是,他用法语大声喊:"看呐,妈妈,那儿有一匹马。"

尽管他的英语不如法语,但母亲充当了他的第一教师,从他咿呀学语,母亲就教他背诵法国作家拉封·丹的《寓言诗》,每当有客来访,腼腆的小毛姆总是操着童音,奶声奶气地朗诵——

两只鸽子本来亲亲密密
一只在家却待得烦腻
恨不得远走高飞
到异国他乡游历

果然,游历,就成为他一生的宿命。

这段充满亲密和爱意的记忆那么短暂——19世纪相当长的一段时间，肺病犹如癌症，成为当时的头号杀手，肺结核也找上了伊迪斯。为了避开酷暑，毛姆夫妇选择到诺曼底海边度假。

保姆照顾小毛姆，哥哥们在沙滩上跑来跑去，伊迪斯则坐在一把折椅上绣花，和别的度假者聊天。星期六，父亲乘火车从巴黎过来陪他们两天。一次，他开了辆铁轮胎的"老爷车"，带着儿子们在海边兜风。

为了养病，伊迪斯还带着小毛姆前往南部的波城过冬。比利牛斯山脚下的这座小城很受英国人欢迎，这里温和的气候和山里的新鲜空气都对治疗有益。

然而，这些措施都没能挽留伊迪斯的生命，这直接导致了毛姆8岁丧母。

笔者9岁时母亲去世。巧合的是，地球两端的这两个母亲，虽相隔近一个世纪，死因却是同一个——肺结核。

幼年丧母的创伤是常人难以体会的——毛姆很多照片中，满脸的皱纹，下垂的嘴角，茫然的目光，呈现给世界的永远是丧失至亲的脸——被剥夺了世界上最无私的爱。

哥哥们去上学，小毛姆与60岁高龄的父亲厮守。父亲也是个病弱之躯，那时，罗伯特·毛姆正在造一幢别墅，那里位于巴黎城西几英里处，靠近塞纳河和布洛涅森林。

每到星期天，这对悲伤的父子就去检查工程进度，这座房子的建筑风格有点奇怪，混杂着日本和瑞士山间农舍的风格，从这里可以俯瞰美丽的塞纳河全景、龙尚赛马场和更远处的整个巴黎。

毛姆的父亲是一个极具"浪漫精神"的人，他从来没有忘记年轻时去过摩洛哥、希腊和小亚细亚。为了增添异域情调，他将摩尔人辟邪的标志雕刻在窗户上，这个标志也是毛姆成为作家后的个人徽章，而罗伯特未必料到，日后，他的小儿子发扬光大了他的这种流浪基因。

别墅造好了，花园建好了，家具也搬了进去，罗伯特·毛姆却日渐衰弱，恶心、疲倦、疼痛，这是胃癌的症状。1884年6月24日，妻子去世两年半后，罗伯特·毛姆也撒手人寰。"一个家就这么没了，"毛姆的二哥弗雷迪伤心地回忆，"很快，我和我的兄弟们被迫分开，此后不常见面。"

这时，毛姆10岁。

罗伯特唯一的弟弟，位于肯特郡白马厩镇的牧师亨利·毛姆，被指定为男孩们的监护人。为期三天的拍卖会处理掉了公寓里的东西，个人物品被打包后贴上标签，仆人们被遣散，所有必要的安排完成后，小毛姆必须去往英国。

哥哥们早已习惯了海峡另一边，但对于这个10岁男孩，一切那么陌生，他无法想象从此在这个陌生的祖国与叔叔婶婶在一起的生活。

当然，成年后的作家毛姆能够准确地在文学作品中界定自己——就像奥列佛·特维斯特，早年父母双亡；又像《大卫·科波菲尔》，在姨婆家寄居。尤其是当他由法国保姆陪伴着踏上去英国的旅程时，法国保姆就像牵着大卫·科波菲尔的忠实保姆皮科蒂！

英吉利海峡，或许正是10岁时的这一片帆影笛鸣，开启了毛姆长达92年的驴友人生。

第一章　欧洲织锦

白马厩镇：别样的成长

穿越英吉利海峡9个小时，10岁的毛姆第一次看到了英国海岸，这就是前途和命运等待他的地方。在多佛港，那里有码头工人和几辆马拉的货车，他不禁失声地惊呼起来："脚夫，带篷马车！"

在乘客的喧嚣声中，毛姆双手抓紧法国保姆，他们看到在码头上等候的牧师叔叔——亨利·毛姆（长篇小说《人生的枷锁》中的威廉·凯利伯父），他一袭黑衣，留着胡子，面色凝重。他们又走了20多英里才来到白马厩镇（长篇小说《寻欢作乐》中的黑马厩镇），毛姆一直依偎在那个亲切的法国女人身边，抵达牧师寓所时，天色已晚，他们筋疲力尽。

不过，在毛姆上床前，叔叔对他说，他们雇不起保姆。

第二天，保姆就离去了。回顾在英国的童年生活，毛姆觉得这个时期给他一种凄凉感，即便到了晚年，痛苦的回忆仍令他浑身战栗。

母亲的离世让他久久难以释怀。30年后，他在《人生的枷锁》中回忆起当时的情形：

菲利普打开大衣柜，里面挂满了衣服，他一脚跨进柜子，张开手臂尽可能多地抱了一抱衣服，将脸埋在衣堆里。衣服上温馨犹存，那是母亲生前所用香水散发的香味。……他恍惚觉得母亲只是刚刚外出散步，待会儿就要回来的，而且还要到楼上幼儿室同他一起用茶点。他的嘴唇甚至依稀感觉到了母亲给他的亲吻。

其实,无论叔叔,还是婶婶,都并非故意不友善。他们本来就没有子女,只是一对枯燥乏味、缺乏想象力的夫妻,也没有跟孩子打交道的经验。但叔叔在孩子们眼中自私、顽固,弗雷迪说:"他是个心胸狭隘的人,远非有智慧的牧师,作为监护人的他,我无法发自心底地赞美。"

幸运的是,婶婶索菲性情温顺,是个安静、谦逊、拘谨且传统的女人,一切都以丈夫的舒适和便利为前提。索菲是个德国人,一个纽伦堡商人的女儿,她身材丰满,长得还算漂亮,金发编成粗辫子盘在头顶,虽然在行为方式上循规蹈矩,不习惯流露情感,但她有一颗善良的心,愿意尽量善待侄子。

牧师寓所位于惠斯泰布尔城外两英里处的坎特伯雷路上,这是一个阴暗的所在,几年前建成的黄砖房是低劣的哥特风格。毛姆形容房子内部充满宗教氛围:"门厅里铺着红黄相间的花砖,上面交替印有希腊正十字图案和耶稣基督像。一道气势不凡的楼梯由厅内通向厅外……楼梯栏杆上装饰着象征福音书四作者的寓意图案。"楼下是餐厅,日常活动主要集中在这里,客厅则专门用来接待客人,此外,还有牧师写每周布道文的书房。

毛姆在楼上有一间小卧室,从那里可以俯瞰车道。外面有一座大花园,一个半圆形的草坪,面对一片可以放羊的田野;透过树木可瞥见一英里外中世纪诸圣教堂的方形石塔。

最初留在毛姆心头的,就是在牧师寓所这段阴郁的日子,也为他最著名的小说《人生的枷锁》提供了灵感。但他有时也承认,叔叔还是"努力对他好的",书中有这样一段描述:牧师做完了谢恩祈祷,动手把鸡蛋的尖头切下来。"哎,"他说,把切下的鸡蛋递给菲利普,"你喜欢的话,可以把这块蛋尖吃了。"

毛姆在多个作品中曾提到白马厩镇。这是一个发展中的城镇,当时

毛姆：一只贴满标签的旅行箱

以拥有190条捕虾船而闻名。港湾里可以容纳300艘双桅船。毛姆小时候经常在码头流连：望着苦力们扛煤卸货，一望就是几个小时；穿过弯曲的大街，听本地人用肯特郡方言天南海北地闲聊；来到海边，便拣些石片儿打水漂玩；夏季里，他还喜欢在海峡里游泳。

毛姆的童年，英国还要烧煤取暖，点煤气灯照明；自行车刚刚问世，富人坐双轮马车，中产阶级通常只有吱呀作响的四轮马车。叔叔每个礼拜日带他上教堂时，租的就是那种双轮马车。

这时，身穿天鹅绒灯笼裤、打着白领带的毛姆，说话开始有些口吃了。第二年，叔叔把他送到坎特伯雷皇家学校读书，那是按照天主教的传统办的一所学校，学生都要按上帝的圣诫来进行培养，在见校长时，毛姆对叔叔说：告诉他，我口吃……

这是个历史悠久的学校，初建于15世纪，在世界上也素负盛名。它坐落在坎特伯雷大教堂的领地内，教堂塔楼的阴影覆盖着它，四周都是古老的榆树。作为肯特郡首城的坎特伯雷，曾是世界闻名的朝圣中心。它就是乔叟《故事集》中朝圣的目的地，教堂已有1350年的悠久历史。

从白马厩镇乘支线火车去学校要20分钟。毛姆在那里先念初级班，后升至高级班。他于1885年5月到皇家学校注册，直到1889年7月因病休学，这期间他基本上在学校寄宿。

毛姆在《人生的枷锁》中所如实描写了学校的一切，因为口吃受同学们的捉弄，所以他对学校留下恶劣印象，也从小就养成了离群索居的孤僻性格。这直接导致他不可能成为叔叔期望的神职人员，更与政治家和律师无缘——成年后到离世，身边伴随着两个贴身秘书，就是为了规避口吃这个缺陷。

毛姆上高级班的那一年，正是英国维多利亚女王在位50年大庆。那时大英帝国正处在极盛时期，整个世界地图上有一半的地方被涂上了英国的桃红色；英国的陆军和海军无比强大；英国的商团和银行界也称雄全球。小小的英伦三岛能治理偌大一片王国，这样的功德在坎特伯雷这类学校里自然是要竭尽灌输与称道。

15岁那年，毛姆患上胸膜炎，婶婶安排他到法国的里维埃拉去休养。那里有一位英国家庭教师专门为养病的孩子上课。毛姆想离开坎特伯雷的皇家学校，离开那些凶恶的班主任和顽童的决心也是在这时下定的。

冬天一过，他回到坎特伯雷，功课也拉下了，他提出休学，可是叔叔却说学费早交过了，还指望着他念完了高级班上牛津大学深造呢。毛姆对这两点都没兴趣。叔叔只好退了学费，毛姆就这样与坎特伯雷一刀两断了。

第二年冬天，他再次去里维埃拉。当他无所事事地再回到牧师寓所，除了尽快离开白马厩镇，16岁的他不知道将来该做什么。索菲婶婶同情他的处境，建议他去德国学习语言，她还给亲戚们写信，让他们推荐一个可靠的家庭让她年轻的侄子寄宿。牧师同意了这个计划，毫无疑问，再次摆脱对这个男孩的责任让他如释重负。

"他不太喜欢我，"毛姆写道，"但我不能因此责怪他，因为，我也不认为自己是个可爱的孩子，我受教育花的是自己的钱，所以，他也很愿意让我自己做主。"

踏上去海德堡的旅程，住在了一个教授家里，教授和他的太太经营着一家专门接待留学生的膳宿公寓。

毛姆日后不胜感慨：倘若没有离开皇家学校，人生会是什么样子？那时，如果愿意上剑桥或牛津，考个奖学金他也可以做到。

直到他在《刀锋》中剖明心迹："我没有像我哥哥那样上过剑桥，我不是没有机会，是我不去，我要走向这个世界。"

第一章 欧洲织锦

海德堡：向世界进发

世界那么大，海德堡，为毛姆打开了一扇窗口。

毛姆第一次到德国，就是去海德堡。

1890年5月，一个阳光灿烂的早晨，毛姆从海德堡车站出来，脚夫推着装行李的小车走在中世纪狭窄的街道上，他们沿着林荫大道走向一座白色的大房子，未来的一年，那里将是毛姆的家。

眼前的这座城市令他着迷。教授先生是个中年人，高个，金色的头发有些斑白，他彬彬有礼、举止得体，用很正式甚至有点古老的英语同毛姆讲话。第一天毛姆就见到了同一公寓的三个伙伴：一个法国学生、一个中国学生和一个在哈佛教希腊文的英国人。

他很快与那位高个子英国人交上朋友，他们登上高山之巅，俯览群峰。他似乎初次发现大自然之美，察觉到它的魅力，这些都能在他后来的作品中有所发现。

毛姆的首要目的是学习语言，教授每天给他上课，他是个不错的老师，还别出心裁地让学生把在中学里念过的莎翁剧译成德文。毛姆学得很快，当他掌握了德文后就开始研究歌德，因为老师对歌德佩服得五体投地。

毛姆也在海德堡大学选修了几门课程，他很快迷上了叔本华的哲学，悲观主义理论给了他极大的启发——他开始着手研读叔本华，自然而然地接受了叔本华的观点，认为只有艺术家这样与众不同的人，才能在艺术的天地里怡然自得，从人生的束缚下解脱自己。

毛姆是个用功的学生，他花很多时间在房间里读书、写作。他不仅读德国作家，也读法国作家：弗朗索瓦、拉辛、司汤达、巴尔扎克、福楼拜、莫泊桑等。

离开英国，挣脱了学校和牧师寓所的沉闷和束缚，沉浸在自由之中，他热切地回应着新环境带给他的刺激。他第一次体会到和众人在一起广泛地阅读文艺作品真是太有意思了。公寓里的其他年轻人比他大几岁，他们非凡的才智和成熟给毛姆留下了深刻的印象。他们经常激烈地讨论艺术、文学和神学，经常聊到深夜。

宗教信仰是其中一个热门话题，毛姆对此尤其着迷。起初，一些人的激进观点令他震惊兴奋，直到有一天，他意识到自己再也不信宗教了：偏见、报应，无趣得令人窒息的礼拜仪式，背诵祷文，每天惧怕永久的惩罚，这一切都消散了。"整座可怕的建筑如纸牌屋一般倒塌了，它并非基于对上帝的爱，而是对地狱的惧怕，"他很高兴自己重获自由，"他只对自己的所作所为负责……他终于成了自己的主人。"

那个美国人，詹姆斯·纽顿，对毛姆尤为关注，纽顿常常友善地带他去附近散步。

他们几乎每天都会一起去探索废弃的古堡，拖着沉重的步子爬上王座山，欣赏内卡河谷的风景，海德堡高高的屋顶和教堂的塔尖，更远处曼海姆和沃姆斯朦胧的轮廓，还有闪闪发光的莱茵河水。有时，他们会在枝繁叶茂的啤酒花园里喝茶，晚上则绕着城市花园漫步，听乐队演奏。

纽顿打算去瑞士度假两个星期，毛姆征得叔叔的同意后接受了这个男人的邀请，旅行费用全部由纽顿承担。看似一段诗情画意的友情，事后毛姆才明白，这位"导师"的兴趣主要在于性——纽顿对他的关注更多源于肉体吸引，而并非为人慷慨。

回到海德堡后不久纽顿就去了柏林，他的房间住进来一个叫约

毛姆：一只贴满标签的旅行箱

翰·布鲁克斯的英国人。布鲁克斯刚从剑桥大学过来，他在伦敦学了一年法律，又来德国学习文化。他相貌英俊，有着高雅的拜伦式的前额、栗色的头发、肉感的双唇，迷人、善良、多愁善感、虚荣，同时很有钱，游山玩水，不在话下。他跟毛姆谈论文艺，从意大利谈到希腊，他点燃了毛姆的想象力的火炬，成了毛姆大部分趣味的主宰。他还指导毛姆读小说，他自己甚至可以把某些诗和小说的片段流畅地背诵出来。

布鲁克斯对文学充满了激情，用催眠般的密度谈论他喜爱的作家，他自己也写诗，大部分诗都带有悲观主义色彩。当他滔滔不绝地谈论意大利和希腊的荣耀，谈论雪莱、柏拉图、奥斯卡·王尔德，谈论纽曼主教和马修·阿诺德时，毛姆听得入迷。他贪婪地阅读布鲁克斯推荐的书，全盘接纳他的观点，当旁人取笑毛姆的论点时，这个魅力十足的人就站出来为他辩护，这让毛姆感到受宠若惊。

没过多久，布鲁克斯也开始邀请毛姆一起散步，途中，他会吹嘘自己对美的感受力，对世俗成功的漠视，以及对同龄人过的那种可怜巴巴的平凡生活的不屑。布鲁克斯雄心勃勃，他表示到目前为止，只是由于时间不够，否则他早已写出永载史册的杰作。这样的谈话足以令一个孤独且聪慧的男孩陶醉，显然，布鲁克斯想从他那里得到更多，不仅仅是一个崇拜者，毛姆也很愿意为他效劳。

对于16岁的毛姆，这个容易受他人影响、性欲旺盛的少年而言，成为一个貌似才华横溢、特立独行的年轻男子的情人是件颇为刺激的事。

毛姆日后成为剧作家是否跟布鲁克斯有关呢？

冬季演出季开始后，他俩每周都会去小剧院两三次，看完戏还会在酒馆里热烈讨论。这时易卜生的话剧正在征服着观众，毛姆几次到慕尼黑，看了《海达·高布乐》的首演和新版的《海尔格伦的海盗》，易卜生得到的欢呼与嘘声基本持平。

对于此时的毛姆，海德堡意味着前所未有的思想解放与焕新。易卜生的戏剧就是毛姆的一大发现，有一次，毛姆路过慕尼黑，在玛克西米的连内霍夫大酒店，他认出易卜生一个人正在一边喝啤酒，一边用愤慨的目光阅读报纸。

能邂逅这位名噪一时的大戏剧家，对他来说终生难忘。易卜生抛弃了由来已久的清规戒律，大胆写出人物内在的激情和自私心理，揭示黑暗的潜流。他向社会宣战，公开讨论一些向来忌讳的题材。当《玩偶之家》在海德堡上演时，毛姆的德语教师斥为"荒唐"，认为败坏家庭、有伤风化，简直是颠覆德国，还说："我宁可看到我的女儿们在我的膝下死掉，也决不让她们去听那种无稽之谈。"

可是，对于毛姆，易卜生和叔本华对他产生了空前的影响。

除了7岁那年在巴黎看过伯恩哈特的戏，去德国之前，毛姆从未看过其他话剧，他对舞台产生了强烈的兴趣。一走进剧院，他就很兴奋很投入，看的剧目越多，越是被编剧的技巧所吸引。他通过把易卜生的作品从德文译成英文来研究这位戏剧家的写作技巧，并从独幕剧开始实验，热切地草拟情节，写下对话片段。

或许连易卜生也未意识到，就在他身边，一个不起眼的小男孩，将成为一个了不起的剧作家。

在海德堡，他除了阅读、学习，与朋友交流，他真的动笔写作了，雄心勃勃地从德国作曲家梅耶比尔的生平写起，完成了处女作《梅耶比尔传》。

当然，他既不懂音乐，也没看过这位作曲家的歌剧，只是由于1891年是这位作曲家诞生一百周年，把这个题材抓在手里。作品投了出去，又退了回来，他把它一揉，丢进火炉，付之一炬。

在海德堡的日子，极大地增强了毛姆的信心，尽管首次写作失败，但他确信自己终会敲开文学世界的大门。

那年夏天，叔叔婶婶到德国度假。不料索菲婶婶竟在那里与世长辞。

毛姆：一只贴满标签的旅行箱

圣托马斯医院：在文学的柔波里漫溯

一

很早的时候，毛姆就向往伦敦了。

在这个地球上，无论哪个国家的首都，都会成为那个国家几乎所有孩子的童年梦想。毛姆在坎特伯雷读书时，有两个来自伦敦的同学，经常吹嘘自己对伦敦有多么熟悉，这让毛姆格外着迷。

布鲁克斯离开海德堡去了佛罗伦萨，他告诉毛姆要继续研究但丁和薄伽丘。这让毛姆越发浮躁，海德堡的生活带给他的欢愉也渐趋平淡，他迫不及待地想要回家，谋生，自立。

1891 年 7 月，毛姆回到白马厩镇，他不敢向叔叔直言自己的作家抱负。自从婶婶去世，牧师寓所原本沉闷的生活变得越发阴郁，很难想象将一个 17 岁青年终日绑在闷闷不乐的鳏夫身边。况且，童年的丧亲之痛让他不寒而栗，不顾一切地想要逃离。

叔叔请一位政要朋友给毛姆谋个差事。最后一位远方亲戚把毛姆介绍到一家会计事务所。

第一天，他穿上燕尾服，戴上高礼帽，可是在那个机构，他并不快乐，而是孤独无聊。他厌恶这个工作，连整个伦敦也厌恶起来。不到一个月，他就跑回了白马厩镇。

镇上曾给他看病的医生建议他学医，他很不情愿，他在写给一位朋友的信中说："我打 15 岁起就矢志写作了。后来我学了医，只是因为

‘我要当个作家’这句话在那个时候还说不出口。"

1892年9月27日，18岁的毛姆就读于伦敦圣托玛斯医院的医科学院，并在那里认真学习了五个春秋。

办好注册手续，他在文森特广场2号一楼租了两个房间，月租为一英镑。

卧室里有一张窄窄的铁床，一个脸盆架，五斗橱，客厅有一扇凸窗，从窗子望出去是一排高大的悬铃木，以及威斯敏斯特公学的一大片绿色操场。房东夫妇照顾他的起居，家里还有一个干杂活的小女佣。确切说，这个房间成为毛姆的文学起点。

毛姆在这里形成十分规律的生活。九点钟上课，每天早晨听到房东太太在起居室里有动静就立即起床。匆忙拿出放在床下的浴盆，洗澡、吃饭，然后迈着轻快的步子向河堤走去。耳边是喧嚣的马车声，他穿过朗伯斯桥上汹涌的人群后向左转，沿朗伯斯宫殿路去圣托马斯医院。

下午回家的路上，他会买一份晚报，一直读到六点半吃晚饭，然后在同一张桌子上读书、写作，之后坐在扶手椅上看书，一直到上床睡觉。

周一到周五，他的日程排得满满当当。圣托马斯医院每年学费是三百多英镑。最初几个月的课程有解剖学、生物学、物理和化学，毛姆感到大部分内容乏味透顶，但他还是老老实实听课、背书。

解剖室被漆成不祥的红色，弥漫着消毒水的味道。学生们一般很难接受，但毛姆从没觉得恶心，而且他发现自己很擅长使用手术刀——那时他或许已经料到，有朝一日，手里的医用手术刀很快就会变成解剖心灵的一支笔。

毛姆依然渴望受欢迎、被接受，但也依旧害羞，口吃始终是个障碍。他暗恋那么一两个帅气的男同学，但他知道最好还是把感情隐藏起来，巧妙地披上保护色。同学们都认为毛姆很冷漠，甚至有点令人生畏。

二

在圣托马斯的学生时代，毛姆不可避免地与同学们一起谈论着性，特别是有同学吹嘘自己的战绩时，让他很不平静。到那时为止，他只跟男人有过肉体关系，很惭愧没有女性经验。一个星期六的晚上，他特意去斯特兰德大街招妓，那个妓女同意给一个英镑就跟他过夜。这次邂逅的结果，为了自己的性经验竟染上淋病，不得不偷偷去看医生。

不过，他并没有为此感到难堪，反而有些高兴，骄傲自己终于可以加入吹牛的男生队伍了。他还暗暗松了口气，原来自己功能很"正常"——很早毛姆就下意识地承认要对自己是双性恋这个秘密讳莫如深。除了对最亲近的人，毛姆极少坦露心声。20岁时他就清楚自己的性取向了，但有很多年他试图说服自己喜欢男人不过是一种轻微的失常。"我尽力说服自己，……我四分之三正常，只有四分之一同性恋——然而，事实正好相反。"

触动毛姆的，是在妇科工作时听到的很多悲惨的故事。

"先生们，"妇科老师这样开始他的课程，"女人是这样一种动物，每天排尿一次，每周排便一次，每月排卵一次，每年分娩一次，每当有机会就交媾一次，一逮住机会就增肥不止。"

很快，他学到一门新课——实用助产术，三个星期内，学生们必须随时待命，在以医院为中心的一英里的范围内至少参与20次分娩过程，毛姆参与了63次接生。

他暂时住在大门对面的一间屋子里，方便门房叫他。每天他只能睡两个小时，他几乎感觉不到累，在见证生命的时刻十分专注。那段时间他经常去伦敦贫民区兰贝斯巡诊。那里的犯罪率和失业率在全英国数一数二，人口密集，街头毒品泛滥，多是无业游民。当他功成名就之后，曾看过卓别林的表演：即兴模仿兰贝斯贫民窟里两个女人间的对话，那场景既怪诞又感人。

毛姆就在兰贝斯目睹了可怕的现实，近距离地感受到噪音、恶臭和拥挤污秽的环境，许多穷人活得挣扎，根本没有机会逃离。在英国，中上阶层可以请医生出诊，一般均有自己的家庭医生，而医院都是为那些出不起诊费和医药费的穷人开设的，圣托马斯医院挤满了兰贝斯的穷人。

过了一个个疲惫的夜晚，他往往会在黎明时分走到泰晤士河边，呼吸新鲜空气，望着天空变成粉红色，晨雾消散在水里。

这一段经历，给了他第一手资料，还在学生期间，长篇小说《兰贝斯的丽莎》出版了。

三

怀揣文学梦想的毛姆，几乎没有融入医学院的生活，也没交几个朋友，因为他忙着自己的读和写。有时他感觉日子过得缓慢且无聊，十分孤独。他在国家美术馆闲逛，绕着西区溜达，在 ABC 茶室吃简餐。星期六晚上，他一般会去剧院。

尽管对医学兴趣不大，但他知道必须通过考试，万一写作不成，至少还有后路。不过，他已决心以写作为生，不允许任何事、任何人妨碍他。

除了医院的忙碌，业余时间毛姆一定会沉浸在读书写作之中，特别是一直在欧洲大陆游荡的布鲁克斯经常写来辞藻华丽的信，谈到爱情、艺术、意大利的荣耀，尤其提到许多名人，这让他那颗渴望旅游的心早已躁动不安。

他利用医学院期间第一个复活节假期——1894 年春天的六个星期，去了意大利。怀揣 20 英镑，先到巴黎，见他的哥哥查尔斯和哈利，还顺道参观了卢浮宫，但看到达·芬奇的名画《蒙娜丽莎》，他很失望。

进入意大利时他先到了热那亚和比萨，然后到佛罗伦萨。他在一个能俯瞰大教堂的房子里住了两个星期，房东太太是个和蔼可亲的寡妇，她的女儿是个老姑娘，每天这个姑娘会给毛姆上意大利语课。渴望学习

的毛姆上午读两个小时但丁,下午外出游逛,手里捧着不同的文学书。

只有到了晚上,他才允许自己小小地娱乐一下,吃完晚饭出门"猎艳"。然而,根据他很多年后的说法,"这就是我的天真无邪之处,或者说害羞也罢,每次我回来时都和出去时一样的贞洁无瑕。"

回到学校后,毛姆认识了布鲁克斯在伦敦的几个朋友,他们能写会画,作曲也手到擒来,具有毛姆达不到的艺术鉴赏力和批评本领,在这群文艺青年面前,他觉得自己那么无趣而普通。

这更让他为文学生涯做着狂热的准备。自律、勤奋,阅读量惊人,不仅读英文的文学作品,也读法文、德文、俄文和意大利文。他的脑子里充满各种各样的想法,随时将故事大纲、故事情节、对话片段,还有他对事物的观察与思考写满一页页纸。

那段时间他常去看戏,总有一个英俊青年陪在他的左右,那就是他在海德堡认识的沃尔特·佩恩。

佩恩的父亲是伦敦几个大剧院的经理,几乎垄断了伦敦西区。这件事充分反映出毛姆的精明——老佩恩是个可利用的好资源,经常给他们提供免费票,他们几乎每周六下午都去音乐厅看演出,晚上坐在正厅后排的便宜座位上看戏。

1895年1月5日,他们见证了亨利·詹姆斯的戏《盖伊·汤姆威尔》灾难性的首演:当这位著名作家向观众鞠躬致意时,迎面而来的却是山呼海啸般的嘘声和倒彩,毛姆看到亨利·詹姆斯的窘态,那情景深深刻在脑海。

大量观戏的结果,就是几年后他让自己成为一名伦敦炙手可热的剧作家。

学医的五年,毛姆其实沉醉在文学的柔波,坚韧地漫溯——

一、医生的执业资格。尽管他没行医,但这段经历为之后的文学道路提供了特别的启示;

二、在写作上小有斩获。《兰贝斯的丽莎》受到文坛关注，当年圣托马斯医学院年终总结时，毛姆和他的这本书赫然在列；

三、畅游天下的梦想进一步高扬。决定了写作为生，实施了雄心勃勃的旅游计划：意大利、西班牙、希腊都留下他的足迹；意大利语、西班牙语、希腊语（还计划到开罗学阿拉伯语），德语更不在话下。这些游历对他的写作如虎添翼。

五年结束，毛姆的心越发"野"起来，让他安于一隅开个诊所，问诊送医，已不可能。即使当医生，也是那种漫游天下的随船医生，就像《月亮与六便士》里那个阿伯拉罕。

毛姆：一只贴满标签的旅行箱

对德国的矛盾印象

毛姆是从海德堡认识德国的，但最初德国留给他的好印象，逐渐被后来的战争变得越发复杂。海德堡开启了他的文学人生，而德国的战争角色又让他陷入矛盾。

毛姆曾在旅德笔记中说，千万不要忘记，德国人非常冷酷，只要他们提出某种威胁，他们就会尽其所能实现他们的诺言，不要指望他们会对你手下留情：

"假如你是一位德国移民，你的父母还在德国，突然有一天，盖世太保的特工告诉你，让你必须做点什么来给美国的军队制造一点麻烦，如果你做了，他们会保证你的父母衣食无忧，如果你不做，他们就会被投入集中营。遇到这种情况，你会如何选择？你是那种意志坚强的人吗？"

在这里，毛姆表达了自己的思考：不要指望每个人都意志坚强，人性中脆弱的部分很容易显现出来；如果他屈服于盖世太保的威胁，也不应责怪他，只是毛姆为此"感到难过"。他还写道：必须承认，对于一般人来说，遇到这种情况，都不要奢望所谓的民族大义。

毛姆还见识了德国这个"严谨的民族"，他们不善于随机应变，却组织严密，深谋远虑，"跟他们比起来，我们英国人就傻得可怜"。

他讲到一件真实案例：英国某地有一个飞机场，战争开始后频繁遭到轰炸，飞行员们都搞不懂德国人是怎么发现的，因为这个飞机场位置偏僻，伪装也很好，但德国人一来，就可以轻易地发现并准确投弹。

有一天，两位德国地方卫队的工作人员来到一处很大的房产旁边，这里距离飞机场大约有一两英里的距离，已经荒芜了很多年，里面有一个很大的马厩，还有一个大花园。由于常年无人照管，已经长出齐膝高的杂草，他们挺费劲地趟着草走过去，发现土地有些异样，杂草也比其他地方矮。进一步细细地搜查时，发现这里有一片土地曾经被耕种过。再往前走一段，则惊讶地发现这片耕种过的土地呈现出很奇怪的形状。

很快，他们掌握了真相：三年前，有一群来自荷兰的园艺师租种过这片土地，他们打算在这里试种郁金香。开战前不久，他们放弃了实验，返回了荷兰，这所被废弃的房子，可以在几英里外看到，而这些淳朴的荷兰园艺师做实验的区域正像一个巨大的箭头，直接指向飞机场。英国飞行员从来没有注意过，而这使德国人做到了精确打击。

毛姆对人性的认识，就是通过一个个旅途中的人。

他在伦敦火车站见到一对英国夫妇和一个德国男孩。

这对英国夫妇没有孩子，有一个德国家庭送他们的男孩到英国学习英语，他们很高兴地就答应了，当然那个德国家庭付钱不少。小男孩儿很招人喜欢，双方相处融洽。每年夏天小男孩儿都会过来，这对英国夫妇几乎把他当自己的亲生儿子，小男孩儿对他们也很尊重。

战争开始的时候，男孩儿16岁，英国夫妇怀着沉重的心情把男孩儿送到车站，他们送给男孩儿一份分手礼物——领带、手绢和围巾，装在一个包袱里，在男孩儿上车时交给了他。

那位女士泪流满面，吻着男孩儿的脸跟他说再见，男孩儿也显得很心痛。

然而，火车刚一开动，男孩就把小包袱扔在男人的头上，然后探出车窗在女人的脸上吐了一口痰。

毛姆：一只贴满标签的旅行箱

这样的德国人，真让毛姆捉摸不透。

毛姆的小说《不屈服的人》讲述一件战争中的奇异故事：一个德国士兵汉斯，强暴了一个法国女孩安妮特。女孩怀孕，士兵想要娶她，并答应留下来一起经营他们的农场，然而，女孩生下孩子后却在水里把孩子溺死了。

这是一个引人深思的故事。汉斯是德国一个农场主的儿子，入侵法国后，有一次他和战友迷路闯进苏瓦松镇的农场主皮瑞尔家，发生口角后强暴了他们的女儿安妮特。

停战协议签署后，汉斯在巴黎驻防一个月，后来被派驻苏瓦松，他的第一反应就是要去看看"他的那个女孩"。

他给安妮特以及她的父母带去许多礼物，特别是得知他们在战时生活艰难，他一直用自己的钱接济这一家，平时奇缺的奶酪、面包、肉类源源不断被送过来，尽管女孩一直对他怒目而视，但渐渐地，那对老人接纳了他。

直到几个月后，他再次去安妮特家，女孩愤怒地让他看自己的身体——她怀孕了。这让故事瞬间转折。尽管安妮特不是汉斯所喜欢的类型，可是她腹中的婴儿让故事骤然转向——"一个想法在脑海中闪过，犹如震耳欲聋的炮火敲击着他的心灵：他爱上了她"。

随即，他做出了战后退伍的决定。安妮特的哥哥和恋人都死在德国人的枪口。汉斯为了安慰这一家人，向他们保证：战后他会留下来，跟他们一起经营农场。为了让他们相信自己经营农场的诚意和能力，他告诉他们在巴伐利亚老家还有一个弟弟，可以与父母经营家里的农场。

安妮特起初疯狂地堕胎，但遇到的都是基督教徒，不允许堕胎，或者仅有的医生都去了前线。这样，婴儿在她腹中越长越大，而汉斯告诉她：战争一结束，他就退伍，娶她。

一对老人越来越信任汉斯了，汉斯还与皮瑞尔老人一遍遍勘察农场，谈了自己对农场的重新规划，皮瑞尔夫人甚至把汉斯的德语名字换成了法语名"吉恩"。

其实，汉斯是一个非常英俊的小伙子，他身材高挑，体型匀称，肩宽胸阔，一头金色的鬈发和一双蓝色的眼睛非常诱人。而当孩子生下来，果然是个与汉斯一样的漂亮男孩，皮瑞尔夫妇喜欢得要命。

当孩子出生的那天，汉斯来到姑娘家，他们却找不到安妮特了，她把婴儿带到河边，"握住他浸在水中，直到他没有了呼吸"。

战时给了作家很多类似题材，毛姆这篇与莫泊桑的《菲菲小姐》异曲同工。

毛姆的许多选本都收录了这篇。特别是最后得知婴儿溺死，汉斯的那一声咆哮，让读者久久回味：战争、人性、爱情、罪恶中的善良和对美好的向往，这些因素牢牢抓住了读者的心。

后来的特工生涯让毛姆写了间谍小说《叛国者》，一个受雇于德国的英国人被诱捕处决的故事。

凯波是受雇于德国的奸细，他的妻子也是个德国人。妻子毫不掩饰日耳曼人的种族优越感，在她眼里，"你们英国人，你们不会绘画，你们不会雕刻，你们不会写曲子。"暗地里她也做着反对英国的间谍勾当。

凯波试图让阿申登（毛姆本人）明白，不是所有的德国人都是英国所认为的邪恶的魔鬼。

在毛姆的生花妙笔的渲染下，一切过程显得异常自然、异常真实。阿申登只在"无意之中"说了两句话，"他打算学习德语会话""他在英国新闻检查处工作"。凯波夫妇就用尽心机去靠拢他、跟他做朋友。最后，央请阿申登写了一封介绍信，介绍他顺利地投入了绞索。

这样的一个个德国人，使毛姆眼中的德国，五味杂陈。

毛姆：一只贴满标签的旅行箱

英伦：文学大本营

英伦之于毛姆，真是一个匪夷所思的存在。

毛姆是英国人，然而，在他近92年的生命中，他在英国的时间可能不足一半，相当长的时间他住在法国南部里维埃拉或欧洲各国游历，剩余的时间，则不均匀地分布在美国、欧洲、东南亚、南太平洋、东方等这个地球的角角落落。

行走在欧洲的毛姆，在英语、法语、德语、意大利语、西班牙语中切换。生死两端都在法国，却要为英国而战，葬回英国。

英国给了毛姆足够的文学荣耀，他却时时想要离开。他对英国的心情极为复杂。

戏剧大师

如果伦敦是个游泳池，毛姆的荣誉就是他的救生圈。

毛姆的伦敦，始自文森特广场。他在戏剧《一个体面的男人》中对当时他这个单身汉的家进行了一番描述，"书桌上乱糟糟地堆满了文稿和书籍……壁炉两侧各有一把扶手椅；壁炉架上摆放着各种烟具……书架里塞满了书；家具简单、不贵……一个阅读大量书籍且乐于把玩美好物件的人的住所。"

和这部戏的主人公巴兹尔·肯特一样，毛姆"喜欢烟味，书随便乱放，缺乏责任感"。

医学院中交的朋友有限，他本想离开英格兰找个僻静的地方写作，但考虑到伦敦是大本营，离开太久会被那个圈子遗忘，他还是积极"投身"伦敦的社交。从西班牙旅游回到伦敦时，他与老朋友佩恩搬进圣詹姆斯公园附近的一间小寓所。不久后，他们又搬到了维多利亚火车站后面的卡莱尔大厦。

有时，他与佩恩二人，大多数情况是他一个人，在伦敦这个城市游荡：看戏、逛画廊，与在外国的朋友通信。那时画家朋友杰拉德·凯利正沉浸在巴黎醉人的自由之中，逃离他所谓的"围绕着伦敦人的性经验的常规和偏见"。显然，这种说法在更大程度上适用于毛姆。

生长于法国的毛姆时常被英国人的拘谨惹恼，"在我看来，英格兰是这样一个国家，那里有我不想履行的责任和令我厌烦的义务，"他说，"只有将海峡置于我的祖国和我之间，我才能感觉到彻底的舒服自在。"

毛姆写作成功退掉出租房后购买的第一所个人住宅就在切斯菲尔德街。朋友们对他的书房记忆尤深。小说家休·沃尔波尔将这所房子描述为"那幢不显眼的欢乐的纸盒房子，成为我们很多人在伦敦最欢乐、最舒适、最好玩儿的去处之一"。休永远忘不了毛姆带他参观那幢房子时的情景，"我记得，楼下的社交功能区和顶楼他的工作间构成一种奇特的反差，我一上来就惊住了。过去了这么多年，他家的顶楼依然是我见过的最适合写作者的空间。"

以伦敦为原点，毛姆如走马灯般向周边放射，往往这个月回到伦敦，下月就又出发，即使在伦敦，他照常忙于写作。

后来他又搬了家，一个更大、更豪华的住处。

这次的房子，位于布赖恩斯顿广场43号，离温德汉姆广场只有不到一百码。阿诺德·本涅特、查尔斯·汉森·唐恩、H·G·威尔斯和弗吉尼亚·伍尔夫都曾受邀参加在毛姆家举办的晚宴。阿诺德·本涅特满怀羡慕地说：大牌了，这家伙的书房比找家的客厅都大。"

青年过后,毛姆成为一颗冉冉升起的戏剧明星。他的戏剧创下一个伦敦奇迹:一生写了33部剧,从1908年开始,经常每天四部他的戏同时在伦敦上演,每部戏上演几百场。

让毛姆颇为得意的是,1923年9月,伦敦的"环球"剧院《贵族夫人》首演,首相张伯伦特地去看了首演式。毛姆为他的戏第一次在伦敦演出获得如此成功极为激动。他请首相评点一番,首相没多说,只是要求他改动第二幕末尾的一个词。

当《多特夫人》正在大喜剧院上演时,有一天,他从潘登街经过,望着落日余晖,自言自语地说:感谢苍天,我现在终于可以望着这日落的景色不必搜索枯肠去加以描写了。

沙龙宠儿

当毛姆崭露头角,雪片一样的沙龙邀请函向他飞来,成为伦敦社交界的宠儿。

那段时间,他认识的熟人里就有一个野心勃勃的政治女主人、一个富有的议员妻子——多萝西·奥胡森。或许风气所致,毛姆与许多贵夫人之间保持着一种柔情蜜意且带有调情意味的友谊,比如他经常与多萝西调侃:"我亲爱的奥胡森夫人,你是个不守信用的女人,你信誓旦旦地保证给我写信。结果连一张风景明信片都没寄过……我十分想念你。"

奥胡森夫妇在白金汉郡的斯托克波吉斯有一幢乡间大宅,毛姆是这里周末聚会的常客。这里的客人构成五花八门:政客、作家,还有武装部队头目。就在这所乡间大宅,毛姆第一次见到温斯顿·丘吉尔,当时的丘吉尔是阿斯奎思政府的内阁大臣,他娶了多萝西的表妹克莱门蒂娜。

斯托克庄园附近有一座高尔夫球场,毛姆和丘吉尔时常一起打球,回来喝很多茶,然后一起参加华丽的晚宴。一天深夜,女士们回房休息了,先生们换上便服,一边喝着白兰地,抽着雪茄,一边聊天。这时,一个自以为是的年轻人正从作家的角度高谈阔论，突然毛姆插了一句话，那个年轻人瞬间闭嘴，所有人都放声大笑。第二天早晨，丘吉尔走到正在安安静静读报的毛姆身边，对他说："我想跟你签一个君子协定，如果你保证永远不取笑我，我也保证永远不取笑你。"

这也奠定了日后他与丘吉尔之间轻松、彼此尊重的友谊。

1923年，毛姆从远东回到英国，50岁的他名利双收，自信镇定。他继续和往常一样多产，只要戏单或杂志封面上有他的名字就会大卖。所有人都想认识他，20世纪20年代的伦敦社交圈很小，他的名字无人不晓。

尽管毛姆依旧把伦敦视为基地——他的家，社交和职业生活的中心，然而，这里也让他感觉最压抑、最束手束脚。一次宴会上，毛姆遇到一件尴尬事。一封信刚刚送到女主人手里，主人把信递给身边一位贵夫人，贵妇认出这是自己情人的笔迹，打开信开始读。突然她发觉自己的丈夫就站在身后，从她背后读这封信。她把信读完，然后把它递给女主人，轻松地说："他似乎爱得很深呐。"并嫣然一笑："但要我是你，我就不会让他给自己写这样的信。"

毛姆在伦敦遇到的所有名人中，查理·卓别林最难忘。他看到的卓别林帅气，优雅，腼腆，身材相当匀称，手脚小巧好看。五官端正，鼻子稍大了点，嘴巴富于表情，眼睛很漂亮，黑色的头发里夹杂着几缕银白，一头鬈发十分浓密。他说话还隐隐约约地带着年轻时候的伦敦口音。他热情洋溢，神采飞扬。若是和一伙让他不觉得拘束的人在一起，他就会大出洋相，毫无顾忌，令人愉快。

毛姆还记住了卓别林超常的模仿能力：他虽然不懂法语和西班牙语，却能模仿这些人说话，风趣幽默、惟妙惟肖、让人捧腹。毛姆观看了卓别林模仿1900年前后音乐厅里的各类演奏者以及兰贝斯两个女人的对话，觉得卓别林有一种举手投足间令人难以置信的优雅，能够轻而易举

让人连着笑上几个小时,但毛姆认为卓别林并不是一个快乐的人,"那欢笑的后面透着深深的忧伤"。

《兰贝斯的丽莎》出版多年后,毛姆想写最后一本小说,名为《兰贝斯的丽莎之子》,故事背景设在伦敦东南部的伯蒙齐。只是时代更迭,物是人非,"丽莎"之子流产了。

当然他也没浪费收集的素材。比如伯蒙齐一个英俊的水管工到一个退休的商人家去修管道,商人住在肯宁顿的一栋半独立式别墅里。商人的女儿喜欢上水管工,他们晚上会在路上约会。但他非常清楚他们之间的差距,认为她是在把他当仆人对待。他决心报复她,使她怀了孕。她的父母把她逐出了家门。水管工不肯娶她,但她还是跑去和他同居,生了孩子后,她到一家饼干厂去工作。在厂里,一个工人爱上了她,向她求婚。她知道水管工一点也不在乎她,于是离开了他。水管工勃然大怒,当他发现她嫁给另外一个男人时,他就去告诉那个人自己和她已经有了一个孩子,那人便断绝了和她的来往——这直接成就了短篇小说《插曲》。

若即若离

1927年开始,毛姆定居在里维埃拉,但每年至少回一次伦敦,特别是每年1月25日的生日,因为那里有一群固定的桥牌牌友,每到他的生日,会为他专门举行一次桥牌比赛。

毛姆对伦敦的心情是矛盾的,水瓶座的毛姆考虑问题从来都很现实,他不肯放弃伦敦这个文学基地,但也厌倦了伦敦社交圈。宴乐之乐总是让他多少有些厌烦。当人们坐在酒馆里,或是乘舟沿河漂流而下开始歌唱时,他保持沉默。他不太喜欢被人触碰,当有人用手臂来勾他的手臂时,他总是让自己做出些微的努力不去躲避——这或许就是早年丧母的心理影响,我虽作为女性,但对于与人勾肩搭背这件事与毛姆感受相同,还极为认同他说的"这世界的歇斯底里让我厌恶,没有什么比身处一群向欢乐或者悲伤的激烈情感缴械投降的人之中更能让我产生疏离感"。他不喜热闹，对身边人格外挑剔，却也不能忍受太多孤独。他坦陈自己"不是个社会人"，"我只能是我自己"。

然而，每当上升到家国层面，毛姆的爱国热情总是满满的——

对我来说，单单是地图上英国的形状就意义深刻，它让我脑中生出万千意象：多佛的白色悬崖和茶色海水，肯特郡宜人的蜿蜒小道和苏塞克斯郡的丘陵，圣保罗大教堂和伦敦池，诗篇锦句，柯林斯卓越的颂歌，马修·阿诺德的《博学的吉卜赛人》，济慈的《夜莺》，莎士比亚的台词选段和一页页的英国历史，德雷克和他的海船，亨利八世和伊丽莎白女王，汤姆·琼斯和约翰逊博士，我的朋友们，……这样的感受和千百种其他感受汇集成一种情感，这种情感让人乐于牺牲，这种情感中兼有自豪、渴望和爱，但它是谦逊而不是自负的，并且不排斥一点幽默感。

毛姆把家安在里维埃拉而不是伦敦，除了秘书杰拉德·哈克斯顿的原因，更重要的是他厌烦两个女人——妻子西莉和女儿丽莎。尽管丽莎结婚时毛姆送给女儿女婿一所泰晤士河附近的宅子和一大笔股份，但他对妻女的厌恶已登峰造极。

空袭下的伦敦

二战期间，毛姆从法国回到伦敦后，经历了惊心动魄的大空袭。

那时他在法国的莫雷斯克别墅已被征用，只好在伦敦的中心地带多切斯特酒店顶层订了一间套房。由于战争，这家摩登酒店的营业额激增：钢筋混凝土结构外加一个防毒气的地下掩体，人们普遍认为这里坚不可摧。

房间供不应求,毛姆经常在热闹的大堂遇见老朋友。

在他眼前,防空气球漂浮在头顶,海德公园伤痕累累,战壕挖得遍地都是,沙袋堆在商店门口和皮卡迪利大街的爱神雕像周围,邮政信筒、电线杆子和树上被刷出一条条白色的标记,帮助行人在宵禁时认路。

毛姆住在顶层,但几码外海德公园猛烈的防空炮火声令他难以忍受。从第三个晚上开始,他在顶楼的房间里换上睡衣,拿了几个枕头和一床鸭绒被,走进了防空洞,和其他身穿睡衣和晨衣的人挤在一起,他睡得像孩子一样香甜。一直到空袭结束。

白天,他走在西区熟悉的街道上,眼前一片炮弹轰炸后凄惨的景象,人行道上到处是碎玻璃碴、裂缝和冒着烟的洞。

一天晚上,毛姆在威斯敏斯特参加一个作家聚会,其中就有弗吉尼亚·伍尔夫。伍尔夫的样子很迷人,聚会很晚才结束。突然警报响了,毛姆提议送伍尔夫回家,但她坚持一个人走,那时没有出租汽车,毛姆出于对她安全的关心,陪她走了一段路。

伍尔夫走过白厅时,一切都还好,但是刚刚走过海军大楼时,两架敌机突然临空,一阵猛烈的高射炮向空中怒吼了。毛姆对伍尔夫高声叫着,叫她快掩蔽起来,但是在炮火声中她听不见。她没企图挪动一下,而是站在路中间,向天空舒展双臂,有如向火光闪耀的天空致敬。看到她这样站在路中央,高射炮的火光不时地照亮她,那景象极不寻常。接着,敌机过去了,她又扬长前进。

这是毛姆最后一次见到伍尔夫,第二年她便自杀了。

在伦敦,虽没有巴黎那样的"先贤祠",退一步讲,倘使伦敦有属于自己的"先贤祠",也未必能轮上毛姆,所以他年届80岁时在坎特伯雷寻找一片最后的栖身之地就可以理解了。

当他在近92岁高龄离世,令他爱恨交织的伦敦,依然接纳了他,让他颇为体面地魂归故里。

在法国的英国人

法国对毛姆有着特别的意义：生命的起点和终点都落在法国，近半个世纪住在法国蓝岸。他的文学事业的大部分也与法国息息相关。他就是一个在法国的英国人。

相遇奇人

毛姆在《作家笔记》里提到一件趣事。

他20多岁时每年都到巴黎写作，认识一位朋友弗拉基米尔。他们每天在一家穹顶咖啡馆见面。

忽然好几天没有见到小弗，也不在常去的另几家咖啡厅。

毛姆知道他的住处，那是一家廉价旅馆。

小弗住在五楼一间肮脏的小屋里，毛姆看见他躺在床上。"你生病了吗？""没有。"

"那你怎么没出门？"

"我没法起床。我仅有的一双靴子烂了，天这么冷，我不能穿着拖鞋出去。"

毛姆看了看那双靴子，尽管他自己手头也紧，还是给了小弗20法郎，让他去买靴子。

小弗对他感激不尽，他们约定像往常一样晚饭前在穹顶咖啡馆见面。

但晚上小弗没来，第二天仍不见人影。

第三天毛姆又去找他，映入眼帘的是满屋鲜花，而小弗依旧躺在

毛姆：一只贴满标签的旅行箱

床上。

"你为什么没有赴约？"

"我出不去，没有靴子。"

"我给你的20法郎就是让你买新靴子啊。"

"我用它买了这些花啊。它们美吧！"

……

有一句法国谚语：谁的房间鲜花怒放，谁的心中就心花怒放。

可爱的法国人！

还是在巴黎，他在类似穹顶咖啡馆的地方听说这样一个"怪人"：一个世人眼中的"道德楷模"——义务戒酒宣传员。平时他的工作很忙，但仍挤出时间到处讲演，劝人戒酒。他认为这项义务很重要，兢兢业业，公正无私。他视酒为祸根，禁止家里任何人以及身边的朋友接触酒。

他家里有一个房间，时时上着锁，他不许任何人进入。有一天他突然死了。葬礼后不久，家人撬开了那个房间，他们一直想知道里面有什么，却发现堆满装各种酒的空酒瓶子。显然，这些瓶子是他一个一个拿回来的。他喝光了里面的酒，却不知道如何处理空瓶子，只好锁起来。

毛姆极力探究的是，当他宣传完戒酒大道回到家里，锁上门，躲在屋里啜饮绿荨麻酒时，脑子里都在想些什么。

毛姆早就宣称自己不喜欢人群，而是喜欢一个个的人。他多年的四处游历就是在挖空心思地寻觅这样的人。这些人绝非常人，却又隐于常人之间，要靠一双慧眼去发现，而毛姆最不缺的恰恰就是这样的发现能力。

巴黎，这个艺术之都，无疑更把这种能力发掘到极致。

画家凯利

毛姆在《午餐》的开头写道："20年前，我旅居巴黎，在拉丁区租借了一间面积很小的公寓。透过窗子，可以俯瞰教堂的墓地。"

年轻的毛姆，经常在伦敦与巴黎两城之间穿梭。当有一次复活节他再次到巴黎时，写信给年轻画家杰拉德·凯利，"我再次感到第一天来巴黎时那种美妙的愉悦。我的思维是那样活跃，似乎有一种腾云驾雾的感觉，那一刻是纯粹的、完整的幸福。"

有时住在大哥查尔斯家，有时住在旅馆里，但从来没有称心如意过，"跟我哥哥在一起时，家庭生活搞得我不知所措，住在旅馆又捉襟见肘。"他决心自己找房子，并向凯利求助。

比毛姆小五岁的凯利是个富裕的爱尔兰教士，拥有丰沛的神经质能量。他先后在伊顿公学和剑桥大学就读，在多维茨画廊接受的启蒙教育激发了他对绘画的兴趣。

凯利1901年搬到巴黎，在第一田园大街买下一间很大的工作室。他仔细参观了莫奈、德加和塞尚的画室，甚至说服雕塑家罗丹让他做助手。凯利主攻肖像画，偶尔也画风景，1903年，法国政府买下他的一幅画，第二年，他的作品就入选巴黎秋季艺术沙龙，那年他只有25岁。

毛姆和凯利一见如故，吸引毛姆的是凯利的口若悬河、对艺术和创意的激情，给凯利留下深刻印象的则是毛姆的机智、冷幽默和广泛的兴趣，还有毛姆的相貌。他渴望把毛姆画下来。

"我非常依赖他的耐心和智慧，他经常被我的啰嗦激怒。"凯利写道。不过，两人也有很多共同点：都很宽容，不容易被惊到，都很机敏、脾气火爆，而毛姆更善于控制自己；两人都热爱旅行，也都为理性的诚实而感到自豪。

毛姆的视觉艺术教育正始自这段时间的巴黎，这和凯利有很大关系：凯利借书给他，教他如何鉴赏，和他一起研究早期绘画大师的作品，把新的画家介绍给他。是凯利第一次带毛姆去看印象派画家莫奈、雷诺阿、马奈和塞尚的作品，去看巴黎卢森堡公园博物馆的藏品。"惭愧的是，"他后来写道，"我完全看不懂。"但不能不说这就是《月亮与六便士》的

萌芽。

毛姆成名后，主要由凯利给他画像，画了18次。毛姆和凯利建立起兄弟般的友情，这是他在家里从未感受过的。毛姆几乎向凯利坦陈一切。凯利也一样，遇到跟女人的感情问题就向毛姆征求意见。这种亲密的友谊保持了一生。毛姆去世后，凯利的话被登在《泰晤士报》上，"威利是个可爱的家伙，"他说，"绝对是个可爱的家伙。"

白猫餐馆

凯利向毛姆推荐了敖德萨街上一个叫"白猫"的小餐馆，他们几乎每周都去。经常在白猫餐馆聚餐的还有作家阿诺德·本涅特，毛姆和凯利都以高人一等的态度对待本涅特。本涅特没下巴，蒜头鼻，胡子又粗又硬，还长着兔牙，他们觉得本涅特的样子很粗俗，毛姆用势利的语气挖苦他"就像市政府的办事员"。

幸好，和蔼的本涅特并没注意到毛姆傲慢的态度，一天下午，毛姆去他位于加莱街的公寓拜访他，本涅特在日记本上这样写道："毛姆非常安静，几乎无精打采。他愉快地喝了两杯茶，坚决拒绝了第三杯；他吃饼干和薄饼的速度极快，几乎是贪婪地吃，一个接着一个，不做任何停顿，接着，他突然停下来不吃了，猛抽了两根烟，比我抽一根烟的时间还短……我喜欢他。"

相比之下，毛姆谈到本涅特时，"我不太喜欢他……此人狂妄自傲……不过，和他待一晚我还是很愿意的。"

突然有一天，本涅特提了一个建议，问毛姆是否愿意跟他共享一个情妇：那个女人每个星期跟本涅特睡两个晚上，跟另一位先生睡两个晚上，星期天，她想休息，但是，她还有两个晚上的空闲，想再找一个人。"我向她提起了你。"本涅特说，"她喜欢作家，我希望有人好好调教她。"

这个提议被毛姆拒绝了。

20世纪初，相比街道狭窄、昏暗、肮脏的伦敦，毛姆尤其喜爱巴黎的优雅和宽阔。20年前，他和父母生活在巴黎，这么多年过去了，这里变化巨大：以前没有地铁，街上只有马拉的公共汽车，没有机动车和黄色出租马车。没有高耸入云的埃菲尔铁塔，艺术也没像现在这样遍地开花——20世纪初的巴黎有40多家剧院，画廊里的人兴奋地讨论着印象派。

塞纳河左岸的蒙帕纳斯区吸引了大批艺术家，不过，新来的画家和雕塑家更倾向于定居在右岸的蒙马特，因为那里的生活费更便宜，而且保留着村落的气息。

世纪之交的蒙帕纳斯就像一个外省的城镇，有自己的地铁站、社区剧院、舞厅，有歌手驻唱的咖啡馆，还有酒吧和餐馆。到了晚上，节目就更多了，也更有活力，在便宜快活的布里尔舞厅跳舞，在阿尔罕布拉剧院观看表演，在塔芭林舞厅看"贪食者"跳舞，或者花75个生丁在红色音乐厅忍受着硬座之苦挤在人群中听古典音乐。

巴黎的生活成本低于伦敦，但毛姆毫不动摇地坚守每日严格的写作计划，从上午开始，一直写到中午。晚上他仍旧爱去白猫餐馆，那里经常聚集着一群画家、作家和雕塑家——有几个法国人，大部分是英国人和美国人——在楼上围着一张大桌子吃饭，点不贵的两道菜，喝很多葡萄酒，就当时的顶尖艺术家展开讨论。

参加这类聚会是毛姆最接近波西米亚式生活的时刻。大家经常激烈地争吵，英语里夹杂着法语，雪茄使室内的空气变得闷浊，嗓门越来越大。

在凯利认识的画家中，有一个高个子、皮肤黝黑、憎恶世人的爱尔兰画家罗德里克·奥康纳，或许正是这个画家，成就了毛姆后来的南太平洋之行，带来《月亮与六便士》的灵感。

奥康纳的出现令毛姆极感兴趣，1903年，凯利带毛姆去沃拉德画廊看著名的高更画展,毛姆立刻被这个人和他的作品吸引住了。听说奥康纳和高更在布列塔尼一起住过几个月,毛姆急于向他了解情况。"可惜,他一见面就不喜欢我,而且立刻就表现出来了。我坐在餐桌旁都足以激怒他。"

两人经常争吵,不过,因为喜欢他的作品,几天后,毛姆拜访了奥康纳的画室,想买他两小幅静物画。奥康纳吃了一惊,毛姆写道:"犹豫了一会儿,他面色阴沉地说了个价钱,很便宜,我从兜里掏出钱,拿着这些画走了。"

这个举动并未改善两人的关系,奥康纳把毛姆比作"臭虫,敏感的人会拒绝踩上去,因为有臭味,而且黏糊糊的"。这段无礼的话是那个群体中的另一个成员阿莱斯特·克劳利转告给毛姆的。克劳利高高大大,如公牛一般,长了张残暴好色的脸,穿得花里胡哨,红马甲上装饰着珠宝,戴着丝质的大领带,又白又胖的小手上戴了一枚巨大的戒指。

克劳利是凯利在剑桥大学的同学,1903年他娶了凯利的妹妹罗斯。巧合的是,罗斯还是毛姆的大嫂贝尔蒂最好的朋友。

克劳利宣称自己是神秘学大师,创建了"东方可汗"协会,经常情不自禁地卖弄,演戏一般慷慨陈词,不切实际地吹嘘他超凡的脑力和强健的体魄。最耸人听闻的是,还吹嘘他有超自然的"法力":他似乎有很多前世,如今化身为《圣经启示录》里的大野兽;他涉足了撒旦教,并加入玄秘团体"金色黎明会",他以"我将忍耐到底"为格言,希望人们叫他忍耐大师。

克劳利的头衔还有很多:神秘学家、作家、登山家、诗人、瑜伽修行者。他大量尝试毒品,不知疲倦地探索复杂的性取向,贪婪地与男人和女人一起做各种不道德的事,他骨子里是个有虐待狂倾向的血腥残暴之人。"我一见面就不喜欢他,"毛姆写道,"但他让我感兴趣,逗得我很开心。"

毛姆一生中，相遇了不少这类他并不喜欢，但却令他感兴趣之人。他未必跟他们做朋友，但他们却催生了他的文学想象。比如克劳利的催眠表演和无可否认的不祥气质激发了毛姆的想象力。不久后，克劳利就被改头换面以邪恶的奥利弗·哈多的形象出现在毛姆的长篇小说《魔法师》里。

乡村矿井

毛姆的游历以巴黎为圆心四散辐射，他的许多奇思妙想就是在乘坐火车或轮船时迸发的。在法国，他喜欢乘坐平稳前进、车速不快的火车穿越法国平原，往往这时一部作品就酝酿成功了。

他的作品中以法国为题材的故事非常多，特别是在他中年后定居的法国南部蓝色海岸一带。《现实生活》中的故事就安排在从伦敦到蒙特卡洛的球赛前后：18岁的伦敦男孩尼基的一次"成人仪式"，各种冒险，"机场在戛纳另一边。从蒙特卡洛到尼斯，山路起伏。山路一侧是蔚蓝色的大海。清晨中的尼斯宁静、美丽。出了尼斯城，便是一条笔直的滨海大道，出租车一路飞驰"。

二战期间，毛姆还到法国北部的朗斯体验矿工村。这是小说《刀锋》的基础。

这样的乡村是震撼的，一排排双层红砖小房，红瓦顶，大窗户。每栋后面都有一个小园子，矿工们在里面种菜养花。毛姆观察了来自不同国家的矿工，发现波兰人与法国人的相貌差别很大，他们的脑袋是方形的，即使身上糊满了黑煤，皮肤看上去也很白皙。虽然他们和法国人能和睦相处，但还是不大和外族人来往。他们吃得很少，比法国人还少，省下钱来好汇回家买农场。

为了体验生活，毛姆还真的下到矿井坑道，那里只略高于普通人身高，光秃秃的灯泡发出冷冷的光，刺骨的寒风穿道而过。走在坑道里，一个人影儿也没有，感觉很怪异。那些坑道七拐八转，一条连着一条，

毛姆：一只贴满标签的旅行箱

毛姆想着人在里面怎么能不迷路呢！但是领班告诉他闭着眼睛都能走。他们突然碰上一小群正在干活的工人，那感觉很是神奇。这些内容都能从《刀锋》中找到踪迹。

就在朗斯的矿井村，毛姆还记录了许多稀奇古怪的谋杀案，这些案子基本上都被他写入了小说。

莫雷斯克时间，8点整

"莫雷斯克时间，8点整"。

钟声乘着地中海的风隐隐传来。时钟敲了八响，出浴不久的毛姆坐到书桌前……刚刚开始的这一天，他和他的世界一起进入"莫雷斯克时间"。

一

法国，地中海沿岸，里维埃拉，弗拉角。这一花树掩映的处所，就是毛姆的莫雷斯克别墅。他在这里生活了近半个世纪。

瞧这一个个地名——尼斯，戛纳，马赛，蒙特卡罗以及摩纳哥，它们像繁星一样将这片海岸线优雅地串联起来，而那些点缀其间的小镇使这里显得旖旎而贞静。这样的地方，如果没被艺术家盯上才怪呢，大仲马、毕加索、雷诺阿、马蒂斯曾经纷纷来这里扎堆儿，迷人的风光和日渐浓郁的艺术氛围更触发他们滔滔而隐秘的灵感，许多不朽的名作得益于这段海岸线。

那是1925年底，毛姆第二次到东南亚旅行，1926年2月，从西贡搭乘一条法国船回到马赛，旅程30天中他绝大部分时间因患疟疾卧床，临到上岸时才稍缓解。当他向吸烟室走去时，一眼望见窗外那阳光明媚的科西嘉海岸，在外游荡了五个月的毛姆多么渴望家的温馨和安稳，然而，一直与他冷战的妻子西莉却将他在伦敦的住宅出租，使得他有家不

能归，这种情形已非首次。

这次，毛姆把它变成机会，他与西莉离婚已"酝酿"多时，机不可失，他正想在法国一个人住下来呢。他对他的美国理财经纪人阿兰森说："我跟西莉达成了君子协定，她有她伦敦的家，我有我里维埃拉的家，在我们觉得乐意和方便的时候，你来我往，客人一个，这可是太好啦，我可以在愉快的环境里不受干扰地工作了。"

中介人带他考察一所建造于19世纪的私人花园，这是比利时国王利奥波得二世曾经住过的宫殿，此时已荒凉破败，整修这座宫殿所需的巨额费用令人望而却步。

但毛姆是谁呀，他已经发表了11部长篇小说、三部短篇小说集以及20个剧本……仅凭这些，无须降尊纡贵就足以阔绰地面对这个世界了。何况，这里散发着的独特艺术气息和浪漫情调让他欲罢不能，他最终花去4.95万美金，雇用了大批工人，经过半年多的整饬装潢，1927年，毛姆正式入住这所占地八亩的别墅，取名莫雷斯克。

早在1922年底，法国开通一列快速列车，这趟从加莱到地中海的快车因车厢被涂成蓝色而被称为"蓝色列车"。豪华的"蓝色列车"从加莱出发，经停巴黎后在夜幕下行进，于第二天上午抵达法国南部。毛姆经常乘坐"蓝色列车"，他从博利厄下车，从那里到莫雷斯克只需很短的车程。

我曾从一份画报上看到里维埃拉的一张照片，大片蔚蓝的调调，映衬着橘红色屋顶、白色墙面、长长的窗子，它们散卧于翁郁青翠的山顶、山坡和山脚，如果它们在别处孤零零地存在，显然价值会大打折扣，彰显它们尊贵的，就是这曲折曼妙的海岸线以及一望无际的地中海。

在那片散落的珍珠一样的别墅中，能否辨认出毛姆的莫雷斯克呢？

按照传记中的描绘，位于半山腰的那座，"推开长窗正对着地中海的无际""海风徐徐吹来……"，就是它了！

100年后有了微信，我则把这幅图片当作了微信头像。

二

英国作家本内特在致伍尔芙的一封信中说："一个伟大的艺术家需要他所能得到的一切舒适。"

莫雷斯克恰恰处于一个极为"舒适"的位置。这里是尼斯和蒙特卡罗之间伸入地中海的一个狭长海角，景色最宜人，气候最温和，一种宁静而生动的惬意弥漫其间，推开多数房间的落地长窗，都能看到蔚蓝色的大海平静或奔腾着铺展开去，地中海的风从远远的海天相接处悠悠吹来，吹开近处的繁花嘉树，这一切统统成为美的招贴或音符，凡是到过莫雷斯克的人都承认，那是一种惊心动魄的美。

莫雷斯克的奢靡并非虚谈，这里有七间卧房，四间浴室，豪华的会客厅，以及诱人的餐室，车库里停着两辆小轿车。毛姆的卧室安排在二楼一角，从卧室也可以眺望大海。他的床是颇为讲究的，那是一张18世纪西西里式的单人床，床头和床脚绘有各种花卉，床的角度使他能在最好的光线下读书，"我准备死在房里这张有画的床上，"他说，"有时我双手交叉，合上眼睛想象我临终前躺在那儿该是个什么样子。"

毛姆的奢靡，为当地一下子贡献出13个就业岗位：一个厨师，两个女仆，一个男管家，一个男仆，一个司机和七个花匠。"有时我感到不安，"毛姆说，"为了照顾一个老头子的舒适生活，至少使13个人消磨了他们的一生。"

可是，毛姆消受得起啊，这里有他周游世界时搜寻来的各种宝贝，他似乎对西班牙情有独钟，桌椅、餐具、铜雕，特别是他那张著名的西班牙式写字桌，无不带给他生活的超值享受和写作灵感。

中国的观音雕像、塔西提的高更式窗户、暹罗饰品、婆罗洲的小鸟标本和非洲面具则摆在客人的浴室里。他是首位把加利福尼亚的鳄梨树

毛姆：一只贴满标签的旅行箱

私藏在高尔夫球袋里引进莫雷斯克的英国人（当地进口农作物违法），他在100年前就会使用具有保湿作用的屏风了。

这还算不得奢华之最，最让毛姆得意的是院子里的游泳池，有时他一天跳进去四、五次，躺在阳光下的水面上，享受伏案后的安适恬静……幼年失去双亲的毛姆，以个人的才能，仅靠一支笔，为自己提供了这种只有经济巨头和贵族才能拥有的生活方式，得意一下，有何不可？

仅仅渲染莫雷斯克的奢靡似乎有失公允，这座别墅处处体现着主人的职业特征——书籍。大客厅的圆桌上"书堆得高高的，更多的书则放在书架上，最高层的书，毛姆只有站在椅子上才能拿到"，他的卧室里"靠墙的书架上放满了他喜欢的书……"，他的书房的一面墙上更是"放满了书籍"。

完全可以说，书和写作，主导了莫雷斯克。

想象一下毛姆的书房吧，"从一个小小的绿色楼梯上去就到了毛姆的工作室，它像安放在二楼平顶上的一只长方形盒子。一面墙开着几个长长的落地窗，另一面墙放满了书籍。面对书籍的写字台是一个八英尺的西班牙写字桌。光线从高更式窗户射进来，这个窗户是从塔西提岛买来的，把它装在升高的壁凹中……"

在一本毛姆传记中，有一幅珍贵的照片，能落实那些对毛姆书房的刻苦想象，他伏案疾笔的神韵似乎真的"动"了起来，毛姆一生中上千万文字的大部分都流自这个"长方形盒子"。

照片上是一个毛姆写作中的侧影，正面是落地长窗，窗外望远，可见地中海浩渺的烟波。毛姆让自己正对书架，摄影师截取了半面墙，高高地，一直通到天花板。那些鸿篇巨制，整齐而条理。书桌简约至极却又品质至极，四条桌腿清晰地支起一块长方形桌板，这就是那张"长八英尺的西班牙书桌"了。书桌与书架之间的空白处，地匝甏瓶，不由令人想起他那句关于地毯的名言,"人生的意义不比波斯地毯上的蔓藤花纹的意义多多少。但即使人明白了这一点,也要活下去呀。"

写作中的毛姆处于逆光中,右手捉笔,剪影般淡定、卓然。那时,许多欧美作家都开始用打字机写作了,毛姆则坚持手写。他写作用的"自来水笔是特殊设计的,有一个便于握住的粗笔套,活页纸本是从《时代》书店买来的"。

为了不使自己因窗外风景分心,毛姆特意正对满墙的书——那里是他已经出版的几十本作品。他让自己在稍有懈怠时,抬眼就看到自己这些心血之作,这幅照片下面有一行小字标注"写作中的毛姆"。除了出游,这就是他坚如磐石的写作时间:上午8点至中午13点。

莫雷斯克的生活是严格按照毛姆的节奏和他的个性进行的,谁胆敢破坏,立即遭到训斥,哪怕那个人是首相。每天写作之前,他必须阅读和沐浴,他在浴盆里念几行对话试验一下自己的嗓音效果,或者边洗澡边预演他正在写着的小说中人物对话,客人们有时好奇地问他为何自言自语,他说这样可以"检验文章的质量"。

他曾告诉朋友:在写作这项职业中存在一种特殊的缺点,当你完成了一天工作,你必须利用闲暇等待你的创造能力恢复起来,为第二天早晨使用。一天中其余的时间里,你能干的任何事情似乎都是平淡无奇的。说到他对写作时间的残忍坚守,他说:"假如我不写作,我怎么去消磨我的每个早晨呢?"

三

事实上,莫雷斯克开始了关于毛姆作为小说家的传奇。

这个世界上,没有谁甘愿无私地娱乐你,尽管毛姆与人龃龉难合,却因文学成就,不仅左邻右舍尽皆艺术名流、百万富翁和侯爵夫人,地球各个角落的各业巨擘也纷至沓来,丘吉尔、温莎公爵夫人等政要以及

毛姆：一只贴满标签的旅行箱

著名艺术家、出版家纷纷来到这里做客。

莫雷斯克成为一种荣幸，到欧洲旅行的人能在毛姆餐桌上与之共进晚餐被看作像教皇私人接见一样的礼遇，毛姆的中国"侄女"毛尖说："全欧洲，没有哪个人的沙龙可以和毛姆叔叔的莫雷斯克争风吃醋，在他的七间卧室睡过的作家、画家和诗人，就是整支欧美文学和艺术队伍；用过的那四间盥洗室的美女和美男，可以重整一个好莱坞；而餐桌上的政客，可以把世界格局定下来。"

虽夸张了些，却也说明毛姆彼时的亮度。须知，除了秘书杰拉德，毛姆对这个世界上的任何人都表现出一种坚定的防御姿态，他以不显露情感而自豪，他相信能把内心的挣扎和风景转移到稿纸上去，他巧妙地以作品的"烟火"保持着莫雷斯克一种尊贵的清高。但他在他的莫雷斯克却是"好客"的，看看这里的"食客"吧：有钱，有权，有名——当然，如果以上三条与你无缘，那么你必须足够年轻，足够英俊，先别沾沾自喜，还远远不够，美女在莫雷斯克可是没有市场的，你必须是个年轻漂亮的——小男孩儿。

有一次，一位青年作家戈弗雷·温被他邀请到莫雷克斯。温出版过一部长篇小说，不仅玩得一手好桥牌，还是全英最佳网球手之一，13岁获奖。他教毛姆打网球，晚上又一起玩桥牌。一天早晨，毛姆问他的第二部小说进展如何，温说："我恐怕写不出来。"

毛姆立即脸色一沉："写不出？"

"是的，我的灵感似乎已经一点也没有了。"温讪讪地说。

"那就是你上午的时间泡在游泳池里的理由吗？须知那时我却在我的书房里工作呢。"

毛姆滔滔不绝教训起来："我请你来这儿，不要你付伙食费，并非让你在游泳池边懒懒散散混日子。你太年轻，还不需要假日，你所需要的是锻炼，我要你学习我的榜样。你的第一本小说写得有生气，表明很有前途，以致我急于要见到它的作者。我没有失望，但是我现在……我是一个靠个人奋斗成功的作家……今天还保持同样的有规律的作息时间。我想你可以说，到今天公众都是我的主考人。"

毛姆强迫温要像他那样整个上午在写字台边度过，并写出绝不少于1000字的文章。他请温参观他的书房，鼓励他投入这样的工作，"你看见从下往上数第三排吗，"他指着书架说，"它正对着我的水平视线。当我一时想不出合适的词时，我就抬头，告诫自己，不管我多么疲倦，但那整整一个书架都摆满了我自己的书……无疑，有一天，你也将会有自己满满一架书的。"

除了毛姆的写作影像，也可把莫雷斯克想象成一场恢宏华丽的交响乐，它的总指挥是毛姆，他的写作，给那些响亮或迷醉的音符插进一曲高亢的调门，他手下的乐队是优雅而邪性的一群。在"莫雷斯克时间"之外，他手中那根魔棒始终挥舞得规律而具魅力，魑魅魍魉，影影绰绰，鲜艳妖媚，在他的魔棒下疯狂或慵懒地起舞……这太慑人！毛姆时而扔掉指挥棒，跃身其间，参与群魔乱舞。显然，那是他"恢复创造能量"的时间和方式。

但更多的时候，他则站在书房的长窗前，对着那醉生梦死的一群冷冷扫过，不屑地耸耸肩，回身写作去了。

"我写，只是由于不写就惆怅不安，写了才心境释然。"毛姆用他满满的一架书，告慰着这座生命与艺术的殿堂，那里的草木砖石无不铭记着那个老迈且坚执的文学背影。

擅长榨取素材的毛姆显然不会放过他的家园，不少小说正是以里维埃拉为背景，比如《狮子的外衣》《恩爱夫妻》《龟之声》。前者写一个骗子，身份卑微的人，战争带来了契机，去军队服役是实现目标的踏板，而妻子的经济实力搭建了实现理想的阶梯。他用了整整20年把自己打造成理想的样子，自己都忘了这是在做戏。最后葬身火场。

毛姆：一只贴满标签的旅行箱

《恩爱夫妻》则是毛姆的邻居给他的灵感。毛姆的一次家宴上，一个退休法官的邻居认出另一对邻居正是十几年前他曾审判过的人，那对夫妻为了能在一起，合谋毒害了妻子的女主人，然后双双逃遁。没想到在毛姆家遇到此前的法官。

《龟之声》中有一个经典的情节：著名歌剧演员在海上与情人吵架，一气之下把情人送她的价值连城的项链扔到海里，到了伦敦情人又给她买了一个完全一样的，但有一天，那演员告诉毛姆，她扔进海里的那个项链是假的。

二战期间，莫雷斯克险被摧毁，毛姆在美国6年，72岁的他再次回到莫雷克斯时已面目全非。先是法国人的抢占，接着是意大利人的掠夺，继而又有德国人来占领，最后又遭受英国人的炮轰。他收藏的酒被喝光，花园里埋了地雷，只有高更的玻璃画仍在原地。

幸好毛姆是个有办法、有财力的人，经过一段短期的修复，莫雷斯克又重新焕发了往日的光彩。他在《此时彼时》中这样写道："人是多么优秀的动物呀，只要有胆识，有智谋，有金钱，没有什么是办不到的。"

意大利：艺术的诱惑

在欧洲，倘若在地图上为毛姆的足迹插旗标注，除了英国和法国，意大利与西班牙有着同样的密度——旖旎的风光，更有每个空气分子里都漂浮着的文化古韵，吸引着毛姆一次次前去。

早在医学院读书时，利用六周假期第一次到意大利。他马不停蹄，东游西逛，想进行一次泛欧旅行。他把旅游观光同样看作是学习写作的必修课目。他身上只有20英镑，挎上个旅行包，就向意大利西北港埠的旅游城市——热那亚进发了。

在比萨，他还到雪莱曾经弹奏着吉他写出诗句的那个松树林子去坐了好久；在佛罗伦萨，他手捧英国批评家、作家拉斯金（1819—1900）的一本书，按照其指点参观那里的名胜；他跟房东太太的女儿学习意大利文；晚上他也想到街头去找寻艳遇，可是又那么胆小，不敢染指。假期快满时，他取道威尼斯、维罗纳以及米兰，回到了医院。

1907年初，刚过而立之年的毛姆虽出版了包括《兰贝斯的丽莎》在内的三部作品集，但他那时已经弃医从文，以文谋生遇到了生存的瓶颈，他试图写剧本得以转搌，即他想象的"以剧本养小说"。然而，他的几个剧本总是被剧院经理拒绝，他自己最满意的《弗雷德克夫人》在伦敦的17家剧院经理手中推来推去，理由是没有女演员想演女主角，而另几个剧本也是墙倒众人推般无人理睬。

伦敦的舞台没有毛姆的一席之地，这使他心灰意冷，不得不做出一个"弃文返医"的决定，他打算回医院学一门新科目，去做一名航海医生。

在实施他的新决定之前，他不顾囊中羞涩，买舟南下，又去了西西里。

正当他流连于西西里的那些古老庙宇时，却收到英国皇家剧院导演奥索·斯特劳的一封信。原来，这位导演正处于业务萧条时段，很想找个剧本作为权宜之计上演五六个星期以维持局面，毛姆的一位朋友正极力向奥索兜售《弗雷德克夫人》，巧合的是，当时伦敦一位红极一时的女演员正处于空档期，心血来潮般想演女主角……毛姆收到电报，立即告别西西里那些古建筑，赶到那不勒斯港乘船回伦敦。

可是当地航运局竟看他衣着寒酸不卖给他船票，他一气之下到了另一家公司，并摆出一副要头等舱的架势，他还真的得到一张头等船票，但这时他手里只剩半个克朗，他竟舍命去赌钱，谁知一本万利，甚至赢得了到马赛和伦敦的船票钱。

9月的某一个上午8点，毛姆步入伦敦皇家剧院。经过了许多周折，《弗雷德克夫人》终于被这个一流的剧院搬上舞台，而且由伦敦的一位明星女演员领衔演出。毛姆去看彩排时难掩激动。

首演大获成功，并从此使他作为一个不可动摇地位的剧作家活跃在相当长一段时间的欧美剧坛。他不但没有"返医"，在此后的26年间，他有29部剧作上演，最辉煌的时候，伦敦在一天内同时上演他的四部剧作……从此，医学界少了一名航海医生，却为世界文学史贡献了一位著名作家。

《弗》剧还让他和奥斯卡·王尔德的好友——雷吉·特纳先生成为朋友。1909年，他们相约去了佛罗伦萨、卡普里。那里有一大群外国同性恋者，他们大谈已故的伟大的王尔德的故事，雷吉则成为"连接奥斯卡和所有古代鸡奸罪的活着的纽带"。

1908年，毛姆创作《佩妮洛普》时，他在一个田园诗般地方——意大利科莫湖边的瓦伦纳，找到一家旅馆，第二年，他又去到那里写《史密斯》。第三年的《第十个人》也是在瓦伦纳写的。

一战中，毛姆乘坐小船在法国南部的地中海航行时，掌舵的品诺是个意大利人，一位出色的水手，一生中不知多少次在地中海里航行，对那片海域的各种变化了如指掌。他少言寡语，但身体语言丰富，不管是一转头，一抖肩，一甩肘或者一挥手，都传达了丰富的信息，有时还幽默滑稽。毛姆问他，如果意大利参战，他打算怎么办。

"不怎么办。"他低声回答，完全不动声色。

"那样的话你会被拘留起来的。"

"那又怎样？"他做了一个手势，然后说道，"我宁愿在法国被拘留起来，也不愿意回意大利去打仗。"

"你不想去打仗？"

"谁会想打仗，意大利人都不想。"

"你们不太像德国人，是吧？"毛姆问他。

"德国人就是猪。"品诺回答说。

这就是意大利人。我曾听在意大利留学的同事的孩子讲到一个掌故：曾经战时的意大利人，需要星期天出发上战场，但军队却说，上帝让人们在星期天休息……

《佛罗伦萨月光下》也译为《山顶别墅》《别墅之夜》。别墅位于佛罗伦萨的一个小山顶上，美丽的孀居女人玛丽在自家宽敞的平台上就能闲眺那些圆屋顶和钟楼。就在一个月夜，玛丽面临着老中青三代人抛来的丘比特之箭，最后她顺应了自己的内心。

《墨西哥秃头》的故事就发生在意大利。先从法国里昂、希腊比雷埃夫斯、土耳其君士坦丁堡，再转向罗马、那不勒斯。阿申登、毛姆与墨西哥人分手后抵达那不勒斯，等待他拿到他们所需要的机密文件。

在等待期间他在这个城市闲逛，他非常熟悉那不勒斯，喧闹的圣费迪南多披萨店，毗邻宏伟教堂的平民表决广场无时不在他的心底勾起美好的回忆。基亚拉大街跟以往一样嘈杂喧闹。他站在角落里朝上看着那些蜿蜒在陡峭小山上的狭窄巷子，这些通往高处住宅的巷子在连接街道两边的绳子上晒满了洗好的衣物，像万国旗在空中飘扬，预示着节日的到来。

他沿着岸边漫步，眺望波光粼粼的大海和背靠海湾依稀可见的卡普里岛，又来到波西立波，那里有个古老的、破旧不堪、布局凌乱的宫殿，他年轻时候曾在此度过许多浪漫的时光；博物馆的小阿格里皮娜的雕像，美术馆里提香和勃鲁盖尔的作品，最后他总是会不由自主地回到圣基亚拉教堂。

到了晚年，毛姆在《回顾》（没能出版）中描述了一次在威尼斯遇到的灵异现象。那次他去美术馆看画，感觉累了就坐在委罗内塞的那幅《利未家的宴会》前。画中的耶稣坐在一张长桌的中央主持宴会，侧着头和他左边的施洗者约翰交谈。毛姆凝视着这幅画，突然，他看见耶稣扭过头来盯视着他的脸。他后来试着解释说，这大概是错觉，但这件事仍使他的心灵受到了极大的触动。

卡普里真是毛姆魂牵梦绕的地方。他可能自己都数不清去了多少次。他的许多作品为下面的句式："某年的八月，由于在卡普里岛觉得乏味，我决定去波西塔诺玩上几天，于是便租了一只渔船划过去。"

1905年夏天，毛姆写《魔法师》时来到卡普里，在瓦伦丁别墅住了两个月，他给朋友写信："从早到晚什么也不干，日子尚且觉短，似乎一分钟也没闲着,卡普里从来就这么迷人,这儿的人也从来这样奇特,个个都道德败坏。不过好在还不像管教不住的人那么愚不可及。到这来的外国人都有其坎坷的遭遇。午后,我睡睡觉,一直睡到上茶时才起来;然后到那漫无边际的葡萄园去逛一逛;晚上便看看书、赏赏月……嗨,等到明年一月,我就上东方去。"

在卡普里度假期间,毛姆获悉画家朋友凯利还在巴黎,由于作画的工作过于辛劳,终致卧病不起。毛姆用家庭教师的口吻写信告诫凯利:"由于愚陋之极,你把成为一个比汤姆、狄克和哈雷等人更出色的画家的全部机会都错过了。……不要把我这一席话当作恶意,而要当作送给你的礼物,你就会好好地将息、好好地工作了。"

这也是对毛姆自己的忠言,因为他知道为了工作非常需要健康。

后来从卡普里传来了最令人惊奇的消息:老朋友布鲁克斯跟宾夕法尼亚的一个女继承人罗曼结婚了。这位罗曼女士作为一个画家名闻遐迩。她与毛姆同龄,父亲从祖辈手里继承了一份煤矿产业。罗曼1899年首次到卡普里来就爱上了这个地方。她看这个岛好似在雾气腾腾中升出水面;那儿的人捧着大壶喝酒是那么富于诗意;石榴花香阵阵扑鼻。

她和布鲁克斯邂逅,布鲁克斯也被她那娇媚的姿态和男孩子气质所陶醉。她离开了一段时间,1901年回到岛上时,发现布鲁克斯正处于绝望之中,甚至企图自杀。他那点年息也只剩下微乎其微了,还想继续生活在无忧无虑的安乐乡已经不可能了。

1902年,罗曼的母亲去世,她一下子继承了很大一笔财产。1903年,她再次来到卡普里,发现布鲁克斯已经穷愁潦倒,居然在靠典当过日子,于是便下决心嫁给他,心想:"这也许能促成幸福的结合。"

婚后,布鲁克斯想用妻子的钱在伦敦修建一个漂亮的庭院,以树立自己的社会地位。然而二人还是因为钱分道扬镳。1929年,布鲁克斯在卡普里岛去世,他大概没想到会给老友毛姆留下一篇小说素材——《贪食魔果的人》,他在文中这样描述布鲁克斯的性格:"他对于其他人毫无用处。但是另一方面,他也不损害任何人。他唯一的目标就是自得其乐,看来他确实做到了。"

《此时彼时》《萨尔瓦托雷》《梅休》《洗衣盆》,都取材于意大利,更多是卡普里。

直到毛姆的暮年,对卡普里的情结依然不减。哪怕是时而神志不清的 90 岁,他还催促仆人艾伦陪他旅行,目的地就是卡普里。

西班牙：迷人的放逐

一

还在学生期间，毛姆就阅读了大量西班牙文学作品，显然，这个国家比任何国家都更能代表浪漫。

从圣托马斯医学院毕业后，怀着陌生的自由之感，毛姆起初打算离开两年，先去西班牙一年，再去意大利和希腊，最后去埃及，他想在那里学会阿拉伯语。这些想法虽然很有诱惑力，但毛姆很清醒：不能离开伦敦太久。因此，他决定只执行第一部分计划，旅居塞维利亚八个月。

毛姆见识的是 19 世纪的西班牙——1897 年 12 月 7 日，他来到塞维利亚，立刻爱上了这座城市、这里的人和西班牙"甜蜜的生活"。"我在伦敦疲惫地生活了许多年，太多的希望令我沮丧，繁重的工作让我的思维变得迟钝，来到这里后，我发现这里仿佛一片自由的乐土，"他写道，"在这里，我终于感受到了青春。"

塞维利亚是西班牙的第四大都市，舞蹈、歌唱、音乐融为一体的弗拉门戈因它的动感与欢快闻名于世，成为西班牙国粹之一。塞维利亚还是西班牙达鲁西亚自治区和塞维利亚省的首府，作为一座历经天主教与伊斯兰文明交融的古城，塞维利亚王宫无疑是历史留给这座城市最宝贵的财富。毛姆离世几十年后，最热门的美剧《权力的游戏》中多恩的流水花园就在塞维利亚王宫取景，成为美剧迷们的打卡圣地。

西班牙南部的光线和温暖让毛姆心中充满了强烈的幸福感。他住在古兹曼·厄·布宜诺街2号，英国副领事家，这栋房子位于一个叫圣克鲁兹的时髦街区，能够住在这里显然有他大哥的功劳——大哥在巴黎的律师事务所的外交关系。狭窄的街道两旁的白色大宅谨慎地隐藏在铸铁大门后面，透过大门可以看见枝叶茂密的庭院。炎热的夏日，帆布伞遮住街道，从一座房子延伸到另一座房子，到了傍晚才会撤去。毛姆喜欢这个街区的安静，白天只有喷泉水细细流淌，偶尔有乞丐的叫声，驴蹄子嗒嗒落在铺着鹅卵石的地面上……

结束上午的写作后，他喜欢在华美的城堡内的花园和橘园里漫步，走到新广场，从翻看斗牛新闻的老人身边经过，走进哥特风格的大教堂，欣赏名人的画作。

有时他来到国有卷烟厂（著名的《卡门》取景地）门口，正好赶上粗声大气的吉卜赛女郎们从大门里涌出来。晚上散步时他会随着人潮漫步于德里西亚斯、瓜达基维尔河边的花园，或在西尔皮斯大街上观看坐在四轮马车上的时髦女郎和琳琅满目的商品，商店大多向街道开放，就像东方的集市。

随着西班牙语水平的提高，毛姆越发深入这座城市的生活。他蓄起胡须，抽起菲律宾人牌雪茄，学会了弹吉他，还买了一顶平顶宽檐帽；他渴望拥有一件用红色和绿色天鹅绒做衬里的披肩，那时他还不富裕，只买了一件南美披风；他去戏院，看斗牛，在挂着一串串香肠和火腿的昏暗酒馆里喝雪莉酒。他被当地人请去家里吃饭，听他们激烈地辩论在遥远的古巴爆发的美西战争，他参加野餐会、开心地看姑娘小伙儿们跳弗拉门戈。

毛姆的旅行永远时刻为写作搜集素材——在塞维利亚，他甚至托关系参观了监狱，并利用一天时间陪监狱的医生查房。他借了一匹小马，骑着它到周边的乡野、宽阔的瓜达基维尔河边、围绕城墙的平坦玉米地闲逛。

春天来到后,他往更远处走,郎达、艾锡加、格拉纳达,腰上别着一支左轮手枪,挂包里装着剃须用品和换洗的衣服。他在笔记中这样记录:

在西班牙,你几乎不可能长时间看不见山。山脉就在你的眼前绵延,干旱,荒凉,贫瘠;它们在遥远的地平线上呈现着青绿色,似乎在召唤着你进入一个新的神奇世界。白雪皑皑的内华达山脉偏远而令人畏惧,但每当黎明或落日时分,它就会闪耀着光芒,带着一种远离尘嚣的五彩斑斓的美。

一次,他骑马到卡蒙拉和爱西加等地去观光。那时,西班牙正在与古巴交战。他跟一些西班牙妇女聊天,谈到为了镇压叛乱,她们的儿子都被征召入伍了。一个皮革商指点他道路时说:"先生,你是有什么重要任务到西班牙来的吧?"

他说:"是呀,我是来寻找灵感的。"

二

毛姆一生中往西班牙跑了十几次、读了两三百本各类关于西班牙的书籍。西班牙最吸引他的还有那些坚韧不拔、不可思议的人。

在塞维利亚的那几个月,他尽情地享受异国情调,唾手可得的东西,还有艳遇。西班牙与法国和意大利一样,反教权的情绪扫荡了天主教会的权威和教会反对鸡奸的古老律法,使一种在信奉新教的北方所不熟悉的自由成为可能。摩尔人占领安达卢西亚 800 年留下的遗产随处可见,不只在建筑方面,还有阿拉伯人对待同性恋的宽松态度。

正常的表象下面,男女间的求爱也以一种不寻常的放纵仪式进行着。晚上,漫步在寂静的街道上,毛姆不无嫉妒地看着披斗篷的青年抓住装有铁条的窗子,向里面的女朋友低声说着诱人的情话,但通常结果是灾

难性的——西班牙青年热血激昂，遇到喜欢的女孩就去勾引，却又很快无情抛弃，致使女孩被家人拒之门外后情愿落入风尘。在塞维利亚或马德里的妓院里，她至少能找到遮风挡雨的屋檐，有面包吃。薄情郎们则继续逍遥自在。

毛姆第一次到格拉纳达时，晚饭后到街上找到一家妓院，心血来潮地挑选了一个血色不佳有着两只大眼睛的女孩。可是当她露出身体时，他看出那还是个未成年的女孩子。他说：

"你干这个不是还太小了吗？你多大了？"

"十三。"那女孩说。

"干吗你要干这个呢？"

"肚子饿呗。"她说。

毛姆给了她一些钱，让她穿上衣服走了，毛姆回去睡了个好觉。

在《圣洁的天国：安达卢西亚见闻和印象》中，毛姆记录了他在安达卢西亚的一段经历。他说，他从未坠入过爱河，但还是迷上了一个叫罗萨里托的女人，他用一种骄傲但很笨拙的方式写道："写到西班牙女人时，我就会迟钝，她们的黑眼睛那么明亮，柔软如天鹅绒，有时充满爱抚，有时目光如火。哎呀！我只能找到平庸的句子来形容那些令人心猿意马的人。"

在《西班牙主题变奏》的末尾，毛姆点出了一个几乎所有西班牙人都不愿意承认的真理：西班牙人并不擅长创造艺术；但是，他们善于创造另外一样东西，那就是人。

尽管在国外占有大量领土，但西班牙百姓依然受到饥饿折磨，神奇的是，他们心态很好，激情澎湃地沉溺于娱乐活动，还特别喜欢恶作剧。反映在文学作品中，就出现了一些令人啼笑皆非的角色，读者往往也就怀着一幅看热闹的心态。那个时代的西班牙人非常看重女性贞操，而文学创造的女性人物往往很容易被诱骗或被强迫而失身。

在西班牙旅行时，毛姆刻薄地认为那里的文学和艺术都很贫乏，声称西班牙人在艺术领域毫无建树，只产生了一位了不起的作家和一位一流的画家，建筑的典范也都有赖于摩尔人、法国人和意大利人的设计。

然而，旅途中，毛姆感受到西班牙伟大的奥秘又恰恰在于人："在西班牙，人就是诗歌，是绘画，是建筑。人就是这个国家的哲学。这些黄金时代的西班牙人生活着，感受着，行动着，但他们并不思考。他们追求并发现的是生活，是骚动的、热烈的、多样的生活。激情是他们生命的种子，激情也是他们绽放的花朵。……他们并不擅长艺术，他们擅长的是一个比艺术更加伟大的领域——人。"

尽管他在西班牙放纵身心，却依然保持了勤奋的习惯，八个月内完成了一本游记、四个短篇和一部长篇小说。他把这些手稿装进手提箱于1898年秋才回到伦敦。

根据毛姆日记，1899年3月，毛姆还游历了赫雷斯城的酒厂，喝了贮存百年以上的老酒。后来又到卡迪斯，再从卡迪斯坐船到丹吉尔去了一趟。他描写丹吉尔那个地方：五点起床去搭船，城市被雾罩住了；渔船纷纷出动，渔民们三五成群站立船头打着响指。出了海，西班牙就渐渐看不见了。

三

西班牙风情，正暗合了毛姆骨子里的流浪气质。

前往塞维利亚的时候他只有23岁，生平第一次，成了自己的主人，后来每一次再到西班牙都能体会到那种天堂般自由的魔力。

当他成功之后，再到各地的旅行就不仅仅是风景画片，而是如日中天的名气。有一次在西班牙感受了奢华之旅后，他在一家最高级的旅馆里准备付账，老板却说，他们不能向他这样的大作家收钱。

1933年10月，毛姆再次来到西班牙酝酿另一本书。他重游了1898

毛姆：一只贴满标签的旅行箱

年他第一次旅行时到过的很多地方，再次参观了一场斗牛表演。

这一次他更多地关注绘画。他发现穆里罗的绘画"是对宗教建筑绝妙的装饰"。肯定委拉斯开兹"是一位空前的最伟大的宫廷画家"，一大批古代艺术家给他源源的灵感，西班牙这个主题的魅力长久不衰，他打算写一本高度个人化的游记，这就是后来的《西班牙主题变奏》。

天黑后，穿过酷热的旷野时，他通常借住在农舍或牧羊人的小屋里，主人们并不总是那么热情好客。城市轻松悠闲的魅力也不都是看上去那样。毛姆总结道："安达卢西亚人没有法国人和意大利人的开放和率直……相反，那种东方式的保守令我困惑不已……我无法理解他们对陌生人本能且原始的敌意。"

1934年2月，他和秘书杰拉德开着一辆跑车开始了为期六周的旅行，他们去了巴塞罗那、格拉纳达、马拉加、塞维利亚、科尔多瓦、托莱多和马德里。惊人的阅读准备带来文学上的累累硕果就不意外了：《西班牙主题变奏》《卡塔丽娜》《苏巴朗》《快乐的人》《浪漫女郎》《尊严无上》《诗人》《母亲》《格拉斯哥来客》……

《西班牙主题变奏》就是这次远行的成果，被格雷厄姆·格林誉为"毛姆最佳作品"。

这本西班牙游记，仍采用一个个人物串起来的手法，堪称毛姆新文体，带有明显的小说痕迹。这也符合毛姆作为小说家的特点。在这本书中，毛姆为探索西班牙这个他为之心醉神迷的国度独一无二的精神真谛，一一探讨这个国度的宗教信仰以及流浪汉小说、戏剧、绘画等最具代表性的艺术文化门类，回顾了罗耀拉、德·维加、塞万提斯、格列柯、圣特雷萨修女等代表这个民族精神面貌的那些伟人的人生故事和心路历程，描绘出黄金时代西班牙人的真实形象，揭示出为什么堂吉诃德、桑丘和唐璜成为最能代表西班牙人的精神面貌的三个不朽形象……毛姆写下了关于西班牙的一切：火辣的风情，优美的风景，一个个人物。

毛姆特别拿出一章专门说到西班牙语：西班牙语高贵从容，每一个字母都有意义，每一个音节都有价值。他特别提到查理五世的观点：德语最适合用来对马说话，法语最适合用来与政治家交谈，意大利语最适合用来和女人闲聊，英语最适合用来召集鸟群；但是，西班牙语是唯一适合与国王、王子及上帝交谈的语言。

毛姆的短篇小说不少是以西班牙为背景。《快乐的人》的故事与《月亮与六便士》中的阿伯拉罕异曲同工。斯蒂芬斯医生读过《西班牙主题变奏》后，找到毛姆，征求他的意见，要辞职去西班牙，"您知道医院里的医生都干些什么，今天和明天没有任何区别，现在就可以看到一辈子生活的样子，每天都不过如此。您觉得这样值得吗？"

毛姆给他的意见是如果不在意赚钱多少，只管糊口，就可以考虑，因为那样"生活会很美好"。大约15年后，毛姆再到塞维利亚，身体小恙要请英国医生，来人正是斯蒂芬斯医生，他告诉毛姆："我一直都比较穷，将来也不会富裕，可是上天保佑，我很快乐。这种日子千金不换，世界上任何一个国王的生活我都不觊觎。"

毛姆：一只贴满标签的旅行箱

俄罗斯：一半秋山带夕阳

冥冥中的缘分？

早在 1911 年，毛姆就与一个俄罗斯女子有了一段短暂的恋情。

这个女子就是亚历山德拉·萨莎·克鲁泡特金公主（她在毛姆的小说《哈林顿先生的洗衣袋》里叫阿纳斯塔西娅·亚历山大罗芙娜）。

萨莎公主是当时流亡在伦敦的奉行无政府主义的一位亲王的女儿，她身材高大，丰满性感，高颧骨、大嘴巴、眼睛微微向外凸。聪明热情的萨莎有一些社会主义者朋友，经常和几个俄国的艺术家和革命者在一起。这一时期的欧洲人对俄国的一切都很着迷，毛姆很期望能在她的聚会上接触到俄国历史和文学。他们喝着伏尔加，热烈地讨论托尔斯泰和陀思妥耶夫斯基。

在毛姆的间谍小说里，他们有着深入的交往，比如为了试探彼此是否合适，特意去巴黎"试婚"，住在左岸的一家小旅馆里，参观卢浮宫和法兰西喜剧院，还去一家俄国俱乐部跳舞，每天吃大餐，萨莎胃口好得惊人。毛姆的大哥查尔斯也在巴黎，他带萨莎去见大哥，大哥很惊讶："他就是不相信我能跟这样的大人物上床。"

用毛姆这句不太文雅的话来说，查尔斯没想到，小弟居然和一个真正的公主有这么亲密的关系。这段风流韵事犹如令人愉快的插曲。几个星期后，两个人和平分手，"没有恶语相向"。

60

毛姆大概没想到，五年后，自己竟以间谍的身份走进了俄罗斯，并重见萨莎。

萨莎帮他完成间谍任务，而他自己也完成了对俄罗斯的文学探究。

确切说，相对于瑞士的间谍任务，毛姆走进俄国的"目的"并不纯粹，任务当先的同时，对俄地文学的探究也是此行极重的分量。

其实早年毛姆就学过俄语，他的俄语老师是个敖德萨人（现属乌克兰），"浑身上下都是毛，是个矮子，差不多都能算是个侏儒。"那时他住在卡普里，老师每天下午都到他的房间讲课。毛姆认为他不是个好老师，畏畏缩缩而且心不在焉。有一次老师四五天没来上课，他找到老师时看见他一丝不挂坐在椅子上，酩酊大醉，面前的桌子上放着一大壶酒。毛姆走了进去，他告诉毛姆："我写了一首诗。"然后二话不说，也没意识到自己的赤裸，摆出夸张的姿势，背起他的诗来。那诗很长，毛姆一个字也没听懂。

凭着这点可怜的俄语底子，毛姆认真探究了彼得格勒和俄国文学。

尽管整个城市枪声四起、危机四伏，毛姆却有这个本事，在危机中发掘城市的日常和可爱：电车、四轮马车和轿车仍在时髦的涅夫斯基大道上来往穿梭；戏院和音乐厅照常营业，电影院里贴着卓别林、范朋克和玛丽·碧克馥的巨幅海报；咖啡馆虽然只供应一种三明治和一杯茶，依然人满为患。毛姆在小说《哈林顿先生的洗衣袋》中，借用了哈林顿的话——"这个国家需要的是少一点艺术，多一点文明。"

毛姆充分利用那段时间探索了彼得格勒，"傍晚时分，这里会十分美丽"，一条条运河也有着自己的个性，让他想起威尼斯或阿姆斯特丹，安详宁静，质朴纯真，犹如18世纪法国音乐的明媚忧伤，会让一颗敏感的心涌上千般情感。他认为："这个背景衬着那些想象力天马行空、感情疯狂的俄国人，真是不太协调，但还是很让人愉快。"

毛姆：一只贴满标签的旅行箱

每天他会上一节俄语课，贪婪地阅读过去和当代伟大俄国小说家的作品，还去看芭蕾舞、看戏、听音乐会。有一天，出于好奇，他看了一部不知名的俄国喜剧，当剧情展开时，他觉得越来越熟悉，扫了一眼节目单，发现作者的名字是"Mum"（毛姆的俄语），这部戏的名字叫《杰克·斯特劳》。

这部剧出版于1907年，十年后的俄国，毛姆居然看到自己写的戏依然上演，并被自己无意撞见，那种成功和得意的心情旁人难以体味，尽管他当时任务在身。

遇上好天气，他会沿着涅夫斯基大道，在两边都是戏院的拱廊散步。穿过萨多维亚街角的市场，走过圣伊萨克广场，经过喷泉运河旁的普希金故居，路过大厦和办公楼，沿着铺有鹅卵石的狭窄的小路漫步，路两边尽是破败的木屋。他在日记中写道：

白桦树上的白嘴鸦嘎嘎叫，我的记忆瞬间被带回了坎特伯雷。同样灰色的云朵悬在头顶，我想家了。

尽管只有不到三个月，毛姆在彼得格勒深入探究了俄国文学，先后深读了陀思妥耶夫斯基、托尔斯泰、契诃夫、屠格涅夫、普希金、库普林、柯罗连科、索洛古勃等人的作品，并为部分作家写下长篇随笔。他认为俄罗斯小说中"人物类型真是少得可怜，叫人吃惊"。相同的人物换上不同的名字，反复出现，不仅在同一个作家的笔下是这样，在其他作家的作品中亦是如此。阿廖沙和斯塔夫罗金便是两个突出的典型，他们似乎萦绕在俄罗斯作家的想象中。每个俄罗斯人都觉得自己身上或多或少有这两个人的印记。也许正是由于他们身上人两个互不相容的自我共存，才使得俄罗斯人如此之混乱、矛盾。

俄国文学最吸引毛姆的还是陀思妥耶夫斯基。特别是陀氏笔下的苦难主题，引发他长篇大论的评析。对于陀氏及其作品，毛姆有着不同于常人的看法和情感，所以，陀思妥耶夫斯基墓是一定要去拜访的。他看到墓地围着整齐的铁栏杆，地上平整地铺着沙砾。一个角落里立着一个巨大的圆盒子，前面是一块玻璃盖，里面放着一个巨大的花环，花环是由人造花朵编成的，古板的白玫瑰和铃兰，比真花大得多，上面系着个大蝴蝶结，还拖着一条长长的绸带，上面印着金字。在他眼里，墓地"这样整洁，显得庸俗，真叫人难受"。

陀思妥耶夫斯基的半身雕像放置在花岗岩石碑前，那石碑根本没什么形状，上面刻了些毫无意义的徽章，而且看上去就要垮塌，"让人觉得很不舒服"。

雕像上是一张被满腔热情扭曲了的脸，头颅大得惊人，让人情不自禁地觉得那就是一个世界，大得足够容纳他笔下那数不胜数的人物。那张脸上透着一种痛苦，一种可怕的东西，既让人想转身走开，又牢牢地吸引着你，毛姆认为陀氏的相貌"比他所有的作品都骇人"——他看上去像是一个去过地狱的人，在那里看到的不是无止境的煎熬，而是卑鄙和矫饰。

毛姆在彼得格勒的社交生活也算丰富、刺激。他不断见到一些外国访问者、外交官、观察员、记者和商人，有很多是美国人。除了那个被他写进《哈林顿先生的洗衣袋》的美国银行家，毛姆还见到一对迷人的美国新婚夫妇特意到俄国见证革命：美国共产党创始人之一、左翼新闻记者约翰·里德和露易丝·布莱恩特。两人都是作家，也是坚定的马克思主义者。

里德想写一本关于十月革命的经典作品《震撼世界的十天》，他曾在墨西哥和义军领袖潘乔·维拉待过一段时间，他的写作计划吸引了毛姆。毛姆有兴趣了解更多，于是邀请这对夫妇共进午餐。席间，他不只向里德询问了墨西哥的情况，还想知道为什么富裕的中产阶层出身的他会转

而相信激进主义。

毛姆环顾左右，神神秘秘地凑到露易丝耳边诙谐地说："你不会告诉别人你跟一个英国间谍共进过午餐吧？"露易丝觉得这个说法太荒谬了，哈哈大笑起来。"即便他说他是英国驻教皇国的大使，我都不会觉得更滑稽。"

毛姆在这里遇到了他的作家朋友休·沃波尔。毛姆和沃波尔最早是1911年在伦敦认识的。沃波尔的多产令人咂舌，同时野心勃勃，不顾一切地希望被大人物接纳，一心想成名，成为举世瞩目的文豪。他还是一个富有洞察力的评论家，能遇到毛姆这个名人他很激动，他在10月27日的日记中快乐地记录了这次见面的情形："与威利愉快用餐，他非常有趣。"几天后听完音乐会，他又写道："今晚与威利共度，他还是那个令人愉快的他——有趣、聪明，而且特别友善。"

沃波尔十分钦佩毛姆对风云多变的政坛的观察，"他看俄国就像我们看戏，找出主题，然后专注地观察艺术家如何将其展开。"只是沃波尔是一个疯狂的同性恋者，不停地坠入爱河，据说他是唯一一个把亨利·詹姆斯弄上床的人。他被毛姆写进了《月亮与六便士》，做了那个滑稽可笑的三流画家施特略夫的原型。

毛姆离开俄国后自称"任务失败"，给人一种"萧萧远树疏林外，一半秋山带夕阳"的伤感和怅惘，但他毕竟尽了战争中一名英国公民的义务和责任，全面见证了俄罗斯的十月革命，为他跌宕精彩的一生增添了神秘的一笔。

苏格兰疗养院

俄国的任务结束后,毛姆遵照专家的建议去了苏格兰北部的一家疗养院。

阿伯丁郡班科立近郊的迪河上的诺尔德拉是一家专门治疗肺结核病的大型私人疗养院。这家疗养院于1900年开业,是一幢巴伐利亚风格的木质建筑。

尽管在大北边,迪河畔冬天的气候却比较温和,窗子一直开着,病人们24小时暴露在苏格兰凉爽的空气中,可以俯瞰平坦的绿色草坪和厚密如华盖的针叶树林。

住进疗养院的毛姆,病情已经很重了。还好治疗及时,他的肺病没有恶化——那一时期,肺结核堪称癌症,没几个患病的人能像他这么幸运。当然,事后每每想起,他还是后悔当初拒绝罗马尼亚那个任务,"我知道,我犯了个大错。我应该去冒这个险,即使我的作用不大,至少冒险本身是值得的。"

从异国的恶劣环境的奔波中躺到疗养院的床上,他第一次发现,长时间躺在病床上也并不一定是件坏事。他的生活依然丰富多彩,有很多事在等着他去做。他一个人独占一间病房,病房里有一个巨大的落地窗,窗户一直开着,冬天的夜晚可以看到满天的星光,他感到很安全,很自由,而且超脱于世外,这一切都让他惬意无比。

除了新鲜空气,治疗的基本原则还有卧床休息,逐步增加锻炼,食

用大量营养品,尤其是新鲜的肉和蔬菜,还有大量牛奶,这里的生活毫无压力。疗养院创立人大卫·罗森医生坚持要把疗养院变成一个宁静的避风港。病人饭后要小睡,每个病人身边配一名专职护士,不允许从事不必要的活动,病情严重者甚至被禁止把手放在脑后,以免抻到肺部。无论如何,病人入院的最初几个星期拒绝访客。

享受这样的服务当然价格不菲,每年大约三千英镑,但治愈率并不理想——很多病人在这里死去,还有一些人常年留在此地,病情却不见明显好转。但直到20年后抗生素发明,这仍然是最佳疗法。

最初的几个星期,他几乎没下过床,病症令他精疲力竭,肺结核夺去了他母亲和姨妈的生命,如今又牢牢地抓住了他。不过,渐渐地他的病情开始好转,不久他就开始享受这种作为病人的宁静生活了。

到了晚上一片寂静,没想到静谧也会有如此的魅力,无限的天空似乎从窗口涌入这间斗室,伴随着满天星斗,他的精神世界似乎可以经历世上一切的奇遇。他的想象力从未如此顺畅,就像顺风顺水的小帆船在海上疾驰。

他喜欢躺在床上,没有压力,也没有责任。他写道:"我很喜欢病房的私密感,巨大的窗子敞开着,只需望着冬夜满天的星斗。""……日子很单调,唯一令我兴奋的是读书和沉思。时间过得飞快,快得难以想象。"

日复一日,生活没有多少变化,但由于他读过不少书,头脑中又可以遨游天际,所以一点儿也不觉得时间漫长。渐渐恢复体力后,他开始积极地参加疗养院的日常活动。他和其他病人混在一起,有时候和他们一起吃饭、打牌,天气好的时候,他会裹着毯子坐在阳台上。这些病中的男女,根本不知道他们中间的这位作家对他们抱有多么浓厚的兴趣。

他感觉自己走进了一个陌生的世界,这里有些人已经在疗养院过了很多年,他们性格各异,就像他在南太平洋遇到的那些人一样。常年的疾病以及这里稳定而又怪异的生活方式非常怪异地影响着病人们，使他们性格扭曲，某些方面得到强化，但某些方面变得更为糟糕……他从疗养院的经历中获得了很多关于人性的深层见解。他庆幸来到这里，否则会感觉损失很大。

最初毛姆觉得不可能工作，但他渴望了解伦敦的信息，迫不及待地想知道仗打得怎么样了，剧院什么情况，以及他的同事和朋友们过得如何。

"收到邮件永远是一天中最兴奋的时刻。"收到信的人立即就能成为周围人嫉妒的对象。匮乏的体力无法支撑毛姆继续写作，于是他只能不停地展开想象。他开始反复思考过去两年的经历，筹划新的作品。

毛姆在班科立住了一年多，从病友那里收集了许多素材，而他那刚刚结束的瑞士和俄国间谍经历一直发酵，只是由于保密需要，况且战争仍在继续，在未来的一段时间内，这类小说不可能出版。不过他一直惦记着这件事，疗养时就开始以虚构的另一个自我——以阿申登为基础人物，撰写一系列个人的、真实的、现实主义风格的间谍小说。直到十年后《英国特工阿申登》面世，毛姆称："（这）是对我在战时情报经历的真实记述。"

毛姆对生活，对旅途，对旅人，对朋友，简直就是"榨取"，现在疗养院，对他的病友和医生都不放过，专门写了小说《疗养院》。正是在这篇小说中，他更加深入地思考痛苦到底使人高贵还是卑微，"有些人认为痛苦能让人高贵，这不是真的。通常情况下痛苦让人变得卑微、易怒并自私"；身边不断有病友死去，这让他感觉"活着的人生就好比一个美妙的聚会，但任何聚会都有结束的时候，无论你是玩了个通宵还是你在活动进行到高潮时就中途退场，到了第二天都没有区别"。

毛姆的一生经历过许多生死关头，在沙捞越河里翻船遇险；在暹罗时被传染了疟疾；在二战中的美国时，他的幽门长了一个很大的胶状肿

毛姆：一只贴满标签的旅行箱

瘤堵住了他的胃，比婴儿的头还大，但医生用了25倍于正常剂量的奎宁，肿瘤竟奇迹般地消失……19–20世纪的100多年间，那么多人死于肺结核，毛姆也被传染了，但他一次次，逢凶化吉。

出院后，他的足迹立即延伸到中国、马来半岛和爪哇。在整个作家群体中，大概很少有人像毛姆这样，游历过世界各处，到达过偏远之地，他的人生已渐由"写作的七彩图案"，走向丰富多彩的现实生活。

第二章
谍影幢幢

毛姆童年

毛姆少年

毛姆青年

毛姆中年

毛姆老年

毛姆与丘吉尔

毛姆：一只贴满标签的旅行箱

日内瓦湖畔

天下百业，有了间谍，让人间疑云丛生，同时又意趣横生。

用一个假名，带着一本崭新的护照去往一个新的国度。这样的间谍任务，包括去瑞士、俄国，以及十几年后二战中被派往美国。毛姆所执行的，都是需要机智和对人性充分了解的任务。尽管其中不乏生死风险，却给了他一种拥有新个性的别样体验。

20世纪的两次世界大战，谍报工作对每一次胜利都起到了不可估量的作用，甚至是取得胜利的关键。为了得到情报，间谍往往不择手段。相比于今天五花八门的窃密神器，彼时的那些手段在今天看来虽属小儿科，然而人的因素仍是首位，这种充满神秘、冒险、悬念和未知的职业，需要过人的胆量和超人的智慧，更需要残酷斗争环境中的爱国主义热情、为正义而战的使命感，毛姆就是靠着这样一种精神投身到谍海之中的。

毛姆天生"毒舌"，讽刺中的机智，虽然无助于赢得人心，却在他后来的谍报工作中发挥了奇妙的作用，能够洞察部下和敌手的性格。

当然，毛姆之所以成为间谍，更重要的是源于他的男儿担当和家国情怀。无论从地理还是心理上，他与英国的关系都比较疏离，也经常对英国冷嘲热讽，然而，当得知祖国进入战争状态，在国外的他毅然回国，强烈地要求工作，这充分说明毛姆这个职业作家的英雄主义情结是多么强烈。

职业间谍的故事已经够惊险、刺激，当这个间谍又是一位著名作家，他将要经历怎样的诡异、曲折、传奇呢？

神秘R上校

1914年初，40岁的毛姆在一个家庭舞会上认识了他后来的妻子西莉。一战开始后，西莉怀孕了，1915年9月，他们的女儿丽莎在罗马降生。那时，毛姆已在法国以救护车司机的身份参与战争，此时成为父亲，毛姆并没觉得多么快乐，回到伦敦后，尽管他的剧本《比我们高贵的人们》在战争中也获得了巨大成功，但他一心想要再回战场。

"我现在无所事事，"毛姆抱怨，"好像没人要我了。"

恰在这时，西莉举办了一个小型宴会，其中有一个看似平常的中产阶级人物，事实上却是一个英国情报头目——毛姆的"阿申登"间谍系列小说中的"R"，约翰·沃林格少校，英国军情六处的军官，负责监管一个英国在德国和瑞士的情报网。

随着两次世界大战的不断解密，英国军事情报局第六处（代号M16）渐渐浮现在世人面前。这个设立于1909年的机构主要目标就是开展海外谍报活动。毛姆后来成为军情六处早期最有传奇色彩的成员之一。

在"阿申登"系列小说《金小姐》中，开篇就是这个情节——

阿申登，一位职业作家，在战争爆发之初被迫流离国外，直到九月伊始才千方百计地回到英国。回国后不久一次偶然机会他参加了一个聚会，并经人介绍认识了一位中年上校，与之交谈了几句，可惜他没记住上校的名字。当他要离开时，上校走过来问他："嗨，我不知道你是否愿意来见我，我倒是很想再跟你聊聊。"

"当然。"阿申登回答，"随时愿意奉陪。"

"明天中午十一点怎么样？"

"没问题。"

毛姆的小说情节基本上再现了他们的现实交往。这次面谈很顺利，

毛姆：一只贴满标签的旅行箱

他们彼此尊重。沃林格给毛姆的印象是不择手段和诡计多端——间谍首脑必备的两大素质。沃林格年近五旬，身材瘦削，脸上满是皱纹。他曾是印度警察局的局长，被召回伦敦监督印度民族主义者在英国开展的颠覆活动。作为一名间谍小说迷，沃林格采用了很多毛姆熟悉的计谋，比如让间谍化装成服务生，不幸的是很快就被瑞士官方识破。

老谋深算的沃林格上校已暗中关注毛姆许久，以他的洞察力，他认为毛姆在欧洲的影响以及作家的身份让毛姆几乎具备了一流间谍所需要的全部条件。他先抛出一个自以为"绝妙的好故事"作"诱饵"：

有一个法国部长到尼斯去治疗风寒，并且把一些非常重要的文件放在公文包里随身携带。然而，在他到达后的一两天，通过跳舞结识了一位金发女郎，并且对她十分友好。他把她带回自己的宾馆，当他第二天早上恢复知觉时才发现，女郎已离去，公文包也已不翼而飞。他们在他的卧室里喝了一两杯酒，他的解释是当他转身时那女人把药片放进了他的酒杯。

沃林格告诉他这个故事是"上上周"发生的，而毛姆当场揭穿："这种故事早在60年前就被我们搬上了舞台，数以千计的小说里都有类似的情节。你还想说这样的事刚刚才发生？"

这让沃林格稍稍有一点不安。事实上，由于沃林格在瑞士损兵折将，一个间谍去警察局告发了另一个间谍，第二个人又供出来两个人。第五个间谍因精神崩溃被召回，毛姆代替的就是这个人——毛姆到瑞士也算临危受命。

在沃林格眼里，毛姆不仅有出色的背景，通晓欧洲多国语言，还有理想的挡箭牌——作家，要在一个中立国找个清静的地方写作。沃林格向他授命：你的主要任务不是提供情报，而是管理提供情报的人——作为一名协调者，要在德国的法兰克福、科布伦茨、特里尔和美因茨的间谍网之间传递消息。

当然，沃林格的冷酷一览无余：如果你做得好，没人会感谢你；如果你有麻烦了，没人会帮助你。你能接受吗？

"这再好不过了！"相对于沃林格的冷酷，毛姆一向"毒舌"。

毛姆接受条件的同时声明不要报酬，只为报效国家。

能够成为一名间谍对他有强大的吸引力。毛姆向来是个伪装大师，对他而言，扮演一个角色不是什么难事。天性羞怯的他更喜欢倾听，而不是诉说，对人性的着迷则让他的洞察力非同一般。毛姆天生对情报工作的喜爱显露给了更多的人。

欧洲"巴别塔"

瑞士，这个小小的和平之岛，当世界大战的战火在其他地方燎原之际，这里却在 1915—1918 年间上演着惊心动魄的侦探小说般的情节。在豪华酒店里，敌对国派遣的使节像相互间从未认识过一样，冷漠地从各自身边走过，而一年前，这些人还一起友好地打过桥牌，相互邀请对方到自己家里做客。

酒店的房间里不时闪过一群群讳莫如深的身影。议员们、秘书们、随员们、商人们、看得清和看不清脸庞的女士们，每个人都身负秘密任务。酒店门前，经常开来插有外国国旗的豪华轿车，从车上走下来的有商人、记者、著名艺术家，以及看起来像是享受度假的游人。但几乎所有人都有着相同的任务：尽力刺探情报。

即使是那些引导客人进入房间的看门人，还有那些打扫房间的女服务员也不例外，他们也被迫去观察和监视一切。

各种各样的组织到处在与其他组织做斗争，在旅馆里，在民宿里，在邮局，在咖啡馆。而那些名义上的宣传活动，实际上有一半是间谍行动；那些宣称出于爱的举动，实则为背叛；那些匆忙到达的人进行的每一项公开生意背后，可能都隐藏着第二个或第三个交易。

一切都有人在报告，一切都处于被监视中；如果一个拥有不知名头衔的德国人刚踏入苏黎世范围，敌对国驻伯尔尼的大使馆就会马上知道

毛姆：一只贴满标签的旅行箱

这个消息，一个小时之后，驻巴黎大使馆也会得知。大大小小的机构将满满记录着真实和虚构消息的整份文卷日复一日地寄往随员办公室，接着，随员们会将消息传达给下一个机构。

电话被监听，所有墙壁变得像玻璃一样透明；每份从纸篓里找出的信件和吸墨水纸都会被重新拼凑起来以获得信息。最后，这场乌烟瘴气的行动变得十分精彩：许多人都不再知道，自己究竟是什么身份。是追捕人还是被追捕的人？是间谍还是反间谍？是被告密人还是告密人？

1915年秋末，代号"萨默维尔"的毛姆来到日内瓦，住进湖边宏伟的德安勒特大酒店。

他立刻发现，这座平静的瑞士城市已经被战争变成了一个国际阴谋的温床，来自各个交战国的间谍和革命者们利用这个中立国的安全状态来往穿梭。各大饭店生意兴隆，接待的客人鱼龙混杂。

德安勒特大酒店简直成为语言的巴别塔，混杂着英语、法语、德语、俄语、土耳其语和阿拉伯语等多种语言。一篇《金小姐》，毛姆提到的地名仿佛是一个欧洲：日内瓦、伯尔尼、苏黎世、托农、莱芒湖、美因兹、埃及、蒙马特……可见战争中的许多国家在另一个隐蔽的战场里角力。

作为一战中的中立国，瑞士当局心知肚明，他们的国家充满了外国秘密机构的情报员、间谍、反革命、煽动者，他们密谋筹划各种明明暗暗的行动，并忌妒他们的中立国身份，于是他们决定避免任何有可能把自己卷入任何好战一方的举动。

毛姆下榻的旅馆里有法国人、意大利人、俄罗斯人、土耳其人、罗马尼亚人、希腊人和埃及人。有些人是逃离他们的国家，有些人则是代表他们的国家前来。晚上独自用餐时，毛姆喜欢分辨出那些和他一样表里不太如一的人——一个为英国情报部门工作的保加利亚人，一个向柏林汇报情况的妓女，一个据说从事反英活动的埃及人，还有一个德国公爵，毛姆在战前就知道他是剧作家，"他举止迷人，热衷艺术。而现在，他们都假装从未见过彼此。谁都知道对方是干什么的……"。

为了安全起见，他与那个保加利亚人在日内瓦甚至互相之间没有说过话，尽管他此时正在一桌之隔与两个保加利亚同胞共进晚餐，明天或者后天，就有一份很特别的报告要他递送——前提是在那之前没有被干掉。

极为戏剧性的是，谍影幢幢的日内瓦，还有一个几个月后将与毛姆息息相关的俄国人——列宁。列宁却从不住在酒店，也从去咖啡馆，也不出席任何宣传活动，而是和他的妻子完全隐退，居住在修鞋匠家里。

刚刚潜入瑞士的毛姆，大概没想到到半年后，这个人竟成为与他暗中较量的那个危险人物。

危机四伏

进入瑞士，虽身处中立国，但危险如影随形。

"阿申登"系列中，时常会出现一把"小型的左轮手枪"。这是专为特工毛姆佩带的。当然他也经常被这样一把手枪威胁。

他在《金小姐》里坦率地承认了对于枪的心情，比如阿申登在半夜被叫起去看临死的金小姐时，"他回到卧室穿上拖鞋，披上睡袍，考虑再三又放了把小型的左轮手枪在口袋里"，平时的他"相信自己的敏锐更甚于相信一把枪，因为枪很容易不慎走火弄出些动静从而无法收拾，但有时当你的手指触碰到枪柄时你还是会觉得更有底气，就比如此刻这个突然的召唤让他觉得无比蹊跷"。

《金小姐》可视为毛姆作为英国间谍阿申登特工生涯的开始。

毛姆在这篇小说里设置了许多悬念，布下了阵阵疑云：那位为同盟国效劳的孟加拉人皮包里的重要文件；瑞士警探阴阳怪气的莅临、搜查和盘问；阿申登的部下——驻德国间谍伯纳德的讹诈和威胁；诡异的女男爵封·希金斯女士；一位战前很熟悉的德国特工霍尔茨明登伯爵突然出现在阿申登的酒店但二人却心照不宣地视若陌路；埃及阿里亲王，以及他女儿的家庭教师金小姐的神秘莫测和突然死亡，等等。

毛姆：一只贴满标签的旅行箱

然而，毛姆只让这些人物和事件如蜻蜓点水般略显端倪，而未给出结果：孟加拉人的皮包落在了谁的手里？伯纳德究竟有没有叛变？霍尔茨明登伯爵现身酒店的目的是什么？金小姐到底是何许人也？她与阿里亲王到底在藏着哪些黑暗的秘密？直至最后，读者只是在文字中惊魂未定，却没得到任何一个问题的答案，即所谓开放式结尾。

这样的设置并非毛姆的疏忽，他是刻意如此，以呼应先前的铺垫："他不啻是一台复杂的大机器中的一枚小小的螺丝钉，决没有看到一件工作完成的福分。他或者与开头有关，或者与结尾有关，或者与中间的某一小部分有关，但是他做的那一部分工作究竟后来如何，却不大可能知道。"

于是，他在《金小姐》中展示了诸多头绪纷繁、错综复杂的现象，正如中立国瑞士的日内瓦，间谍和反间谍的斗争是多么尖锐，而这也是毛姆真实的工作环境：紧张、纷扰、危机四伏。却又十分关键，"小小的螺丝钉"一旦松动，对于全局是满盘皆输，而对于个人则一命呜呼。

完全可以肯定，毛姆倘若在这几个节点的其中之一失手，他的人生都会被改写。

他身边的间谍之间也暗流汹涌：一个伙伴为了升官发财，扬言要向瑞士当局供出他来；在巴塞尔的一名情报人员还公然向德国出卖情报。而毛姆的职责就是和这些谍报人员取得联系，付给他们薪水，替他们传递情报，等候上级指令。

他在奉命调查他手下的间谍"伯纳德"时，二人之间有过如下较量（两个人像往常一样在咖啡馆见面）——

（阿申登）向他下达命令后准备结束这次会面。
"很好。"伯纳德说，"不过，回德国之前，我想要两千法郎。"
"是吗？"
"是的，现在就要，在你离开咖啡馆之前……"

"恐怕我给不了你……"

那名间谍把身子凑过来，他没有提高嗓门，而是用只有阿申登能听到的声音愤怒地说："你以为我会为了你给我的那点糊弄叫花子的钱就去冒生命危险吗？不到十天前有个人在美因茨被抓起来毙了。他是不是你们的人？"

"我们在美因茨没人。"阿申登漫不经心地说，其实，他知道这是真的。他很困惑为什么收不到那边的情况了，伯纳德的信息给出了解释。"你接受这个工作的时候就很清楚会得到什么，如果你不满意，当初就不该接受。我连多给你一便士的权力都没有。"

"看到我手里拿的是什么了吗？"伯纳德说。

他从兜里掏出一支小左轮手枪，意味深长地摩挲着。

"你想干吗？当掉它？"

他气得耸了耸肩，把枪放了回去。

这个细节颇耐寻味。一个作家独有的机智冷静，从容淡定，且不失幽默。显然，他的幽默意外带来极大的震慑力。

但随后伯纳德露出凶恶的神色：

"你想到过没有，我只要去一趟警局，就能让他们把你抓起来？你知不知道瑞士的监狱是什么样的？"

"不知道，最近还时常有些好奇。你知道吗？"

毛姆这时还不忘幽默。

当然，他告诉伯纳德："我可以保证如果我有任何麻烦，你这辈子将永远不会被允许进入任何协约国国家。我已经能想象得到你那难受的样子了。"

除了在酒店的周旋，他还必须时刻提防被人跟踪，而他所做的事也难免被跟踪，比如每个星期都有那么两个早晨，毛姆步行去博地弗广场

的集市：从一个来自法国萨伏伊地区贩卖黄油和鸡蛋的老农妇手里拿回给他的指令。他从老农妇手中买半磅黄油。找他零钱时，她会往他手心里塞张纸条——瑞士警察大概永远也没想到，这个不起眼的法国老妇人肥硕的前胸会藏着一张纸条。如果被发现，他俩都会被送上被告席。

可是对毛姆来说，兜里揣着那张纸条回酒店的路上更加危险，因此走这段路时，他会尽量加快脚步。

每个星期，毛姆还会乘一艘小汽轮，渡过日内瓦河，到法国那边的托农去，和一个同事见面交换意见，接受伦敦发来的指令。这需要冒更大的风险。由于这是起止都在瑞士境内的往返旅行，他尽量不在护照上做标记。但即便如此，毛姆还是担心有人会跟踪他，比如敌方的特务，或者随时能执行逮捕并把参与间谍活动的外国人驱逐出境的秘密警察。

为了避免引人注意，毛姆宁可留在甲板上，也不愿到暖和的大厅里去。尽管他穿着毛皮衬里的大衣，戴着长围巾，帽子拉得很低、遮住耳朵，依然感觉天气寒冷刺骨。冬天的湖面经常波涛汹涌，一阵阵冻雨从山上吹过来让他感觉透心凉，他不禁渴望酒店房间里的温暖，好想洗个热水澡，坐在壁炉旁吃饭、看书、吸烟斗。

当他手下一个间谍冒着生命危险到酒店见面，他非常明白是有急事发生了，如果被人发现，极有可能某一天他或那个间谍的尸体就会漂浮在湖面上，背上插着一把刀。

而正在这样的警戒中，他刚从湖对面接头归来，门卫就通知他有两个瑞士警察正在房间等着他。盘问到最后，他正写的剧本救了他——故意摊在桌子上写了一半的《卡洛琳》。除了这个剧本，警察们一无所获，"作家特工"的身份被成功隐瞒了。

而"告密者"正是那位风姿绰约的女男爵希金斯小姐。她和毛姆一样也是被某组织招募的间谍，她怀疑毛姆的身份便向瑞士警察局告发，警察离开后她与那个埃及亲王一起邀请毛姆打桥牌以观察毛姆的反应。

每个人背后的身份都极不简单。这期间彼此心智的较量，哪怕有一个字被说错哪怕表意不清，就有可能监牢伺候。

而毛姆更明白，这样的时刻，R上校至多耸耸肩，骂一声蠢货，立刻就会开始物色继任者。

亦忠亦勇

毛姆刚到瑞士时接到的第一项任务是调查一个英国人。那人娶了个德国女人，住在卢赛恩，他们怀疑他受雇于德国人。毛姆打着跟他德国妻子学德语的幌子认真观察了他两个星期，最后得出结论，他几乎可以肯定是个叛徒。

圈套设好了：根据指令，毛姆将"无意中"透露给他新认识的这个人，他在伦敦的审查部门有关系。不出所料，这个英国人把消息及时传递给了德国情报部门，他假装想回国找份战时工作，让毛姆把在审查部门的朋友介绍给他。没过多久，这个毫无防备的猎物就被捕了，并被遣送回国受审。这个情节被他完整写进了《叛国者》。

还有一次，毛姆被沃林格派到巴塞尔核实另一个受到怀疑的间谍的情况。

"古斯塔夫"是一名瑞士商人，他在合法生意的掩护下定期去德国，回来时通过日内瓦向英国情报部门汇报情况。这次，沃林格的怀疑又是对的。毛姆通过聪明的询问发现，其实"古斯塔夫"从未离开过巴塞尔，他只是把德国报纸上的报道和他从餐馆和啤酒屋里听来的流言蜚语，捏合成一篇篇报告。

1916年2月，毛姆又接到一项任务，这次发布指令的是情报局外事部门的长官曼斯菲尔德·卡明爵士上校。卡明把他的怀疑告诉谍报中心主任沃尔特·科克少校，毛姆手下的一个间谍"伯纳德"拿走了很多钱，却从未交过一份像样的报告。

完成这样的任务，需要斗智斗勇，亦忠亦勇，因为一着不慎，便满盘皆输。

有时，毛姆并不直接参与行动，却是某一行动的见证、监督和资金提供者。

毛姆：一只贴满标签的旅行箱

《墨西哥秃头》的故事在法国里昂、意大利那不勒斯、土耳其君士坦丁堡之间穿梭：一个敌方的希腊间谍安德里亚蒂带着R急需的文件从君士坦丁堡到里昂，从比雷埃夫斯乘一艘名叫伊萨卡的到罗马的船，途中在布林迪西上岸。他要把他的急件递交到德国大使馆，并且亲自对大使单独口授他的绝密情报。

当时的意大利还是中立国，同盟国竭尽全力想要拉拢它，而协约国则不遗余力地劝说它站在他们的立场宣战。R告诉阿申登："我们并不想与意大利当局交恶，后果会很严重，但我们必须要阻止安德里亚蒂到罗马去。"

"不管任何代价？"阿申登问。

"钱不是问题。"R上校回答。他咧开嘴露出一抹嘲讽的笑。

"你想怎么做？"

"我不认为你需要劳神考虑这个问题。"

"我有丰富的想象力。"阿申登说。

于是R换成"千元大钞"，他让阿申登用这些钞票换回墨西哥秃头弄到手的安德里亚蒂带来的文件。

R上校都"没想好让你知道多少合适"，机敏如毛姆，一听便知这个行动他必须是置身事外。

而真正的执行者是一个墨西哥"将军"曼努尔。"他的古怪带着一种邪恶的魅力"，"他身上有种女人无法抗拒的魅力"。并且，R告诉他，在墨西哥，站在一个男人和他的酒中间对他是一种侮辱，"将军告诉我有一次一个不知情的荷兰人从他和吧台中间走过，他拔出手枪就把他打死"，这分明已经告知毛姆将要面对的这个人的残酷。

一想到德国间谍安德里亚蒂带着绝密的文件和危险的秘密渡过爱奥尼亚海，完全没有意识到他正在一头钻进绞索架里，阿申登就有点不寒而栗。他还不忘调侃：嘿，战争就是这样，只有傻瓜才会以为打起仗来还能那么温良谦让呢。

然而最后阿申登接到密电：安德里亚蒂患病无法出海，滞留在希腊。

而吹得神乎其神的"秃墨佬"却杀错了人，十足的"蠢货"。

《茱莉亚·拉扎里》里的阿申登，有勇有谋，手起刀落，这就是毛姆在瑞士所做的工作，神秘莫测又惊心动魄。

钱德勒是一名出色的印度军人，极其难缠。这样一个棘手的角色交给毛姆，足见毛姆的分量，否则 R 会随便找个人来对付他。

而在毛姆眼中，钱德勒能有如此勇气几乎单枪匹马地与在印度的整个英国政权进行较量，这不得不让人们对他印象深刻。但钱德勒的一个致命弱点——陷入了舞女茱莉亚·拉扎里的爱河，正好落入毛姆手中——还有谁能比小说家更了解爱情中的男女呢。从这点看，R 眼光也真够毒的。

茱莉亚·拉扎里跳西班牙舞，过去十年她跳遍了整个欧洲。由于她的意大利国籍，最终被逐出德国，滞留在荷兰边境。因为在英格兰有个跳舞合约，她获得了签证最终从鹿特丹乘船到哈里奇，此后一直在伦敦、伯明翰、朴次茅斯和其他一些地方跳舞，最后在赫尔被逮捕。R 给毛姆的任务是乘当夜的火车带这个女人到托农，诱使钱德勒上钩。

"我认为你能很好地完成这项任务。想必你对人性的了解比大多数人都要多。"恰如 R 所言，毛姆的确比普通人更了解人性，更关键的是，他残忍地利用了人性的弱点。

诱捕的过程中，毛姆把茱莉亚带到法国一个边境小城托农，安排她住在一个高级旅馆里，"阿申登设想着在她漂泊的一生中，从一个国家到另一个国家，从一个城镇到另一个城镇，她可能在三等旅馆住过几百间房间"。

到最后，毛姆使用几招儿后钱德勒仍不上钩，便甩出撒手锏，他口述，让茱莉娅写信："我不知道我爱上了一个胆小鬼。""如果你爱我，当我请你来看我时你就不会犹豫……在不会下面画两条线。"

够腹黑。当然他执行任务时必须果断。

钱德勒终于中计。但在发现自己被控制后脱大衣时自杀，而这个情节虽为茱莉亚熟知，她却没把这个细节告诉毛姆。毛姆在此巧妙地展现

毛姆：一只贴满标签的旅行箱

了人性的幽微。

毛姆在日内瓦见识了战争中形形色色的人，比如《叛国者》中凯波是个"享受背叛行为的叛徒"，他没有受到良心的折磨，满怀热情地做着卑鄙无耻的工作；而从来养尊处优的毛姆，为了身份不暴露，面对凯波递给他的一支廉价瑞士香烟，"阿申登怀着为了职责牺牲一切的悲壮心情接过了它"。

这些细节，最是精到。人们总说毛姆对人性评价不高，这是因为他并不常以通常标准来衡量身边的人。他能接受许多在别人看来很沮丧的事，仅仅报之以一个微笑或一颗泪珠，甚或是一个耸肩。

除了接受上级的指令，毛姆的大部分工作是听取从德国回来的间谍的汇报，下达指令和发工资。他把他们说的话认真地记录下来，再加上自己的评论，写成详细的报告，用密码发送出去。

"没有比编码和解码更沉闷的事了，"毛姆通过阿申登说出这句话，"密码分两个部分，一部分在一本小书里，另一部分写在一张纸上，离开协约国前要牢记在心，然后毁掉。他把一组组数字一个个破解出来，然后把每个字匆匆记在一张纸上。他的诀窍是把注意力从字面意思上移开，因为他发现，如果留意词语，就会贸然下结论，这样往往会犯错。所以他就机械地破译，把字一个一个写下来，也不去留心看。"

多次的危险之中，毛姆摸着口袋里的护照，熟记了开往边境的列车时刻表，在瑞士当局还没动作前他还是安全的，可以顺利逃脱。

然而他并不想放弃他的工作，就像金小姐死亡前，他爬楼梯去她房间时激烈的思想斗争，他要继续爬上去！无论等待他的是什么。

毛姆在瑞士八个月，从1915年10月到1916年5月，其间他只回过伦敦几天，参加《卡洛琳》的首场演出。

由于肺病，他离开了日内瓦，他的位置被他的朋友，同样是剧作家的埃迪·诺伯洛克取代。

毛姆在瑞士的日子堪称惊心动魄。一个作家在战争中的这个表现，该被点赞。

俄地谍影

在美国接受赴俄任务

结束了瑞士的特工生涯后，因两部戏在纽约上演，毛姆来到战争背后的纽约。

他惊奇地发现，纽约的气氛与战争格格不入，街上灯火通明，商店里充斥着奢侈品，剧院和餐馆生意兴隆。战争似乎离那里很遥远，大部分报纸把更重要的版面给了波士顿红袜队在世界职业棒球大赛上的输球，而不是伤亡惨重的索姆河战役。

更令毛姆吃惊的是，美国人普遍抱有亲德情绪，"这里的人很同情德国人，"他写信告诉好友凯利，"尤其是知识阶层，比如教授、文人之类的。其余的人则欣赏法国人，但没有人欣赏英国人。我想，如果德国人和英国人单挑，德国会获得大部分人的支持。"

这样的氛围，又让毛姆怀念战场了。为了获取关于高更的小说素材，也为了他的肺病，他去了一趟南太平洋。从塔希提回到美国后，就在1917年7月初的长岛，毛姆意外接到一个陌生电话，问他是否对某种战时工作感兴趣。这就是英国特务头目威廉·怀斯曼上校。

30多岁的怀斯曼是个英国准男爵，他表面上是英国在美商业集团的领导，实际上是在美国的英国情报机关的特务头目。在当时英美两个国家之间的种种敌意中，怀斯曼的位置很微妙，他睿智狡猾，通过间接关系与威尔逊总统的外交政策顾问爱德华·豪斯交好，到1917年4月6日

美国参战时,他已经建立了一个强大的关系网。

那一时期的俄国,两个革命党发生分歧:更温和的孟什维克党承诺继续作战,而列宁领导的布尔什维克党则不惜一切代价争取和平。对于英美两个政府而言,让俄国继续参战是当时的首要任务。

为了达到这个目的,怀斯曼需要派遣一名密使前往彼得格勒(今天的圣彼得堡,当时的俄国首都,后称列宁格勒),谨慎地散布消息,做一些宣传工作,并定期汇报当地不稳定的局势。有间谍经验的毛姆进入怀斯曼的视线。

毛姆受宠若惊,表示很感兴趣。但他也面临两大困难:肺病和语言。

尽管他通晓欧洲多国语言,但此去偏偏是俄国,他怀疑自己是否能完成这么重大的任务;当然更最重要的是健康问题,从日内瓦开始,他的肺病就没好过,总是感觉很疲惫,睡眠质量差,发烧,还经常咳血。最近的一份 X 光证实他患了早期肺结核,而俄国的凛冽寒冬对他绝没有好处。

抉择时刻,文学,适时地推波助澜——他刚刚读过托尔斯泰、屠格涅夫和陀思妥耶夫斯基等人的作品,想到此去不仅可以服务国家,更能亲眼见到文学大师的国土,还有哪个任务如此合乎他爱冒险的天性呢?

一个作家朋友休·沃波尔也隐隐地激励着他。沃波尔自 1914 年以来就曾先后四次出入俄国,其中两次作为驻外记者,其余两次则作为附属于俄国第九军的红十字会工作人员,出入于枪林弹雨,获得了圣乔治十字勋章,直到 1917 年,革命的序幕拉开为止。这无疑对毛姆是一个召唤。尽管他去请教一个医生时被极力劝阻,仍没能让毛姆放弃这次惊心动魄的冒险。

接下来的几个星期,毛姆忙得马不停蹄。他坐火车从长岛到纽约,与怀斯曼会谈,定行程,办签证,为一个崭新、未知的旅程做一切必要的准备。

前途未卜的旅程

毛姆的俄国之行比他的瑞士之行重要得多。在《哈林顿先生的洗衣袋》里，当阿申登启程时，毛姆准确地描绘出了自己的心态：这是他接到的最重要的使命，他极为重视使命赋予他的责任感。没有人对他颐指气使，经费非常多（他贴身藏着的外汇数目如此之巨，使他一想起来便提心吊胆）。虽然他已经决心去做一件极困难的事情，但他却不知道那是件什么事。他准备满怀信心地开始执行任务。

与瑞士时一样，毛姆的代号仍是"萨默维尔"，官方身份是作家，这次他是给英国媒体写报道的记者。怀斯曼为毛姆办理了日本和俄国签证，说他到俄国是从事写作，为美国的出版物去采访的。

在他的记事本上，记下一个个代号：自己叫作"萨姆威利"，克伦斯基叫作"兰"，列宁叫作"戴维斯"，托洛茨基叫作"柯尔"，英国政府在他的笔记上则是"艾尔公司"。

离开前，最后一个细节是薪水问题。在瑞士工作时，毛姆事先声明要为国家义务服务，拒绝领受政府的薪水。然而后来他发现自己是那个组织中唯一不取分文的人，身边并无一人认为他爱国、慷慨，反而说他迂腐、蠢。

显然，毛姆不差钱，但这次他不打算重蹈瑞士的老路，"不知道你们是否打算为我的工作支付薪水，"毛姆写信给怀斯曼，"我不会假装说我需要一份薪水，……如果有薪水，我自然更满意，如果没有，我也不会不愿意去。我把这个决定交给你来做。"怀斯曼明白他的意思，答应给他薪水和经费。

这真是一个新鲜、刺激又漫长的旅途：7月28日，他先从纽约到旧金山，再乘一艘日本船到横滨，转乘一艘俄国船，作为船上唯一的英国人，向日本海驶去。他将要从符拉迪沃斯托克（原名海参崴）乘贯穿西伯利亚的火车到彼得格勒。

这是毛姆第一次瞥见日本和俄国的模样,此后的年月里,毛姆一直对地球上的这一隅着迷,他告诉凯利:"就那么匆匆一瞥真是叫人干着急啊。"

当他到达符拉迪沃斯托克时,感觉像是到了世界的尽头,逗留了一天等待横贯西伯利亚的火车,在车站食堂第一次尝到俄国白菜汤和伏特加。

他在衬衫下面的皮带里藏了两万一千美元的汇票。他的旅伴是三个友好的美国人,他们经由彼得格勒去美国大使馆工作;还有三个捷克同事,他们充当毛姆的联络人。旅途中,按照要求,毛姆要把捷克同事当成陌生人。他给朋友写信时,以为自己要一直待到战争结束。

1917 年 8 月,抵达彼得格勒的毛姆发现眼前这座城市一片混乱。火车上他一直不舒服、发烧,却要准备第二天跟英国大使见面。他住进涅夫斯基大道的欧罗巴酒店,并在那里建立了总部。

彼得格勒局势很不稳定,德国人让列宁乘火车进入俄国,希望他掌握政权并使俄国退出战争,而美英政府则希望克伦斯基领导的孟什维克党执政而继续参战。

毛姆在这里亲历了一段乱糟糟的无政府时期。军队叛乱时有发生;宽阔的大街上,坦克和装甲车成为熟悉的街景,耳边时常传来枪炮声。整个俄国面临着饥荒;克伦斯基政府摇摇欲坠;冬天快到了,燃料奇缺;布尔什维克党又到处鼓动人民;列宁就藏在彼得格勒某个地方。

德国人无情地向缺少衣物和弹药的俄军发起进攻,成群的俄国逃兵在街上闲逛,绝望而危险。效忠临时政府的哥萨克人和要求政府下台的布尔什维克党之间频繁爆发冲突。犯罪活动猖獗,不安的人群不分昼夜地涌向城市的街道。基本物资严重匮乏,天不亮,裹着头巾的妇女就排成长队耐心地等待分发面包、牛奶、糖和烟草。这座有宏伟的大厦、运河和桥梁、镀金的圆顶和尖塔的帝国大都会显得肮脏破败。

精疲力竭的克伦斯基

对于毛姆来说，进入俄国短暂的几个月中，更像一次负荷实弹的体验。

英国大使馆位于皇宫岸堤的艾尔米塔什博物馆附近，这座18世纪的辉煌的建筑是凯瑟琳大帝下令修建的，毛姆到达的第二天就按时出现在这里。根据怀斯曼的要求，伦敦只对毛姆现身彼得格勒做了极为模糊的解释，英国外交部的密电是这样写的："萨默塞特·毛姆先生在俄国执行一项秘密任务，他要将他对俄国局势的某些阶段的观点呈现在美国公众面前。"

按照要求，英国大使馆还将尽量在他有需要的时候提供协助，尤其是在传送报道时，以密码形式送交英国驻纽约领事馆。当毛姆被领进一间装饰豪华的接待室，等了很久大使才现身。到这时，毛姆的心情已经紧张到极点，对方表现出的淡漠更加剧了他的口吃。

英国驻俄大使乔治·布坎南爵士的样子令人生畏，他又高又瘦，一头银灰色的头发，戴着单片眼镜，蓄着小胡子，身穿黑色燕尾服和灰色长裤，《大使先生》主人公正是这个"用硬纸板剪出来的大使"模型。

"他虽然冷淡、乏味，但真是一表人才。"毛姆不情愿地记录了他的样子。

大使的冷漠让毛姆心中难免刺痛，也很意外。乔治爵士的态度尖酸地表明这位著名作家远非受欢迎之客。乔治爵士虽是一名娴熟而杰出的外交家，但此刻他正承受着巨大的压力，试图在各种参战派别间取得平衡，并努力说服摇摆不定的孟什维克党继续作战。就在这时，毛姆这个几无经验的业余间谍不仅被准许与孟什维克党领导人克伦斯基直接接触，他的加密电报也要由大使馆发送，大使馆却无权阅读，内容甚至对大使本人保密，这让乔治爵士认为自己受到严重冒犯。

会面结束后，毛姆写道："我意识到，需要帮助时，不能对这个部门

抱太大希望。"

对毛姆来说,最紧迫的任务是见到克伦斯基,他第一个想到的就是老情人萨沙。

萨沙如今是列别捷夫夫人,离开英国回到俄国后,她积极投身革命。在孟什维克圈子里,她是个熟悉的身影。她在毛姆的小说里被称作"大利拉"(《圣经》中为了金钱和政治理想而出卖爱情的人),有点滑稽,"她就站在计程车上,在两边人来人往的大街中央把内裤脱下来,把它撕成两半,一半让我拿着,另一半她做成了绷带。我一生中从未这么尴尬过。"

萨莎乐意为毛姆引见克伦斯基,自愿担任翻译。毛姆终于见到了克伦斯基。每周一次的会面,他请克伦斯基或一位内阁要员到默德维德大饭店午宴,"我为客人们准备了大量的鱼子酱,由派我到彼得格勒来的两个政府埋单,他们大口吞咽,吃得津津有味。"他在笔记里这样写。

36岁的克伦斯基身体魁梧、脸色灰黄,战战兢兢,"看上去很不健康"。他的五官不算丑,眼睛大而有神,但给人整体印象依然是相貌平平。他穿着件卡其布的怪衣服,既不像军装,也不是平民百姓穿的衣服,不好归类,而且脏兮兮的。

他匆匆地和毛姆握了下手,那手握得机械但有力。他看上去似乎非常焦躁不安。他坐了下来,一边不停地讲着话,一边拿起一只烟盒,烦躁地合上又打开,掀开盖子又关上,拿在手里转过来又转过去。他的语速很快,语气不容置疑。他的紧张搞得毛姆也很紧张。这让毛姆感到一种悲哀。

毛姆对克伦斯基的最终结论:这是一个筋疲力尽的男人,被权力重担压垮了。他更担心做错,而不是急于做对什么。而事实正如毛姆所见,克伦斯基猫在冬宫这个安乐窝里,丧失了原有的愿景和果断,极易人云亦云。他知道自己已经失去了控制权,危在旦夕的前景令他恐惧。

克伦斯基常说自己快要死了，一紧张脸就发青。他似乎没有幽默感，却又和孩子一样喜欢开玩笑，捣捣乱。他的副官中有一个年轻人在风月场上混得不错，女人们常常要打电话给他，而电话机就在克伦斯基的办公桌上。克伦斯基的人生乐趣之一就是代替他的副官接电话，装成自己是那位年轻的军官，和电话那头不知名的女子拼命调情。

毛姆想不通到底是什么特质让克伦斯基在如此短的时间内升到了如此显赫的位置。毛姆没看到克伦斯基有多少文化，好像连普通教育也没有接受过。他毫无人格魅力，既看不出他思想有多活跃，也没看出他精力有多充沛。随着谈话的深入，毛姆更觉得自己很为他难过。他突然意识到，也许克伦斯基的本事在于他能激起别人的怜惜之心，他身上有些极具感染力的东西，让你觉得自己应该去帮助他。他身上有一种非凡的品质，即能激起别人为他做事的欲望。

感情用事的克伦斯基说话时动不动就颤抖起来，颤抖着表达出高尚的爱国情怀，这让毛姆好尴尬，同时让他深切洞察了英国人与俄国人的差异：两个国家将永远是陌路人。

毛姆很快得出结论：这个孟什维克党的领导人不值得获得协约国的支持。

不久后他目睹的一个事件又加深了这种印象：9月一个潮湿的夜晚，毛姆和萨莎参加一个在亚历山德罗夫斯基剧院举行的大会，克伦斯基"说着说着，他冲下主席台，突然哭了起来……"英国记者亚瑟·兰塞姆也记录了这崩溃的一幕。

"陪衬人"萨温科夫

倒是孟什维克党的国防部长鲍里斯·萨温科夫给毛姆留下深刻印象。

萨温科夫是俄国革命者，社会革命党著名理论家、活动家，临时政府三巨头之一，重要的他还是作家。毛姆把他形容为"最非凡的人物"：他曾负责暗杀帝国官员，活儿干得干净漂亮。他跟毛姆亲密地说，执行

暗杀任务也和执行别的任务一个样。

他给毛姆的印象就是一位有教养的男士，尽管需要时双眼会露出凶光。平时安静、缄默、谦虚，但一开口说话，毛姆立即发现他的非凡所在。他说俄语，也说很棒的法语，他的魅力征服了毛姆，"我从未遇到过谁能让我如此满怀信赖"。

萨温科夫曾是恐怖分子的头领，策划并执行了不少震惊国内外的暗杀行动。他被警察追捕，流亡了两年，使用的是一本英国护照。他给毛姆讲述自己的惊险过往：被判处死刑后，被关押在塞瓦斯托波尔（现属乌克兰），他以雄辩的口才，说动了狱卒参加革命队伍，还帮他逃跑——主管监狱哨兵的那个中尉已经参加了革命，被别人劝诱，最终放走了萨温科夫。

他们采取最简单的方法：中尉大摇大摆地走进牢房，命令把萨温科夫带出来，叫萨温科夫跟着他，然后快步出了监狱。哨兵们看到长官经过，也没有提出质疑，他们就这样到了大街上。快步奔向港口，上了一条早已准备好的敞篷小船，划过黑海。他们一路上多次遇到可怕的风暴，不过用了四天他们就抵达了罗马尼亚海岸。萨温科夫从那里去了法国，一直住在巴黎和里维埃拉，直到革命成功后才得以重返俄国。

萨温科夫也掌握着许多克伦斯基的秘闻轶事。

俄国军队一败涂地时，他俩目睹了军队的溃逃，克伦斯基邀萨温科夫一同乘他的车子出行。萨温科夫当时是陆军部长，以为他要和自己商量如何补救、扭转局面，就上了他的车。他们出发了，但克伦斯基一直一言不发，他坐在那儿，和一个吓坏了的、满心绝望的懦夫没什么两样，"他终于张嘴，却冒出句哪个二流诗人的破诗，陈腐至极"。

还有一次，他俩一道从前线回来，抵达彼得格勒，到车站时，底下的人呈给克伦斯基一封电报，他只扫一眼，就递给萨温科夫："你能不能处理一下？"

这是一个女人替儿子求情，她儿子当了逃兵，要被枪决。萨温科夫没有判决权和赦免权，克伦斯基自己不想承担这可怕的责任，就把事情推给他。萨温科夫说："最奇怪的是克伦斯基之后再也没提起过这件事，他一直没敢问我到底是怎么处理那事的。"

在萨温科夫眼里，克伦斯基是个只会说不会做的人，一个没受过多少教育、缺乏想象力的人，一个疲倦不堪、神经过敏的人。还是一个自负的家伙，容不得一点不同意见。

那种情势下，尽管萨温科夫能力非凡，他也只能成为克伦斯基的"陪衬人"。

列宁的列车

事实上，毛姆赴俄前三个月，即毛姆刚从塔希提回到旧金山时，一辆载着20世纪最危险、最坚决的革命者的列车，从瑞士边境出发，越过整个德国，驶向彼得格勒，要到那里去摧毁时代的秩序。

这就是布尔什维克党领导人列宁。当毛姆从美国前往俄国的途中，列宁早已潜回俄国，酝酿着一场大的国家暴动。二人相差四个月前后脚进入俄国，从这个意义上说，毛姆"晚了一步"，而日后的"失败"也似乎是"注定"的。

身在瑞士的列宁非常明白，瑞士处于意大利、法国、德国和奥地利的环抱之中，作为革命者的列宁要取道协约国是行不通的。而作为俄国子民，显然也不能取道德国。然而当时的时局是，德国陷入内外交困，必须迅速解决东线的战斗移师西部战线，德国需要在美国宣布参战之前不惜一切代价同俄国媾和，只要俄国退出战争，德国就能争取喘息之机。此时的列宁，一个能给英国和法国的使节们制造麻烦的革命者，对德国人来说无疑是一个备受欢迎的人。

于是荒唐一幕出现了：威廉皇帝的德国为列宁和同党提供了一列火车通过德国。火车上全程拉着窗帘，以防有人认出。

见证了一战的奥地利作家斯蒂芬·茨威格，把列宁乘坐的那趟列车比喻为"活的烈性炸药"，"在近代史上还没有一发炮弹能像这趟列车似的射得那么遥远，那么命运攸关"。

列车平安地行驶了一夜。只是在法兰克福，突然有几个德国士兵跑来——他们事先听到了俄国革命者要从这里经过的消息，还有几个德国社会民主党人企图和这批旅行者攀谈，但都被拒绝上车。列宁知道得很清楚，在德国的领土上哪怕只和一个德国人说一句话，也会替自己招来嫌疑。

到了瑞典，列宁受到热烈的欢迎，并在那里用了早餐，这些饿坏了的人都向餐桌拥去。早餐后，列宁才不得不为了换下那双沉重的矿工鞋去买一双新鞋和几件新衣服——终于回到俄国。

列宁回到俄国大地的第一个举动：没有朝任何人看一眼，就一头埋进报纸堆里。此时他已经离开俄国14年，14年没见到自己的故土、国旗和士兵的军服，但是这位意志坚强的思想家不像其他人似的泪水泫然，也不像同来的女人们那样去拥抱那些被弄得莫名其妙的士兵们。他首先要看《真理报》，要检查一下这份报纸——他自己的报纸是否坚定地维护国际主义立场，当他发现它并未坚持足够的国际主义立场，气愤地把《真理报》揉成一团。

他立刻觉得，自己回来得正是时候，他要扭转舵轮，去实现自己的平生理想，不管是迎向胜利还是走向毁灭。他感到有点不安，也感到有点担忧，到了彼得格勒，专程前来迎接他的是两位朋友——加米涅夫和斯大林，他们只是在昏暗的车厢里露出明显的、神秘的微笑，在朦胧的灯光中显得有点隐隐约约。

不过，事实却作了无声的回答。当列车驶进彼得格勒火车站时，车站前的广场上已经挤满成千上万的工人和来保护他的带着各种武器的卫队，他们正在等候这位流亡归来的人。

《国际歌》骤然而起,当"弗拉基米尔·伊里奇·乌里扬诺夫"(列宁的笔名)走出车站时,这个昨天还住在修鞋匠家里的人,已经被千百双手抓住,并把他高举到一辆装甲车上,探照灯从楼房和要塞射来,光线集中在他身上。

列宁就在这辆装甲车上发表了他的第一篇演说。大街小巷都在震动(此时毛姆作为克伦斯基密使刚刚回到伦敦),"震撼世界的十天"(十月革命开始的十天,美国新闻记者约翰·里德为报道这次革命,著有《震撼世界的十天》)开始了。这一炮,击中和摧毁了一个帝国、一个世界。

无奈的"失败"

最初,毛姆对自己的任务是乐观的,但没过多久,他的幻想就开始破灭了。他相信这次行动无望:克伦斯基太弱,列宁和布尔什维克党迅速得势,临时政府内部普遍存在不可逆转的失败情绪。

毛姆在酒店度过漫漫长夜,并把消息译成密码,这个笨差事容不得匆忙。他用那一个个精心地编制的代号将报告归档,获得怀斯曼的高度评价。怀斯曼高度信赖毛姆,称他为"英国在此领域的重要间谍",毛姆发回来的评定意见"既准确又具有政治上的机敏性"。

毛姆在彼得格勒与各色人物保持密切联系。和从前在瑞士时一样,毛姆领导着一队间谍,这些人由他亲自挑选。无疑,这期间毛姆作为一个作家在不同国家领导人之间穿梭,代表一个国家发声,每每想起还是有点小小得意。

但克伦斯基面临的形势如四面楚歌:国外,协约国敦促克伦斯基继续作战;国内,面对饥荒和冬日临近的群众则要求和平。毛姆这个英国人已然成为越来越关键的人物。

10月16日毛姆电告怀斯曼:克伦斯基日益失势,其政权已经动摇。并简述了建立斯拉夫新闻社分社的计划,强调支持孟什维克党的重要性。

毛姆：一只贴满标签的旅行箱

他说，在目前动荡不定的形势下，对俄国政治生活构成最大威胁的是来自德国的影响。但他和捷克同伴现在决定利用俄国所有的反德组织团体，积极开展工作。怀斯曼回电道："以其之道，分而治之。"

筹建中的斯拉夫新闻社分社属于合法宣传机构，目的是掩护不太合法的活动。这个机构的另一个专事反德宣传的分支将在毛姆的监督下由定居俄国的波兰人负责，它的经济来源也是英国秘密情报处。此外，毛姆等人还将利用别的独立性较强的秘密组织，揭露德国控制俄国舆论的阴谋。那是些波兰人、捷克人、哥萨克的组织。他们的密探将打入亲德的绥靖主义团体，达到两个目的：搜集爱国者透露的情报，对定居俄国的德籍工人进行宣传，使他们产生疑虑和恐惧。

情报处打算在波兰、波希米亚和捷克军队中引发一场兵变，由毛姆亲自指挥。毛姆想，要是正在美国组建的波兰军队能及时地出现在西线，并打出波兰国旗，那些在德国服役的波兰士兵必定会举旗响应，这对德军不啻是一场灾难；倘若能与驻奥地利的波希米亚和捷克士兵同时举行起义，那更是一件惊天动地的事了。毛姆禀告怀斯曼，穿过罗马尼亚边境与敌军接触比较容易。那也是一条到达波兰和捷克军营的交通线。

这样的紧急关头，10月18日，克伦斯基召见毛姆，请他带消息给劳埃德·乔治首相（1916–1922年间任英国首相）。由于内容机密，要求他不能笔录。

这个消息是一个不祥之兆：克伦斯基已无法支撑下去，他急需协约国支援枪炮弹药，并要求尽快更换英国驻俄大使，因为他发现那位大使根本不给予合作。他对毛姆说，他不得不让俄国士兵明白他们在为什么而战。他们既没有皮靴和御寒的衣物，更没有食物，然而却比英国多打了一年仗。他们已经累得筋疲力尽，迫切需要重振士气。

他接着说道：德国人提出过三种和平方案，我们全部拒绝了。现在该我们提出方案了。如果我们提出无条件或不赔款的和平方案，德国人一定会拒绝,因为大多数德国人认为他们胜利在望。他们永远不会放弃波罗的海的三个岛屿。我们的外交活动不高明,所以,我们必须改进外交手段。等到德国人拒绝我们的和平方案后,我就可以去对我的士兵们说:"你们看,他们不要和平。"那样,士兵们就会士气高昂。他们愿为保卫祖国而战。

克伦斯基告诉毛姆,协约国可以帮他建一支人数少而装备精良的军队。然而,要是协约国的援助物资不在严冬降临之前运到,那他无法让现有的军队留在战壕里。一旦他做不到这一点,俄国也就不可能继续参战了。

毛姆当天便取道挪威,由停泊在克里斯蒂安尼亚(今天的首都奥斯陆)的一艘英国驱逐舰把他送到苏格兰北部,当即转乘火车到达伦敦,并马不停蹄去见乔治首相的秘书,约定第二天一早首相接见。

毛姆到唐宁街首相府邸去时,乔治首相待以重礼,并说他很乐意与之相见,表示很高兴见到这位优秀的作家,也非常欣赏他的剧作。他们将话题转向战争和时局,毛姆怕自己口吃有失体统,事先把克伦斯基讲的要点写下来,面交了一张纸条,首相匆匆瞥了一眼,说:"怎么能这样做呢?"

"那我怎么回复克伦斯基呢?"毛姆问。

"就说我不能这么做。"

毛姆正待再说上几句,首相起身要去开内阁会议了,谈话不得不就此结束。

毛姆回到旅社无所适从。他想,还得回俄国去。

然而此时,传来列宁胜利的消息,毛姆感到了自己的失败。而事实上的失败则是由于情报部门天真地相信:打发一个作家作为情报人员带一笔现款去,就可以改变历史的进程。

毛姆目睹了历史的力量是如何在起作用,而自己又是多么无能为力。

这重大的任务实际上是他力所不及的,可他还是颇有几分自信地在疲于奔命。这直接导致他的肺部不断恶化。

1917年11月20日,他在伦敦参加了一个由《泰晤士报》主编办公室举行的报告会。与会者中有英国军事情报部门的多名将军,令毛姆吃惊的是,怀斯曼也从美国回来了。毛姆担心控制不了自己的口吃,将他的报告交给怀斯曼朗读。听了他的报告,几乎没有人发表评论,正如外交部代表埃里克·德鲁蒙德爵士在他的报告中所指出的那样:"恐怕现在只剩下历史价值了。"

写到俄国这次任务时,毛姆心情沮丧,"所有的努力都白费了"。他曾反思:"如果提前六个月派我过去,至少还有成功的可能。"

好在怀斯曼对他十分满意,愿意给他派发新任务:建议他担任波兰集团在伦敦和巴黎的联络人,不过布加勒斯特有份急活,这次是向哥萨克人提供支持,鼓励罗马尼亚继续战斗。

毛姆深感荣幸,他经不住诱惑想接下来,但同时他也清楚自己的身体状况已经不允许再次出行,只好去了疗养院。

毛姆在俄国的经历最终形成"阿申登"系列中的《哈林顿先生的洗衣袋》。

"英国特工"在美国

"威廉·萨默塞特·毛姆以英国特工身份来到美国。"

1940年10月,当毛姆乘坐的飞机在纽约拉瓜迪亚机场降落,很快,《纽约时报》就登出一篇访谈文章,劈头就发出这样的消息。

一直以来,世人对毛姆的瑞士和俄国间谍生涯津津乐道,但他在美国的隐秘特工经历却鲜为人知。

二战开始时,毛姆住在莫雷斯克。但"英国特工"名不虚传,当他被派到法国进行宣传写作时,就把搜集到的信息谨慎地传递到伦敦。因此还引起一位狂热的亲法西斯分子也是毛姆在里维埃拉的邻居的监视,那是个狡猾透顶的人,他知道毛姆在干什么,他告诉见到的所有人:"当心那个英国人。他是个间谍。从你们那儿得到的任何有意思的信息肯定第二天唐宁街就都知道了。"

这也是毛姆令人费解之处:平时甚是自我的他,一旦祖国陷入战争,他立即心系祖国,恨不得立刻投入战斗。在他结束法国的宣传写作后,仍关心如何回到战争中。1940年9月,英国情报部长得知毛姆回到伦敦,提出让毛姆去美国执行秘密宣传任务。

那个时期的大部分美国人是孤立主义者,具有仇英心理,显然,将基本上没有同情心的美国变成一个忠诚、积极的盟友是一项艰巨的任务。为了避免露出可疑的迹象,英国驻华盛顿大使敦促一位著名作家到美国做巡回演讲——长期享誉美国的毛姆成为理想人选。他们普遍认为,美

毛姆：一只贴满标签的旅行箱

国听众会尊重他，更重要的是，会将他视为独立于政府控制之外的个体。

尽管为了掩饰身份，毛姆联系了出版商，说迫切需要毛姆去纽约安排他的新书出版事宜，但美国人才不信呢，他们只相信英国政府派了毛姆这个特工，这也使得毛姆立即成为美利坚大地上的大人物。此后一直到二战结束，他在美国六年，一直做"秘密宣传工作"。

事实上，毛姆在美国为不列颠的战争做了大量"游说"——各个城市的巡回演讲。他感觉到英国存在一个形象问题。当一位剧院经理访问他时，毛姆把自己称为"亲善大使"，说："人家恨我们沉默和羞怯，他们认为这是冷淡和态度不友好的表现。住在这里的英国人当中，我是唯一小心翼翼地、成功地避免了冒犯美国人的一个。但是令人惊讶的是，我们某些英国公民是多么愚蠢和缺乏策略思想。"

他还提醒在美英国人，"不要当面批评美国人，除非在热烈赞赏了某件事情之后"。

1942年，他的美国出版人纳尔逊·道布尔戴在他的种植园里为毛姆建造了一所房子，另外还建一所小别墅供他写作。毛姆很喜欢纳尔逊给他造的这所房子，他在那里一直住到战争结束。

就在这个毛姆的这个新家里，经常会出现几个神秘的客人，有的穿着军装。那时一个美国青年作家格伦韦·韦斯科特在毛姆的新家住了几个星期，他问毛姆，这些来访者是什么人，毛姆神秘地说："我到美国来不只是来作讲演，而且也为英国情报部门工作，向有关方面报告他同胞的情况。如果有的英国人结交坏人，或者表示亲德情绪，或者花费大量来历不明的金钱，就向来人报告。"

"你知道吗？"他对韦斯科特说，"难得有一个星期我不让人家把我们的一个同胞送回英国去。"毛姆骄傲地说，他对他的同胞的行为不做判断。平时，使别人震惊的事使毛姆只是耸耸肩，微笑一下。因为他知道人能够做出各种卑鄙的事情和英勇的行为。但是，在战争时期，他一反这种宽容的态度，充当起一个特工角色来。他对于英国人在美国的行为深感不满，因此他同意监视他的同胞。

"我们有些同胞的态度真荒唐，"他写信给侄儿罗宾说，"你一定会认为他们是存心做些不法的事去激怒美国人。"

那时，英国特工在美国的头子是威廉·史蒂文森爵士，公开的名字是"无畏"。他在一封信中委婉地指出毛姆是在他的指挥之下的："关于萨姆塞特·毛姆，他是有典型性的，我们共同为英国安全委员会档案中的一个案件而工作。志愿去对法西斯主义作战的人员，大多数不愿意被人家知道他身负有任何情报工作任务，他们认为自己是在一个极端紧急时期提供服务的。很少有人喜欢这个工作，他们之所以卷入这项工作是因为别无选择。他们的愿望应当得到尊重。"

"无畏"有各种各样的朋友和关系为他工作，在一本《名叫"无畏"的人》的书中有些人用了真实姓名，因为他们不反对公开身份。"无畏"认为毛姆不曾公开表示过这种想法。

现有《英国特工阿申登》，无论哪个版本，都收录了《金小姐》《墨西哥秃头》《茱莉亚·拉扎里》《叛国者》《大使先生》《哈林顿先生的洗衣袋》《疗养院》七篇。事实上，毛姆当初写了这类间谍系列小说共14篇，只是保密需要不能发表，被他付之一炬。

并且，细读之下，《大使先生》和《疗养院》并不能归类于这个特工系列，而是属于毛姆众多的情感小说之类，仅仅是主人公用了阿申登的名字，倘若写成其他任何小说中的"我"，都行得通。

丘吉尔曾警告与毛姆同时代的英国作家德斯蒙·麦卡锡、美国剧作家爱德华·诺布洛克和画家杰拉德·凯利，他们都曾写过那一时期的间谍小说。1928年，毛姆的"阿申登"系列一经发表就使麦卡锡的《两极相通》黯然失色。麦卡锡相当气愤地在自传中写道：战时毛姆是作为中间人在瑞士收集情报，然后转送伦敦总部。我和他的经历截然不同。他

能以最佳的毛姆方法处理他的情报,但是毛姆绝对无法处理我的情报。

约翰·勒卡雷(英国当代著名的间谍小说家),曾告诉《毛姆传》的作者:"《阿申登》这部小说无疑是对我有影响的……我认为毛姆是第一个用清醒的近乎写实的笔调来描写间谍活动的人。"

1928年4月12日的《泰晤士报》文学副刊评论道:"以前从未有人如此清晰地剖析过谍报工作。反间谍工作常常是一些谨小慎微的人或良心未泯的人不愿意做的道义上不可宽恕的工作。"

阿申登和毛姆的雷同不仅限于某些经历,在个人特征方面也有许多相似之处:人到中年,头发稀疏,害怕秃顶,爱打桥牌。某些时候,毛姆和阿申登都很了解上司的麻木和虚伪,当他奉命下令破坏一家奥地利兵工厂,因而导致屠戮大批无辜的人时,他反省道:大人物们当然不愿和这种事发生任何瓜葛。尽管他们准备从闻所未闻的无名间谍的行动中捞取好处,但是他们却对肮脏的工作闭上眼睛,而那样他们就可以把干净的双手放在心口上,庆幸自己从未做过任何不光彩的事情。

在"阿申登"系列1941年版的简介中,毛姆讲到二战中德国纳粹头子戈培尔曾在广播里预言:阿申登系列小说所描写的那种残酷和悲观失望的情绪无疑是对英国秘密情报机关的真实写照。毛姆成功地再现了早期英国情报机关里盛行的上流社会的价值观。然而毛姆的名字也由此被列入了盖世太保的黑名单。

受毛姆间谍系列影响的还有一位美国作家——雷蒙德·钱德勒,他称赞《英国特工阿申登》是独一无二的,没有比这更伟大的间谍小说";而朱利安·西蒙也说"现代间谍小说始于毛姆的《英国特工阿申登》";约翰·勒卡雷则称"毛姆是以清醒得近乎日常的写实态度书写间谍活动的第一人"。

"在行李上生活"

——一位作家的两次世界大战

传记作家特德·摩根把毛姆定义为一个"流亡者"。的确,没有什么比"流亡"更贴切于毛姆。他虽出生于英国驻法国大使馆里的妇产医院,其母语是法语,10岁后才生硬地学习英语,这使得他对法国始终保有一种天然的生命认同。然而对英国,他的骨子里却有着极其强烈的家国情怀,强烈得令人惊异——他以一位作家的方式参与了两次世界大战。

无疑,毛姆的作品以及整个人往往给人一种自私、世故、冷漠之感,他那种对于人与世界有意的疏离,让人很难与"爱国"联系起来。然而两次世界大战中,他的表现却推翻了对他的这种印象,他在许多作品中谈到爱国,比如《金小姐》中最后金小姐弥留之际,喊出最后一词就是"英国"。毛姆写道:时局之下,没有人能全然不受其触动,而爱国(和平年代这种情绪只留给政客、时评家和笨蛋就好了,但在战争的阴暗岁月中,对国家的爱能攥住人的心弦)——爱国的情绪能迫使人做出意料之外的事情来。

他自己的经历也很"意外":分别以救护车司机、特工、演讲宣传员的身份,往来于瑞士、彼得格勒、伦敦、巴黎、华盛顿、纽约等欧美各国。这期间他的作品中出现了诸多有趣的地名,如《茱莉亚·拉扎里》中就有蓬塔利耶、依云、洛桑、托农等;《叛国者》中则出现了巴塞尔、伯尔尼、卢塞恩、热那亚、科隆、曼海姆、海德堡、法兰克福、诺曼底、

卡尔卡松、格勒诺布尔、霍洛威、梅费尔、伯明翰、哈里奇、赫尔、朴次茅斯；《墨西哥秃头》中的君士坦丁堡、恩维尔帕夏、雷埃夫斯、布林迪西、那不勒斯、古巴，等等。正如他在小说《哈林顿先生的洗衣袋》中所说，"自从战争开始后，住过许多旅馆的房间，豪华的简陋的，从一个地方一个国家到另一个，在他看来，他似乎就是在行李上生活"。

第一次世界大战

第一次世界大战期间，毛姆早已成为英国及美国知名的剧作家。但他以家国为重，在一战的四年中，他三次以不同方式参战：除了成为举世皆知的瑞士和俄国特工，毛姆还在法国开过救护车。

萨拉热窝事件发生时，原本与朋友在意大利度假的毛姆听到战争的消息，得知伦敦正处于备战状态，并开始动员征兵。40岁的毛姆内心充满了强烈的爱国激情，"对我来说，英格兰在地图上的形状是意义深远的，"他试着分析自己独特的爱国主义行为，"这是一种汇聚了骄傲、向往和爱的情感，一种让牺牲变得容易的情感。"

他借用小说《叛国者》里一个英国叛徒说过的话"如果我在这儿安逸舒适地待着，直到战争结束都没有试着去帮国家做点事，我都无法面对我的朋友"，其实这也是毛姆和那一时期的大多数英国人的普遍想法。毛姆的很多文学同仁如H·G·威尔斯和阿诺德·本涅特都以他们的方式参与了战争，这让毛姆想要立即行动。

毛姆认为流利的法文是他最大的长处，于是联系了老朋友丘吉尔（当时的海军大臣），令他失望的是，丘吉尔的回信说他年龄太大了。毛姆转而向红十字会提出申请。红十字会当时正要派几辆救护车去前线，需要翻译，他看到每天都有医生、护士、护理员、司机和担架员源源不断地渡过海峡去往法国，他的申请最终被接受了。

目前为止的图片中，依然不能看到穿军装的毛姆。身着军装的毛姆，只能靠我们去想象了。

当他身穿军装随车队出发时，本想是以一位志愿医生入伍的，但毕业了17年，还一直没有临床经验，只能先当法语翻译。这时，他的戏剧《希望之地》正在伦敦火爆上演，而他最受追捧的自传体小说《人生的枷锁》也即将付梓。

1914年10月他的车队抵达法国最大渔港布洛涅，此时，英国派往法国的远征军已达20多万人。战争的头三个月极为艰苦，法国损失了50万军队。8月底，德军攻占比利时，进军法国的道路已予扫清，法国总统潘卡列逃往波尔多，迦列尼将军被任命为巴黎军事指挥官。

毛姆看到城市的咖啡馆关了门；大饭店禁止乐队奏乐；旅馆都改作了医疗所，从奥尔良和都尔等地运来了大批伤员。8月最后的一天，一架德国飞机在巴黎上空撒下传单，声称德军三日之内即将进入巴黎。他在日记中写道：法国，这个文学艺术发达、文明高度发展、高雅、敏感的国度，却被粗野残忍的强大德国击溃。艺术家被粗人打倒，文明人被野蛮人驱逐……

在两百英里长的马纳河沿线上，英法军队把德国军队向后赶，巴黎的两千辆出租汽车也都动员来帮着把军队送往前线。毛姆这时正处在这场恶梦的中心——伊普尔战役，紧张地抢运伤员。

这时，他发现前线更需要救护车司机，于是请假半个月回英国学习开救护车。回到前线便分配在法军中工作了。

救护车到了晚上便出动，行车时小心翼翼避开弹坑；夜空被德军的照明弹和枪炮的火光照得通明；担架队忙着抢救伤员，司机则当作"易碎货物"一样把他们安全运往医院。

毛姆的司机伙伴中有一位爱尔兰的文艺批评家德斯蒙·麦卡锡，他很赏识毛姆，因为毛姆有着他所没有的自信和韧性，他们餐同桌，卧同室。随着战争的进展，他们还得时刻搬家。

有一次，一连开了几天的车，在敦刻尔克附近的圣马洛，毛姆收到一大包书稿清样，他把它摊开在床上，麦卡锡发现他几乎没改几处。毛姆告诉他，将书稿交付排印以前已经反复多次检查过了。麦卡锡不无感慨地说："这种精益求精并不使他腻烦。这样的书是可以卖得出去的。"

麦卡锡后来成了毛姆在英国评论界中的一位可靠的支持者，称毛姆为"英国的莫泊桑"的就是这位麦卡锡。

后来毛姆又从蒙泰迪尔移往亚眠，并继续靠近杜利安的最前线。他目睹了吃败仗的法国军队，几百名伤员躺在地面的草褥子上，院子前面的环形草地上停满了救护车和担架，像个足球场似的泥塘。阵亡的士兵停放在一个棚子里，而那些伤员的各种伤残大多是他在医学院不曾学过的：肩部打崩了、骨头散了架、血和浓渗流在一起、背部长褥疮、肺部被子弹洞穿、手脚被打得只靠一点皮肉挂着……作为医生，他看着痛心，不知这些肢体能否保住。

一个德国俘虏被截肢，他认为自己如果是个法国人，就会保住双腿。医生见毛姆能说德语，请他给这个德国兵解释，要是不截肢，他连人也没有啦。德国兵听了沉默下来。旁边也截去了双腿的一个法国兵，让他看看自己的下面，让他知道不只是对俘虏才采取这种断然措施。在这种情况下，毛姆学过医这一点倒是有了一些用处，经常给伤员消毒和包扎。

就在前线，毛姆遇到了影响他一生的美国男孩杰拉德·哈克斯顿。

由于毛姆的许多朋友的名字中也有"杰拉德"，为示区别，当然也有调侃意味，毛姆的朋友普遍称呼杰拉德·哈克斯顿为"小哈"，故本书后面也沿用此名。从此开始，毛姆和小哈开始了30年的人生传奇。

冬天到了，两军冻得瑟瑟发抖，仍在面对面地对峙。阵地战告一段落，取而代之的是各自守着那些堑壕过日子。

毛姆在这样一次伟大的战争中尽了他的匹夫之责，对他的救护车生涯也颇多留恋。

第二次世界大战

65 岁,《法国在战斗》

第二次世界大战酝酿期间,毛姆和小哈刚刚结束在印度的旅行。

1938 年 5 月,毛姆终于回到莫雷斯克,准备享受又一个里维埃拉田园诗般的夏天。

形势却变得十分险恶。德国扬言入侵捷克斯洛伐克,他想去萨尔茨堡和巴德加施泰因的计划泡汤了。奥地利的局势也令人恐慌,毛姆已经开始帮助犹太难民进入英国和法国,他利用自己的影响力给他们找工作和住处,并向犹太慈善团体捐赠了巨款。

毛姆一向对外宣称不喜欢观念小说、论战小说,极力反对把小说当成讲坛或讲台。他不止一次强调,如果读者想了解当下紧迫的问题,可以去找专著来读,而不是看小说。然而现在,毛姆的新小说做的恰恰是类似的尝试。1938 年写成的《圣诞假日》不是从人物出发,而是为了传递一种信息:慷慨激昂地谴责欧洲内部发展起来的邪恶势力,以及德国、意大利和西班牙强大的独裁政权。自 20 世纪 30 年代初以来,毛姆就对维持和平的可行性和可能性抱有悲观态度,而六年前的《因为效了劳》中对此亦已阐述得很清楚。从那时起,他就一直怀着极度的忧虑关注着左派和右派之间日益激烈的冲突所造成的可怕威胁。在他看来,思路狭窄的英国对这种危险似乎认识不足。

当然,出版商只关心销量:第一个月,这本书就在英国卖出了两万五千册。第二年,毛姆将《圣诞假日》的手稿拍卖,筹集资金帮助被法西斯政权逼得无家可归的欧洲作家。

二次世界大战爆发前几个月,毛姆的身边一直准备着一小瓶的安眠药,他不愿被德国人生擒。德国小说家及剧作家里昂·福克特王格(1884 — 1985)遭德国纳粹政府放逐并剥夺国籍,又为法国当局所拘留,毛姆曾为此义愤填膺,反应强烈,他和剧作家兼新闻部长的姜·吉罗都

联合求情,福即刻就获释了。当然毛姆自己早已上了"盖世太保"的黑名单。

危机继续加剧,法国终于开始设法保护海岸,只是为时已晚。从法国东南部的军港土伦来了一个代表,请示毛姆是否准许海军在他的地上架设枪炮。他很感激法国长久以来对他的礼遇,因此一口答应下来。后来对方问他需要多少钱以补偿造成的不便,毛姆答称,既逢法国安危攸关之时,他怎么能再要求补偿?这个代表对这份非法国式的"大方"满腹狐疑。结果,枪炮没有来到莫雷斯克,战争却来了。

9月的第三个星期,纳粹军队在捷克边境集结,毛姆离开莫雷斯克,让司机开车送他去伦敦。在巴黎以南的欧塞尔,汽车撞上一棵树后翻倒,他和司机都吓得够呛,毛姆伤得不轻,断了一根肋骨。他不想去私人疗养院,坚持要去他熟悉的一家巴黎酒店。

几个星期过后,10月初抵达伦敦时,希特勒吞并了苏台德区,全城人心惶惶。这时,65岁的毛姆渴望再次为战争出力。

毛姆一直在等待任命,"希望自己多少还有点用处"。虽然平时身在国外,但战争却把他内在的爱国心唤醒了。在伦敦的三个月里,他没少往情报部跑,那里的工作人员和巴黎情报部门一样,对来访者非常友好,只是内部充满了各种矛盾。

在毛姆看来,最缺人手的工作就是记者。他试着去作战部的情报部找他的老上司,但是情报部说他年龄太大了,他不灰心,仍在焦急地等待。终于有了一个工作机会:英国新闻部要求他写一本关于法国努力作战的书以鼓舞士气。

65岁!

毛姆立即收拾行李,动身前往巴黎。

在那里,他被安排去前线采访。从东部的南锡开始,他先去了塔西尼将军的总部,接着,他又前往马奇诺防线,"开着车穿过有浓雾的夜晚,军车里没开灯,司机不认识路,车速每小时五十英里"。

他们向他展示了德法边境线上一座据说坚不可摧的堡垒。指挥官告诉他,倘若被包围,可以坚守六个月,但几个月后,德军在包围这座堡垒不久就将其攻破了。

他还下了朗斯的一座煤矿,参观了几家兵工厂,这几个地方都在东部和巴黎附近。第三个星期,他来到法国西南部的夏朗德省,视察了50万来自阿尔萨斯和洛林的法国被疏散人员的安置情况。

最后一个星期是在驻扎在土伦的两艘军舰上度过的,许多情景令毛姆触目惊心——固有的腐败、士气的低落、不同阶层之间严重的分歧,为了达到宣传的目的,他必须隐藏个人的真实想法,内心好一番挣扎。

毛姆在报纸上发表了一系列文章,并结集成一本名为《法国在战斗》的小册子,从1940年3月出版到五、六月份法国沦陷期间,这本书共售出十万多册。毛姆这个职业作家,因为战争中"有所用处",竟也写过这样一部任务之作,令人唏嘘。

圣诞节前不久,完成任务后,毛姆乘飞机回到莫雷斯克。

这是毛姆平生第一次坐飞机,那天的天气状况极其恶劣,延迟很长时间后,这架英国皇家空军的运输机终于从巴黎郊外的布尔歇机场起飞了,为了不被误认为是敌机,飞机不得不在海峡上低飞,最后降落在苏塞克斯郡某处的一座军用机场,他从这里被卡车送到最近的小镇。

莫雷斯克沦陷

1940年春,毛姆不得不忍受时光的虚度,这在战时是不可避免的,情报部一时没想好让他做什么。

5月初,毛姆回到法国南部,不到一周前,德国入侵荷兰。28日,比利时和荷兰投降,英国远征军在法国北部大溃逃。6月10日,意大利参战,德军开进巴黎。蓝色海岸陷入一片混乱之中:几个小时内,一半

摩纳哥人逃走,芒通和周边地区的人员被疏散。意大利军队占领了从里维埃拉直到尼斯的一大片土地,在尼斯的英国总领事建议所有英国人尽快回国,因为英国居民很有可能会遭到拘禁。

持美国护照的小哈留下来几天,保住尽量多的藏画和最宝贵的财物,其中包括毛姆的笔记和未完成的小说手稿。考虑到早晨道路无法通行,他决定半夜出门。他匆忙拿了一些必需品,小哈把他送到夏纳克鲁瓦塞特大道上的卡尔顿酒店,他们互相告别;和第一次世界大战时一样,他们不知以怎样的方式,也不知何时才能再相会。

回伦敦的过程充满艰辛,毛姆加入了难民队伍,顾不得太多体面,在海上航行了一周,船上的条件实在恐怖,人们越发担心船会遭到鱼雷攻击,过度拥挤的状况让四个人疯掉了,还死了一个老妇人。没有木筏,也没有救生衣,据说那个区域还有潜水艇。毛姆问身边的一个退休医生,想要淹死的话,最好的办法是什么?自从那次在沙捞越差点儿丧命,他很怕溺水。"别挣扎,"医生建议,"张开嘴,让水灌进喉咙,不到一分钟就会失去知觉。"

那真是一段生死旅程,直到7月8日抵达利物浦。在船上过了20天的毛姆浑身脏兮兮,面容憔悴、筋疲力尽。乘火车到伦敦那晚,他惊讶地得知英国媒体十分关注他的下落:"在法国依然下落不明的名人中有萨默塞特·毛姆先生。"

军情六处得知毛姆回到伦敦,立即派他前往美国执行秘密宣讲任务。毛姆爽快地答应了这个任务,9月末的一个下午,毛姆离开伦敦,在布里斯托尔过了一夜,第二天早晨乘飞机去了里斯本。他发现自己被安排在一家脏兮兮的小旅馆里,在去美国前不得不花几个小时排队等候资料审查。10月7日,他终于坐上泛美航空公司的一架豪华飞机,飞越亚速尔群岛和百慕大群岛,16个小时后到达纽约。

莫雷斯克曾经被意军和德军占领,被英国舰队轰击,但是毛姆不知道损失程度有多大。他的一个女仆被作为盖世太保的特务监禁起来。毛姆很难相信她是那样的一个人。她于1945年10月受审，判了三年徒刑。

在美国的六年，毛姆时刻关注从里维埃拉传来的消息，1944年8月15日，帕奇将军指挥下的美国第七军在沙滩登陆，他高兴地听说美军收复了莫雷斯克，把他的房子作为休假军官的休养所，并正在周围地界扫雷。他过去担心过，在他花园散步时，一个地雷突然爆炸。事实上，一颗燃烧弹毁了花园的大部分，每扇窗户也被震破了。

在美国演讲

在瓜地亚机场，毛姆的出版商尼尔逊·达彼得夫妇和毛姆的女儿丽莎一起接他。怀孕的丽莎是在西莉的劝告下到美国避难的。

通过海关后，毛姆立即要了一杯老式杜邦酒，无限享受地啜饮起来。他一边向达彼得夫妇道谢，一边从背心口袋里掏出一小瓶毒药，朝地上一摔，用脚踩得稀烂：现在我不需要它了！尼尔逊。

毛姆深深体会到一个国家被隔离于战火之外是多么幸运，"我没有义务告诉美国人民他们是多么幸运，因为他们基本上不会遭遇到第五纵队所搞的各种破坏活动，……现在英美两国的利益紧密相连，两国人民都不能无视对方的安危。当然，我们不能期望两个民族做到完全融合，但是至少我们有着相似的语言、相似的文化以及相似的道德标准。这些依靠的并不仅仅是两国人民的意见一致，更因为我们居住在相同的土地上，呼吸着同样的空气，这是我们所无法逃离的。"

严格的货币控制强加在毛姆头上，不过，英国财政部谨慎地为毛姆做了安排，从他的美国版税中划拨一部分供他使用，从而让他享受到更高的生活标准。

他几乎立刻投入到工作中：写文章，发表演讲，做访谈，参加筹款晚宴，帮助英国的战争救济书店卖书。他第一次接受美国全国广播公司

采访，在回答有关伟大战争小说的问题时，毛姆说："就像关于第一次世界大战最好的小说《西线无战事》源于德国战败，我希望并相信，关于这场战争的最好的书也将出于同一个源头，同样的原因。"

听到这个情绪化的回答，观众席中爆发出雷鸣般的掌声。

第一个月，毛姆在规模不一的集会上发表演说，从挂着国旗有三千人出席的酒店舞厅到有一百位女士参加的在私人宅邸举行的茶会。有时，只有他一个人发言，有时则有其他作家。不管在什么场合，毛姆都会小心翼翼地强调英美之间根深蒂固的联系。

毛姆为他演讲所得到的听众而高兴，他的口吃已经得到基本控制，留存下来的他的一次演讲录音是呼吁美国支持英国皇家空军："……他们许多人受了重伤，许多人牺牲了。他们还是年轻人，差不多还是孩子哩。他们留下了年轻的寡妇和年幼的儿女。你们可否做一些事情来帮助他们呢？他们英勇战斗，为了真理、博爱、荣誉和仁慈。"

1941年1月，毛姆去旧金山，在那里与去南太平洋时认识的证券经纪人伯特·阿兰森热情重聚，并发起一个40万美元募捐运动为英国购买救护车；3月初，毛姆去芝加哥多次讲演。紧张的日程使他疲倦，"我回到芝加哥，11天之中要作4次该死的讲演，"他写给一位朋友说，"然后又去纽约讲演，还要去费城讲演。真是苦日子。"

显然这是口头上，他内心多么骄傲！特别是那个关于战时英国家庭的讲演。他说，那个讲演"使心肠最硬的美国中西部商人都两眼噙着眼泪"。

毛姆尽职尽责地继续演讲。在西海岸，他巧妙地强调德国的威胁并非远在欧洲，而是在家门口。

有一次他在纽约多切斯特港度周末时，见到了也在美国巡回演讲的作家H·G·威尔斯，威尔斯样子看起来"老迈、疲倦、萎缩"。因为他的几次讲演都失败了，他伤心、失望。

1942年11月9日，毛姆在新港的斯特拉思科纳会堂作关于民主的演讲。按照朋友的提议，他选择了"政治责任"这一严肃的题目。他本来打算以自由的代价作为结论来结束讲演，详细谈谈自由的代价多么昂贵。

正当他暗自庆幸一直到讲演结束都没有结巴，却遇到因灯火管制而突然停电，他因此忘记了自由的代价是什么——对于一个经常记得住什么东西什么代价的人来说，这的确是不平常的一件事。他手忙脚乱摸索着他的稿子，但是一直找不到他讲演的最后一段。直到如今，耶鲁大学的学生关于毛姆对于自由的代价的说明还是"在黑暗中"。

毛姆以他的巡回讲演来履行英国政府交给他的宣传任务，在此时期，他还接受英国新闻部的委托，撰写一部表现战争对一个典型的英国家庭的影响的小说给美国人看，书名为《黎明之前》。好莱坞对这部小说深感兴趣，尽管是任务性的作品，但仍拍成了电影。

当毛姆患流感时，才发现演讲这件事很耗神，但到了洛杉矶后，他终于高兴地见到了已到美国的小哈。小哈告诉毛姆，已经把莫雷斯克交给一个年轻的法国男朋友路易·勒格朗，已经把酒窖锁上，那些画也收藏起来了。女厨师安妮特和女仆尼娜还在留守。

美国参战前那两年半的时间里，很多英国著名作家走遍美国，也产生了极大的影响，但几乎没有人比毛姆更努力，也没有人像毛姆那样具有无法估量的价值。

战争与男人

男人逃不开战争的诱惑。一个血气方刚的男人一旦装上军装，那种雄姿勃发、英气逼人，会让眼神都喷射出荷尔蒙。通常，男子打发荷尔蒙有两种渠道：一是留给异性，二是发动战争。

留给异性是没问题的，但战争的诱惑让男人很难逃开。除了性，战

毛姆：一只贴满标签的旅行箱

争是男人发泄荷尔蒙的重要渠道。战争状态对毛姆的吸引，让我们看到另一个与众不同的毛姆。在他那一时期的日记中有以下一段——

现在有很多的德国人和意大利人居住在美国，我毫不怀疑他们对于美国的喜爱与忠诚，很多人逃离欧洲是因为那里的生活状况让他们无法忍受。……他们心甘情愿接受美国人提供给他们的黄金机会，与美国人同甘共苦。但是，他们真的可以完全忘掉自己的祖国吗？他们与祖国的感情、与同胞之间的感情真的就那么脆弱，可以轻易被割断吗？

综观毛姆在两次世界大战中的表现，世人所普遍认为的毛姆对政治和社会漠不关心的说法显然流于片面。事实上，毛姆与包括丘吉尔、温莎公爵夫妇、英国女王、美国总统罗斯福夫人在内的许多政商界名流一直过从甚密，他表面上远离社会生活，却一直不曾真正疏离。

试想，一个如日中天的畅销作家，毅然放下诸多写作和个人计划，甚至不顾尊严到处央求当局让自己对战争"有所用处"，还不足以说明一切吗？

毛姆作为作家更懂得战争对于一个参与者意味着什么。他虽然从内心并不认同英国的生活方式，骨子里所钟情的漂泊和流浪使他一次次离开英国，但也许正因如此，他这个英国人在两次大战中的家国情结才更值得去品咂和打量。

男人的血性，战争的残酷，家国的担当……当我们调侃毛姆的"毒舌"和不可爱时，最好别忘了他穿越于两次世界大战战场的身影。

第三章
美洲"淘金"

毛姆童年

毛姆少年

毛姆青年

毛姆中年

毛姆老年

毛姆与丘吉尔

美国：在美元里绽放

美利坚"处女行"

在毛姆文学事业的鼎盛时期，许多欧洲人蜂拥至美国淘金，然而，毛姆与美国的纽联依然是文学。

他本打算1909年就去美国，但由于生病推迟了行程。不过，他一直做着准备，1910年5月，伦敦戏剧季还没到来就传来爱德华七世的死讯，那个月的大部分时间毛姆都在意大利，这时他的《多特太太》《史密斯》和《佩妮洛普》已经在纽约上演了，毛姆骄傲地告诉朋友："《弗雷德里克夫人》是美国近来最火的戏之一。"

10月22号，毛姆乘坐卡罗尼亚号，从利物浦出发。他兴致勃勃地告诉他的戏剧经纪人查尔斯·福洛曼："就像征服美洲大陆的哥伦布一样。"

卡罗尼亚号是丘纳德航运公司最大也最优雅的一艘邮轮。从那时开始，在接下来的半个世纪里，只要有可能，毛姆都会像王子一样旅行，享受北大西洋航线上欧洲轮船所能提供的最豪华舒适的服务。他后来多次横渡大西洋后，才发现卡罗尼亚号的一等舱并不是太豪华，比不上不久后出现的阿基塔尼亚号、毛里塔尼亚号和惨遭厄运的泰坦尼克号。

邮轮28日到达纽约。这是毛姆首次到美国，当他把自己比作哥伦布去发现一个新大陆时，其实美国早已"发现"了他——他在那里将要或者已经成为一个传奇式人物。

毛姆作为戏剧家的名气，在美国要比在英国响亮得多。他30岁名噪剧坛，此时36岁的毛姆已大红大紫。正值百老汇的戏剧海报栏上初次用上霓虹灯，"毛姆"的大名便在霓虹灯下闪闪发亮了：《弗雷德里克夫人》颇受好评，《多特太太》《佩妮洛普》，还有九月份在帝国剧院首演的《史密斯》，票房喜人。

戏院经理福洛曼带他穿过熙熙攘攘的码头径直来到他下榻的酒店——位于纽约市中心曼哈顿中心地带第五大道的纽约瑞吉酒店。瑞吉是纽约第一家高层酒店，建于1903年，是一座17层的布杂艺术风格的堡垒。酒店里有电梯，床头有电话，还有原始形态的空调，尽显豪华与时尚。

很快，毛姆彬彬有礼、英国式的矜持和剪裁精美的服装让他成了一个大名人。

由于福洛曼的热情欢迎，再加上把他介绍给很多名人，毛姆发现他在纽约很受欢迎，并在最昂贵的餐厅受到款待。"我下个星期每天的午餐和晚餐都预订出去了……我用力享受这一切。"《纽约时报》注意到"很多为了向他致敬举办的社交活动"，"毛姆先生是这么多年来拜访美国的英国剧作家中最受社交圈欢迎的一位。"

他向福洛曼埋怨那个叫德斯伯劳的演员把《佩纳洛普》演糟了，他还见到了女演员比莉·伯克，她在福洛曼的合同中演了两年"多特夫人"。比莉对毛姆的印象十分美好，她大胆地说："哎呀，毛姆先生，我真有点爱你呐。"

为毛姆神魂颠倒的可不只伯克小姐一人，很多女人不可避免地把他当成如意郎君的人选。毕竟，他英俊、有名、有钱，而且那时未婚。他和演员苏·琼斯仍在交往，但知道的人很少，他对同性的偏好更是秘密。他时常戏弄那些想为他找妻子的媒婆们。

毛姆注意到，美国正十分热情地想把四海名人都吸引到怀抱，他也高兴自己的名字能在百老汇的霓虹灯下显现出来。但他访美的高潮却是参观摩根图书馆。他身上持有给那位令人望而生畏的女馆长格林的介绍信，馆长也从书库里把济慈的长诗《恩底弥翁》的原稿拿给了他。他想到这位年轻的英国诗人也曾学医，也喜爱意大利，26岁就客死在那里。毛姆20岁去意大利时，还到新教徒公墓的济慈墓去凭吊，见过那块墓志铭呢。

在华盛顿的日子，毛姆收到一位同族的来信，此人是毛姆家族美国分支的一员，他邀请毛姆去新泽西州的特纳夫莱见一下他们的家长拉尔夫·毛姆——一个教师和当地的显要人物。见面后，毛姆暗暗吃了一惊，他们俩长得太像了，"家族成员的相貌惊人得相似，"毛姆回忆道，"最奇怪的是，这个年轻人也有明显的口吃。"19世纪50年代，拉尔夫的父亲从伦敦移民到康涅狄格州，他们这两支家族并没有明确的联系。

南卡罗利纳的逍遥

在美国期间，巡回演讲之余，毛姆需要一个安静的地方来写完他正在写的作品《刀锋》。

他的出版商道布尔戴提议在他的种植园里给毛姆建造一所房子，另外还建一所小别墅供他写作用。房子有三间卧室，每间卧室都有浴室。里面装有护墙板，壁炉是用加罗林产松木板嵌装的。几个书架上摆满了成套的"古典名著"。此外，还有两处附属建筑物，一处作毛姆的书房，一处给佣人住。佣人都是黑人：诺拉是厨子，玛丽是女佣，桑第是庭院杂工。桑第在室内也带着墨镜，因为他认为这样看起来比较文雅。他的侄儿名叫雷利加斯，在周围做些零工。种植园的监工告诉毛姆："他们都是好黑人，都很谦卑。"

毛姆于圣诞节前搬进新居，他把自己所有的绘画都挂在墙上。之后四年，这里就是他的家了。他每天采取和莫雷斯克同样的作息时间表：早晨写作，午餐后午睡。他写信给艾迪·马歇说，他在"一个很孤寂的地方，和最近的人家相隔都有 20 英里。当道路泥泞时，和市镇相隔甚至有 50 多英里。但是我举目远望，看到的是千把公顷的沼泽地，一条河在我的右边流过，在一排美丽的松树后面……唯一真正不方便的地方是我们必须到距离很远的地方才能获得所需要的物品。"

快到 10 月底时，毛姆到了纽约，住在里兹一卡尔登大饭店，他得到在里斯本的小哈的信，说他正在设法来美国。小哈关闭了莫雷斯克，把毛姆的最好的画交给邻居一位老太太代为保管。毛姆认为没有希望再回莫雷斯克了，那时意大利军队占领了从里维埃拉直到尼斯的一大片土地，他想他的财产也将会充公了。

自从 1927 年毛姆移居莫雷斯克以来，他现在是头一次一个人独自生活。但是他在纽约有很多朋友，彼此间经常走访。朋友间的来往又让毛姆捕捉到不少有趣的素材。比如《孽海沉浮》中的儿媳与公公的不伦事件。这是一件倒叙故事。毛姆到美国讲学，附近的一位朋友听说后邀请他到自己的学校。晚餐时，毛姆遇到一个女人，这个女人曾在意大利发生了一件与公公私通的丑事。

劳拉母女都是旧金山人，与"我"在 25 年前的佛罗伦萨经常见面。那时劳拉二十四五岁，算不上漂亮，但异常清秀，长着一张瓜子脸，明亮的蓝眼睛，头发乌黑，没怎么精心打理，皮肤很好，容貌不算出众但眉目清秀，牙齿洁白，小巧均匀。最吸引人的还是从容优雅的举止。这时一位叫蒂托的男孩追求她，但他是嗜酒的赌徒，在郊区有一座庄园。蒂托的母亲早逝，父亲是一位伯爵，他们父子靠一小块葡萄园酿酒维持生计。这位伯爵"有五十了吧，不过，他是我这辈子见过的最帅的男人"。

于是故事就开始了，劳拉母女参观了蒂托家的庄园，一下子从拼命

抵抗蒂托的追求到一见倾心，他们很快结婚。母亲回到旧金山，劳拉与蒂托和公公一起住在庄园，"他们过得很幸福"。

然而，时间不长，蒂托就发现了自己的"多余"，似乎父亲与自己的妻子有说不完的话，伯爵和劳拉爱古董，经常一起去古董店淘些便宜货，伯爵很有鉴赏力，使得庄园生机勃勃，就是在这些时候，加之他的赌博，他明显感到，劳拉不知何时起不那么在乎他了，父亲对自己也很不耐烦起来。他感觉到他们讨厌他的出现，他不在的时候，他们反而更自在。

"他心底的怀疑太恐怖，连他自己都不敢去想"，然而"看到他们眉来眼去，他又会感到不安"。他父亲的眼神温柔，充满了占有欲，而劳拉的眼中则透着满足感，情欲得偿的那种心满意足。"如果在别人脸上看到这种神色，他肯定会觉得他们铁定是情人。但是他不能相信，也没法相信，俩人暧昧不清。"而他们做的很多事也是对自己掩掩遮遮，及至后来，劳拉干脆就和颜悦色地让他多去佛罗伦萨见见朋友，一直待在乡下肯定很无聊……这时他更是疑神疑鬼，疑心重重。

蒂托一直希望抓个现行，但一直没有证据，有一次他在佛罗伦萨买了一把手枪，要是发现证据，就把他们两个都杀死。这时，劳拉怀孕了。他终于忍无可忍，质问父亲，遭到鄙视，于是他开枪把父亲杀了。

警察审问劳拉时，她"发誓伯爵跟她从没跨越雷池半步，他们完全清白"。律师告诉劳拉，只有她当庭承认是公公的情人才能救出蒂托。"一想到蒂托只能孤零零一个人在牢房度过余生，我心里永远都不会片刻安宁。"于是劳拉同意了律师的说法，在法庭上承认自己与公公保持了一年多的情人关系。不久劳拉也在律师朋友的家里生下一个男孩，但没过24小时就死了。律师的妻子贝茜也是"我"的朋友，在"我"离开佛罗伦萨前，有过一次谈话，贝茜说："孩子死后劳拉情绪低落，我以为她是因为孩子夭折而伤心。我想说点什么安慰一下她。"她与劳拉有过如下对话——

贝茜：孩子已经没了，你千万别太难过，……照目前情况看，孩子没了对他也是一种解脱。

劳拉：你为什么这么想？

贝茜：你想想看，可怜的小东西，他父亲是杀人犯，他的将来会是什么样子？

这时，劳拉平静地看了我一会儿，她说：你怎么知道他父亲是杀人犯？

贝茜感觉自己面红耳赤，简直不敢相信自己居然听到这样的回答。她说，劳拉，你这话究竟是什么意思？

劳拉：你也参加庭审了，你听到我说的话了，我承认卡洛是我的情人。

说这话时，劳拉眼睛里闪烁着幸福的光芒。而贝茜觉得自己傻到家了。

25年后，毛姆在美国又见到50多岁的劳拉，她已经是一个平静生活的知识分子。

在美国"触电"

毛姆在美国爆得大名，崇拜者们接踵而至。华纳兄弟公司为毛姆开了一个250人的鸡尾酒会，其中没有一个他认识的人。摄影师们跟着他在房间里团团转，每当他被介绍给一个名人，他们就举起相机，请他讲话自然一点。每当这种"自然的谈话"结束，他就开始私下背诵主祷文。

他自己也说不清，为何极不愿意跟好莱坞打交道，或许是因为刚开始的印象并不佳。他后来写过这样一句话："……想根据小说和剧本就可以自己弄出个电影脚本来是枉费心机的，除非在写脚本时就着眼于在银幕上放映。"但他跟这帮制片厂负责人打交道的唯一可喜的成绩，则是他

的一个脚本卖了一万五千美元，他马上拿去投资，日后竟翻到一百万。

毛姆在好莱坞还见到了卓别林，他那时已经是位明星了。在卓别林的喜剧后面，毛姆直觉到一种深刻的忧郁。有一天晚上，当他与卓别林漫游来到洛杉矶的一个贫民区时，望着那些破败不堪的住房和小商店，卓别林脸上放出光芒："这才是真正的生活呀，对吗？其他都是假的。"

毛姆对电影这个媒介不感兴趣，也缺少必要的技能；但现在，他必须做出让步。电影界在商业上最成功的制片人之一大卫·塞尔兹尼克（两部电影《乱世佳人》和《蝴蝶梦》获得了奥斯卡最佳影片奖）找他，要把《黎明之前》拍成电影。能有机会与世界闻名的作家签约，大卫很兴奋，毛姆的大部分作品已经拍成电影，勉强同意了这桩交易。

1941年3月初，毛姆回到纽约时，《黎明之前》的剧本已经写了30页，他计划先将这篇小说改编成电影剧本，再改编成长篇小说。不过毛姆对整个计划深恶痛绝，认为这是他这辈子做过的最繁琐乏味的工作。

他同意电影拍摄期间在现场，于是，他在绿树成荫的贝弗利山住宅区租了一栋房子，还雇了两个仆人。他在这里见到了许多著名作家，比如《美丽的新世界》的作者阿道司·赫胥黎、剧作家约翰·范德鲁滕、神秘主义者和博学家杰批德·赫德以及小说家克里斯托弗·衣修伍德。

衣修伍德很高兴在美国见到毛姆。"我很高兴再次见到威利，"他在日记中写道，"那只老鹦鹉，眨着又黑又平的眼睛，很专注，有着温文儒雅和催眠般的口吃。"

一天，衣修伍德邀请毛姆去他工作的地方——米高梅电影公司。人群开心地冲向毛姆，"像魔鬼一样尖叫着"。衣修伍德回忆说："他们扑过来，拥抱他，亲吻他，威利接受他们的拥抱，面带羞涩和喜悦的微笑。"

在写给福斯特的信中，衣修伍德将67岁的毛姆比作"一只贴满标签的旅行箱，只有上帝知道里面装的是什么"。毛姆则把活泼、孩子气的衣修伍德说成"那个讨人喜欢的、你永远不可能真正了解的怪人"。

一个人的70岁生日

毛姆这一时期靠在杂志上发表作品增加收入。那段时间很难翻开一本杂志没有他的作品：他的短篇小说登在《纽约人》杂志上；他的政治性文章登在《星期六晚报》上；他的预言性文章登在《红皮书》杂志上；个人回忆录登在《生活》杂志上；对作家建议的文章登在《好家政》杂志上；《在轰炸下读书》登在《当代》杂志上。

这次在美国，毛姆患了畏冷、发烧的病，这大概是他在暹罗（泰国）时传染上的疟疾。这以前，许多医生给他治疗过，都没有见效。

1944年，元旦天刚亮，毛姆醒来了，他感到沮丧，不祥地想到1月25日将是他的70岁生辰。他的胃病烦扰着他，小哈也病着，没有人替他写回信、打字。他感到孤独。

许多年来他第一次一个人度过他的生日。

他上午工作，下午在桉树、松树和充满生命力、覆盖着西班牙苔藓的橡树间散步。他给自己泡了一杯茶，读书一直读到晚餐时为止。然后他玩单人纸牌，上床。除了给女仆交代几句外，他整天没有对人说话。

这是回首人生的一天。

他已经活到了人们所说的古稀之年。他以后不论还活多少岁月，都是"余年"性质。

在欧洲大陆，有一个可爱的习俗：当一个有所作为的人到了70岁，他的朋友、同事、弟子就一起写一本散文集向他致敬。在英国，最多为他举行一个晚宴，而且除非他确实是人间翘楚，不然才不会费这个劲儿呢。

这样的宴会，毛姆在H.G.威尔斯70岁华诞时参加过。当时有几百人到场。席间萧伯纳发表了演讲……此时毛姆冷清的70岁，让他看淡了

人在壮年时期格外看重的许多事情，不再会有嫉妒心，不再会有仇恨，不再会恶毒。他觉得他现在谁也不嫉妒。

我已经最大限度地发挥了自然给予我的那几分才华，并不嫉妒别人比我更有才华。我已经取得了不小的成功，并不嫉妒别人的成功。我很乐意让出我占的那一块位置，我已经占了这么长的时间了，换别人上吧。

现在，他在南卡罗利纳州临时的家里，不知道将来还会有些什么在等着他。他是一个流亡者，一个甘愿在法国生活的英国人，因为他在英国从来没有感到安适自在过。自从母亲死后他感觉自己就像一个没有祖国的人，他的故土是他的作品本身。

"一个人自己永远也不会知道，他死后一个月是不是就被人们忘记了"。许多人在他们成年的时候就死去了，像亨利·詹姆斯和阿诺德·本内特，或者在壮年的时候突然死去，像D·H·劳伦斯和另一个阿拉伯的劳伦斯，这个人于1935年因开摩托车速度太快翻车而死……

但，毛姆活到了91岁。

毛姆眼中的美国

毛姆在《作家笔记》中这样记录美国——

这个国家没有阶级意识；

美国咖啡好喝；

美国人做事有条理有效率；

美国人性欲旺盛，红头发的人比其他人性欲更旺盛。

关于这个国家的一大堆噱头里，最莫名其妙的就是它没有阶级差别这一说，大家还都相信。毛姆和许多旅美外国人都注意到一件事：尽管多数美国人都认识一大群人，但很少有人真有朋友。

他们有业务伙伴，有打桥牌的牌友、玩高尔夫的球伴，有一起钓鱼、打猎、驾帆船的哥们儿，有一块儿觥筹交错的酒友，有一同战斗的战友，但仅此而已。毛姆在美国碰到的那些人里，只有两位是亲密的朋友。他们会相约一同去吃晚餐，然后闲聊一晚，因为有对方作伴他俩感到很快乐。他们彼此之间没有秘密。

毛姆自己试图解释：美国的生活节奏实在太快了，没几个人有时间去培养友谊。要把"认识的人"变成"至交"是需要有闲暇的。另一种解释是，在美国，一个男人结了婚，妻子就成了"夫纲"，她占去了他全部的注意力，把家变成了他的牢笼。

毛姆连续在美国生活六年，他注意到"嫉妒"这个恶习在美国的普遍存在。举止优雅、穿着得体、英语说得文法准确、生活有一定的讲究，这些竟然沦为做作甚至堕落的标志；一个上了一所好的寄宿学校，又在哈佛或耶鲁读过书的人，必须处处小心，否则就会引起那些没有享受过这些好处的人的敌意；文化人为了不让别人觉得自己摆架子，只好违背自己的习惯故作熟络热情，说话风格也随着大流……他在日记中写道："这真叫人心酸。要是嫉妒别人的人能想着把自己提升到受他们嫉妒者的水平，这些就都不会发生了。可他们不想，他们只想把别人拽下来，压得和自己一样没水准。"

当然，属于毛姆的美国，平时的生活都是谈笑有鸿儒，往来也不拒绝白丁——他要把他们一一请到小说里来。

珍珠港事件后，美国参战，毛姆以为可以专心写那本酝酿了三年多的小说了，但他想错了，他还得为美国人做事。毛姆的名字有巨大的影响力：由他主编的《当代杰作选读》在1943年出版一年内售出近一百万册。他再次被要求上广播、写文章，推销国防债券，在军队作相关报告；让他的心情降到最低点的事之一，就是被要求写一篇鼓舞人心的文章，鼓励美国人往英国寄蔬菜种子。

他曾在《侦探小说的衰亡》中谈到侦探小说中的谋杀数量，认为美国作家更易犯错——他们很少满足于一场或两场谋杀；他们成群地枪杀、捅杀、毒杀、棒杀，把整部书变成一个屠宰场。而在提这样的原因时，他认为这是一件令人遗憾的事。因为美国民族混杂，生活中涌动着各种暗流，因此比起英国那"安稳、乏味、守法的国度"，美国的活力，美国的冷酷，美国的冒险精神无一不为小说家提供了一个远为多样且充满灵感的背景。

毛姆的客人里还有当时的美国第一夫人埃莉诺·罗斯福。她在参观完北卡罗来纳州立大学后来到雅马西。从20世纪20年代末开始，罗斯福夫人一直是毛姆的粉丝；自从毛姆访问华盛顿后，他们喜欢上了彼此，毛姆称赞第一夫人勇敢、坚韧、有社会良知；1941年，毛姆去华盛顿观看《剧院风情》的演出，罗斯福夫人为他举办了晚宴。两个人都对美食感兴趣，从保存下来的少量通信来看，其中主要涉及的正是这个主题。

"亲爱的埃莉诺，"毛姆用开玩笑的语气写道，"谢谢你的菜谱。我们会马上试一下，如果你发现我们全家突然都死了，你肯定知道原因。"

罗斯福夫人还把她在"帕克的渡轮"拍的照片寄给毛姆。毛姆夸赞："你真是个了不起的摄影师，我觉得你为人妻母简直是浪费，你应该做个伟大的艺术家，过着罪恶的生活。"

直到1946年，毛姆才回到莫雷斯克。

加拿大：《应许之地》

早年游历中，毛姆曾在英国肯特郡的坦布里奇韦尔斯居住，他的邻居是一位茱莉亚阿姨，平时雇着一位女陪护。毛姆记得这个女陪护最终离开了茱莉亚阿姨，去跟在加拿大务农的哥哥一起生活。而令毛姆念念不忘的一个细节：那个年迈的阿姨接到女陪护从加拿大写来的信，她嫁给了一个雇工。

这个情节一直在毛姆的素材库里发酵。他准备写一个新剧本《应许之地》。

1912 年，毛姆在结束了一段繁忙的旅程之后，他又到了纽约。为了深入了解故事的背景，他决定动身前去加拿大探个究竟。

他来到冬季的多伦多，在加拿大中西部度过了寒冷的一个月。穿越了整个马尼托巴省，那里的原始状态和毛姆平时所习惯的舒适与时尚形成了鲜明反差，然而毛姆还是情不自禁地对这种艰苦的环境感到新奇。他写信向朋友汇报，"尽管这里的生活很不方便，枯燥无聊"，但他觉得"那种古怪的、紧张的生活很有意思"。

他特意住在一个荒凉的草原农场里，想象着茱莉亚阿姨的前女陪护就是那里的女主人。后来他在写给一位女演员的信中这样描述：

我的上帝，他们过的是什么日子啊……被白雪皑皑的草原包围，与世隔绝，没有邻居，每天操劳奔命，只为三餐。夫妻俩闹起别扭来，几

个星期不跟对方说一句话。我待过的一家,那个妻子自杀了。另一家则弥漫着奇怪的濒于疯狂的阴郁。我很庆幸离开了。然而,这是一次有趣的经历。草原,即便是白雪皑皑的草原,也有一种奇怪的魅力,它久久萦绕在我的记忆里。

《应许之地》成型了。

这个带有宗教意味的名字本身就来自《圣经》,描述的却是一对欢喜冤家的故事,大背景是大英帝国对加拿大的农业开发。

彼时,英国一方面占领加拿大的广袤良田,攫取财富;另一方面,英国本土的阶级固化、贫富悬殊等问题,需要通过对外殖民扩张来释放压力。由于涉及莽荒岁月的殖民开拓进程,剧中的某些逻辑和细节在今天看来很有几分野蛮色彩。

陪护小姐,不似中国常识里的佣人。但在一些反映19世纪和20世纪的作品中,可以经常看到这个角色,介于保姆与家庭教师之间,体现在陪护小姐的受教育程度,从而对女主人高质量的陪伴——《法国中尉的女人》中的萨拉即是。她们受过一点高等教育,算是标准小姐,其实本质上是一种高级佣人。在过去的英国,很多出身底层的女性都想通过这种职业生涯实现人生进阶。她们是有可能在机缘巧合下嫁给一些真正的绅士或继承一笔可观的年金。

《应许之地》目前没有中文纸书,仅仅有鲍冷艳翻译的电子书链接。剧中的女主人公诺拉陪护女主人空耗了十年青春,万般无奈下只好去加拿大投奔自己务农的兄弟。却又被嫂子嫌弃,整天遭白眼,有一次失去理智,冲动之下答应跟一个农民法兰克回家结婚。诺拉有一段台词——

一个月接着一个月,我常常坐在这里看着草原,有时候,我都想用自己最尖利的声音狂啸几声,只为打破这安静沉寂。我本以为自己永远逃不出去了。小屋宛如监狱。冰雪和寒冷，外加一成不变的凝滞，我被这一切困在这里了。

二人的身份差距，属于目不识丁的农民与大学生之间。她在答应的那一瞬间其实就后悔了，但因为高傲死要面子不收回承诺。两人从结婚的第一天开始就矛盾重重。法兰克不断在言语上气势汹汹，还用暴力，甚至最后霸王硬上弓。戏剧的是，数月过后，二人还真的产生了感情。甚至诺拉在得到了一笔意外的遗产后，面对即将破产的农场，也放弃了返回英伦的机会而真心地留下来与丈夫一起经营这块"应许之地"。

1913年11月，《应许之地》在华盛顿首演，接着转往康涅狄格州，最后于12月25日登上纽约的舞台。演员比莉·伯克是票房保证，毛姆给画家凯利写信："观众当然对这部戏一无所知，他们是来看明星的。"

可惜，比莉小姐无视诺拉这个人物的复杂性，简单地把这部戏当成浪漫喜剧，她饰演的诺拉就像一只争强好胜的小火把，靠得意扬扬撅起小嘴就把男人搞定了——她让这个角色失去了意义。毛姆气愤地抱怨道："那个小贱人糟糕的演技……"

情况后来变得更糟，比莉显然也很不高兴，气愤所有的赞美之词都归了那个扮演法兰克的演员。比莉在她的回忆录中写道："《应许之地》对我来说是那种写得很好但很枯燥的戏。我的服装毫无吸引力，一条黑裙子，还有一条特别难看的蓝裙子。而且加拿大农民勾不起纽约观众的兴趣，戏里面全是诚实啊，正直啊……她的性格转变对我来说太突然了，别的优秀的舞台剧女演员也许能演好这部戏，但我不能。"

美国这边的反应总体不错，但国境以北则有一定程度的不悦。这部戏"给出的关于加拿大西部的概念是完全错误的"，《埃德蒙顿日报》抱怨道。《每日公报》则表示抗议，"加拿大男人做梦也不会对他们的妻子呼来喝去。如果加拿大男人只有一件事做得好，那就是对待妻子的方

式。"第二年三月，愤慨之声达到了顶点，本来要去加拿大演出，却不得不取消。

1914年初，《应许之地》在英国制作时，一位女演员艾琳·范布毫不费力就表现出了诺拉性格中的阴影和焦虑。《英国评论》特别称赞了她的表演，将这部戏与几星期后上演的萧伯纳的《皮格马利翁》相提并论："毛姆先生的'皮格马利翁'是强大的，有点野蛮、性感、悲惨；萧伯纳先生的皮格马利翁则是雌雄同体的、面无血色的、有才智的、中性的。认真比较一下这两部戏，我们会观察到一个意义深远的现象，毛姆先生大胆地甩掉了娱乐的标签，奏响了新鲜且有力的音符，萧伯纳先生则保守地遵守着以逗乐观众为主要目的的非自然戏剧的旧公式。"

评论的最后说："我们必须恭喜毛姆先生重新获得了真正的艺术，并说服了观众。"

1914年2月，《应许之地》在伦敦的约克公爵剧院成功首演，但由于战争爆发戛然而止。

墨西哥：邂逅劳伦斯

1924年，毛姆感到东南亚的那些素材所剩无几，此时《面纱》已完成，他又躁动起来，将目光投向更广阔的远方——他的西班牙语让他打起墨西哥的主意，要写一篇墨西哥题材的小说。

他写信给证券经纪人朋友阿兰森，并让阿兰森给他介绍在墨西哥的熟人，"我也说不清我是多么渴望开辟一个新的狩猎场。"

9月27日，毛姆和小哈一起乘"陛下"号先到纽约。10月7日到了新奥尔良州。10月份的下半月，他们到达墨西哥城。

满大街的墨西哥人都喜欢戴一种宽边的大帽子，这给毛姆留下深刻印象。巧合的是，D·H·劳伦斯夫妇也在这同一时刻到达墨西哥。劳伦斯在他的《虹》遭到取缔、禁止发售之后，一气之下离开了英国，他在卡普里住了一个时期，然后又移居到西西里，此时又到了墨西哥。

墨西哥给了劳伦斯巨大的灵感。劳伦斯没见到毛姆，但听说他也在墨西哥城，就派人给毛姆送去一张言辞客气的便条。他写道："亲爱的毛姆，我觉得，两个如你我这样的英国文人不该像夜间的轮船那样各走各路，中间隔着一片广阔的海洋。你愿意来我处吃顿午饭吗？如果愿意，可以打电话，或留个口信。"

毛姆发了一封拒绝的电报，他当时也是临时有事要立即到意大利南部的奎拉法卡去。劳伦斯出名的脸皮薄，这个回复让他感觉自己被怠慢了。四天后，劳伦斯在给一个朋友的信中忿忿地写道："他该死的眼力和

作品……一个说起话来结结巴巴、心胸狭隘的艺术家……"

一个月后,当毛姆从奎拉法卡回到墨西哥,一位美国女作家热里亚·纳托尔邀请毛姆二人和劳伦斯夫妇在她位于科约阿坎区的一幢16世纪的别墅共进午餐。毛姆见路程较远,好心让小哈打电话约劳伦斯同坐一部出租汽车,谁知劳伦斯见毛姆自己不打电话,却让别人代劳,便说:"不,我不跟别人共车子的。"其实是他不了解毛姆因结巴从来不打电话。

席间,博学的纳托尔穿着优雅的黑丝连衣裙热情欢迎她的客人,带他们参观美丽的花园。本来这是一个愉快的场合,但气氛很快就恶化了。小哈的一句话冒犯了女主人,大家对小哈和毛姆颇有微词,毛姆闷闷不乐,劳伦斯神经紧张、咄咄逼人,毛姆对他的冷淡令他愤怒。

劳伦斯的妻子弗里达·劳伦斯被安排坐在毛姆身边,吃饭时,她问毛姆对墨西哥的印象,毛姆不高兴地说:"你是要我对那些戴大帽子的美言几句吗?"

"谁稀罕你美言呀!"弗里达很是不悦。接下来,午餐陷入刻薄的气氛之中。弗里达说:"他就像许多作家一样,两把椅子一把也没坐着,却跌在椅子中间还在伸手想拿点心吃。狭隘的社交圈子他不爱,却又不相信有更大的圈子。"

毛姆与劳伦斯形同水火。劳伦斯觉得毛姆能把一些人物和地方写得很出色,但仔细推敲,又不免显得虚假,他在给友人的信中说:"毛姆这人是个不好相处的人,没有什么趣味,那种担心自己在圣诞节前写不出以墨西哥为背景的伟大作品的劲儿,真叫人好笑。"

在劳伦斯看来,毛姆只不过是一个商人式的浅薄的作家,而且是使他遭到排斥的那个伦敦集团里的一员。劳伦斯形容毛姆"非常不招人待见","我不喜欢他","有点酸腐",显然,他认为用"酸腐"这个词形容毛姆很恰当。四年后,劳伦斯在给《英国特工阿申登》挑刺时又用了一次。

毛姆在回敬劳伦斯时则将他形容为"一个病人,又很易怒……心理被贫穷扭曲了,长了令自己痛苦的妒忌的毒瘤"。

极少有的情形,毛姆在墨西哥空手而归。他不了解也不喜欢墨西哥,想写一本墨西哥小说的想法也终于放弃了。"我必须承认,我对墨西哥很失望。"

在墨西哥首都阴冷多雨的天气里待了两个星期后,毛姆给朋友的信中写道:"除了西班牙人带来的文明,我没有找到什么特别有趣的东西。墨西哥城并不令人兴奋,我想,我们不会在这里待太久。……来这么远,却一无所获,白白浪费了时间,真叫人有些恼火。"

事实上,遍读毛姆作品,墨西哥在毛姆的文学疆域并非完全空白,他还是挖掘出了三个墨西哥主题的故事素材:《带伤疤的人》《墨西哥秃头》和《限制行业》。前者讲的是一个勇敢的反叛者在最后时刻被人从行刑队的枪口下解救的故事。后面两篇都有一个共同主人公名字——曼努尔。毛姆声称故事发生在"美洲大陆上一个自由独立的国家",但名字他"无论如何也不愿披露",其实表现的是一个当地妓院老鸨精明的商业头脑,不过,字里行间透露出他对这个国家缺乏了解。

《墨西哥秃头》属于毛姆的"阿申登系列"。墨西哥人曼努尔将军的"手就像铁块一样"。

曼努尔·卡莫纳是一个受雇于英国情报部的墨西哥间谍,一个职业冒险家,绰号叫"秃墨佬"。这个人物,应该说,从外貌到内心,从行为到思想,都没有一点可取之处,到最后表明,他简直就是一个吹牛皮的大骗子,然而在毛姆笔下却生龙活虎,很有吸引力。

秃顶,假发,滑溜溜的皮肤上没有一根毫毛,连眉和睫毛都看不见。却偏偏穿着讲究,手指修饰得又尖又长,浑身洒满了上等的巴黎科隆香水。曼努尔的一生是赌博的一生。他把金钱、爱情、生命以至一个国家的政权和军队都看成是明确无误的赌注。为了用他那似钢铁铸成的双手去赢得、去攫取,不惜采取任何卑鄙的、诡谲的、凶狠的手段,而且心

安理得。

但毛姆也写了他作为"人"的一面,阿申登和他在车厢里玩扑克牌,总是输,曼努尔一问,才知这赌输的钱并不能作为开支向英国政府报销时,便主动停止了这场让阿申登输钱的赌博,并告诫:"别跟你不熟悉的人玩皮奎特(一种法国扑克牌)!"

曼努尔很看好阿申登,"我看到你拥有极好的幽默感和判断力。你将来会有远大的前程。等我回到墨西哥拿回属于我的地产,你一定要来跟我过上一段时间。我会像对待国王一样对你。你可以骑我最好的马,我们一起去斗牛,如果有你心仪的女孩,你只要说一下,她就是你的了。"

在曼努尔的描述中,墨西哥有黄褐色的土地、广袤的绿色种植园、成群的牛羊,盲人歌手的歌声在月色撩人的夜晚伴着动人的吉他弹奏渐渐融化在了空气之中。曼努尔极为自信,他对阿申登说,"你可以到墨西哥城去打听曼努尔·卡莫纳这个人和他的成就,问问他们有多少女人能抵挡曼他的魅力"。

在墨西哥,站在一个男人和他的酒中间对他是一种侮辱——这是曼努尔告诉R上校的,"将军告诉我有一次一个不知情的荷兰人从他和吧台中间走过,他拔出手枪就把他打死。"

——这部作品更确认了毛姆的作品绝无"脸谱化"。

从墨西哥城毛姆和小哈又到了港口城市维拉克鲁斯,又从那里去了尤卡坦半岛、古巴首都哈瓦那、牙买加、英属洪都拉斯,最后来到危地马拉。再坐船到了印度支那的顺化,从那儿经西贡乘船去了马赛。

旅行期间,他尽量每天写日记,改编《信》的舞台剧本,向他在纽约和伦敦的经纪人下达关于商务、电影版权销售、新戏制作,以及把小说发表在不同报纸上等指令。

旅行为了故事,这一定程度上构成了毛姆旅行的特质,既紧张兮兮又趣味横生。

法属圭亚那：魔鬼岛奇遇

1935 年夏天，成功的西班牙之旅让毛姆与小哈之间日益融洽，小哈依旧善良、随和、体贴。于是，毛姆开始计划去中美洲和加勒比地区。

11 月 3 日，他们终于起航，经由西印度群岛前往纽约。毛姆在美国的热度直线上升，每天早晨他都能收到一捆邀请他出席各种活动的无线电报，到了纽约港，一大群记者和摄影师上船询问毛姆的计划。回到曼哈顿，住进丽思卡尔顿酒店后，毛姆立即陷入一片混乱之中：社交聚会、看戏、报纸采访、拍照、签名售书，好莱坞电影制片厂的头头们不停给他打电话，献上"好得不可思议的合同"，拒绝他们让毛姆感觉痛快异常。

12 月，毛姆同小哈取道海地前往法属圭亚那。他们在加勒比走了三个月，乘坐一艘又一艘不定期的货船，从一个岛到另一个岛。毛姆一直盼望这次旅行，本指望能为小说找些有趣的素材：他的英国同行吉卜林五年前来过此地，也建议他这样做。

海地是这次旅行的第一站，岛上的异国情调和颓废征服了后到的格雷厄姆·格林，却没给毛姆提供可用的东西。"这个地方确实风景如画，"他告诉小哈，"但没有任何娱乐活动。"

下一站马提尼克岛亦然，他觉得多米尼加和特立尼达同样沉闷无趣。商人和种植园主们整天就知道聊朗姆酒，"这是他们唯一的收入来源，他们的妻子也乏味得很。这几座岛上的生活没有南海地区和马来亚那种浪

漫和兴奋。"

毛姆此时已61岁，但寻找新材料的希望驱散了旅途的劳累。

倒是圭亚那首府卡宴，让他眼睛一亮。

卡宴位于太平洋西岸，从19世纪50年代的近百年间一直是法国政治犯和囚犯流放的中心地。政治犯在这里大批被折磨死，有"不流血的断头台""囚城"之称。

监狱就在圣洛朗－迪马罗尼的中心地带，监狱"架"起一座城。各行各业都仰仗这座监狱：商店是中国人开的，顾客是狱警、医生，还有众多与罪犯流放地有关的军官。

毛姆到达的时候，18世纪的那种上断头台的办法还在执行着。但用刑的命令必须由巴黎的内务部下达，这使毛姆十分入迷。

圣洛朗不太像监狱，倒像个小镇，六千名居民完全由囚犯和他们的看守组成；他们全部由船运而来，少数人被送往条件更恶劣的地方，最臭名昭著的是魔鬼岛，但大多数被认为无害不会企图逃跑的人留在了圣洛朗。

和往常一样，毛姆旅行时都带着介绍信。他受到监狱长有礼貌的接待，这是一个身着带有军人荣誉十字章的白色制服的矮小结实的人，一年的薪水是六万法郎，获得这种工作需要通过政治关系。他有一所面临大海的非常大的白色房子，每个房间都装有枝形吊灯。他快退休了，那时他要在里维埃拉为自己造一所房子。毛姆和小哈被安置在属于卡宴一所长官居住的别墅里并在附近旅馆用餐。

而在别墅里伺候他的人却是正在服刑的杀人犯。监狱长告诉他："别担心，他们都是老实人，东西可以随便放。"但毛姆出门时还是会锁上门，晚上睡觉时关上百叶窗。

毛姆获准采访犯人，每天观看刽子手在场地练习，把一段和脖子一样粗的香蕉茎放在断头台上。他最感兴趣的主题是悔恨，但所有采访对象中只有一个人后悔自己犯了罪。诱惑他们犯罪的往往都是微小的金钱方面的动机。

魔鬼岛之行，为他提供了许多别处没有的小说题材。

毛姆见到的那个执行任务的刽子手是从犯人中遴选出来的。断头台在监狱里的一个小屋子里，为了确保它工作正常，他们就拿香蕉树干作演练。从缚好犯人到人头落地，整个过程只要30秒。每杀一个人可得到一百法郎，外加一套衣服，因为行刑是要溅一身血迹的。

那些身穿浅红白色相间睡衣、头戴圆草帽、脚穿木底鞋的犯人们，像办事员和仆人一样可以进城执行各种任务。但他们为高烧和钩虫病所苦，想到再也不能回到法国不由得垂头丧气。

上任刽子手失踪了，都认为他逃跑了。三个星期后他被发现吊在一棵树上，身上有刀伤，人们能找到他是因为看见有一群兀鹰聚集在树上。他之前就知道囚犯们要杀他，于是申请调去卡宴或调回法国。他们还是抓住了他，把他捅死之后拖到了树林里。

根据这件事，毛姆写了一篇小说《行刑者》：路易勒米雷，编号68763，因谋杀妻子在圣洛朗的迪马罗尼监狱服刑。但他曾在家乡里昂警察局任职，当局给了他一个官职：他从接近200名申请者中脱颖而出，成为行刑者。因此他不像犯人，而是过着优越的生活，自由自在，很快就刑满释放回法国大陆了。但最后一夜被罪犯杀害。

有些流放犯是惯犯，把他们送到魔鬼岛，倒不完全是要让他们服刑，而是为了维护国内社会治安。他们抓蝴蝶和甲虫，制成标本放在盒子里出售，或是用水牛角做饰物。

他还调查了这些杀人犯的作案动机，想看看是什么让他们入狱。他惊讶地发现，虽然从表面上看，他们杀人是因为爱情、嫉妒、仇恨、被冤枉了进行报复，或只是突然一下控制不住情绪，但当他再进一步追问，就认识到在表象之下、隐藏并不很深的真正动机是金钱。他所询问的所

毛姆：一只贴满标签的旅行箱

有杀人犯里，作案的根本动机总是这样那样地和金钱牵扯在一起，只有一个例外：一个年轻小伙子，是个小羊倌儿，他强奸了一个小姑娘，当她叫喊时，因为害怕别人听见，他掐死了她。他才18岁。

这也是《有良心的人》故事的来源。两男一女，让·沙尔万和亨利·勒纳尔，亨利最先爱上了一个18岁美丽女孩玛丽，但后来让也爱上了她。本来一对密友，为了爱情，让毁谤了亨利，使亨利远走他乡去了马来亚，让却留在法国，娶了玛丽。后来让又杀死玛丽，于是让坐牢来到卡宴，反而开始了新生活。

在这篇小说中，毛姆重申了他对人性的认知：我很清楚，对人性的理解永远是不全面的。但有一件事可以确定，那就是生活中总有意料之外的事在等着你。

毛姆还记下那里的点点滴滴。在马提尼克岛，早在1902年时，培雷火山爆发，吞没了圣皮埃尔镇，四万人丧生。毛姆问当地的朋友们这场灾难对那些幸存者有什么影响——他很想知道大难临头、侥幸脱险对他们的精神、道德有没有影响，这场灾难有没有改变他们之后的生活，他们是更加虔诚还是动摇了信仰，是变得更好还是更坏。

所有人给他的答复都是一样的：灾难对他们毫无影响。他们大多数人都彻底破了产，但他们从打击中恢复过来之后，重新振作起来，好好生活，好像什么也没发生过一样。他们的虔诚没有增减一丝，他们的好坏没有改变一毫。

1936年1月，毛姆喜获丰收，离开圣洛朗，沿着巴拿马运河乘"二十世纪号"轮返回纽约。

第四章
南太平洋：星辰大海

毛姆童年

毛姆少年

毛姆青年

毛姆中年

毛姆老年

毛姆与丘吉尔

毛姆：一只贴满标签的旅行箱

遍地珠玑

夏威夷

1916年11月，毛姆和小哈一起前往南太平洋。

毛姆多年以来就梦想着远游，可是最远也只到过埃及，而那里的素材总是不尽如人意。他担心若是依然待在英国，能写的一点东西，全让《人生的枷锁》给囊括进去了，再也写不出好小说。并且，他脑子里装满了皮尔勒·洛蒂、斯蒂文森、维克多·谢阁兰等人的故事，期待到远方陌生的海角天涯去研究新的环境和新的人物。

此去南海，目标就是写一部关于高更的小说，他已经关注高更很多年。

他本想直达塔希提，但是他在纽约交识的一位出版商乔治·多兰却认为他应当先在夏威夷下船。这一建议后来产生了非常重要的效果：如果没有在夏威夷下船，就不会遇到他的最优秀短篇小说《雨》中女主人的原型汤普森小姐，也不会遇到替他赚几百万美金的证券经纪人伯特·阿兰森。

他们在夏威夷岛上的希罗去看基劳伊河火山喷火，那硫质的雾气使得毛姆咳嗽起来。旁边一个人说：

"见鬼，简直是到了地狱门口啦。"

"不对，这就是上帝的面目呀！"一位僧侣说。

在夏威夷，毛姆还听到一个中国人阿方的故事。他来到夏威夷，开始是做苦力，后来成了厨师，买了地，雇了中国劳工，最后发了财。他和一个葡萄牙的欧亚混血女人结了婚，生了一大群孩子。他的孩子接受的是美国式教育，他觉得自己在他们中间像个陌生人。他深深地鄙视西方文明。他想念自己年轻时的中国妻子，那时他住在一个海港城市，有一天他把家人召集起来，告诉他们自己要离开他们了。从此他便音信全无。

毛姆一直想根据这条素材写一篇小说，却一直没写，因为他发现杰克·伦敦早就写过了。

火奴鲁鲁

1916年11月4日，毛姆乘坐的"大北方"号在檀香山（火奴鲁鲁）停泊，他和小哈在那里观光了三个星期，下榻于亚历山大扬旅社。出于职业的兴趣，毛姆去过那里有名的艾维蕾红灯区（妓院区），甚至到其中一名妓女的房里去过，当然，他只是坐一坐就走了。

当时报纸上正在展开讨论关闭艾维蕾红灯区的事，1916年12月5日的一份报纸有这样一段文字：

"毛姆等人乘轮抵达悉尼。同行者有哈克斯顿、柯林斯、汤普森小姐、马尔昆夫妇……"显然，其中的汤普森小姐无疑就是他的短篇小说《雨》中的莎蒂·汤普森了。这是一个堕入风尘的女子，艾维蕾红灯区被关闭，她便失业了。她全身上下全是白，白衣白帽白高跟鞋，体态丰满，皮肤白皙，算是个金发美人。她到西萨摩亚的阿皮亚去想找个酒吧女郎的职业。这一路上，她的舱里总是聚集着一些人，一部带大喇叭的留声机日夜不停地唱着，吵得众人都不安宁。旅客们向水手长抗议，也无济于事。

毛姆干脆就写了一篇小说《火奴鲁鲁》。船长巴勒特的经历就是在旧金山和南太平洋打拼，基本上是以太平洋为家，先是在一艘客船上当大副，后来荣升为船长。那艘客船在加利福尼亚的海岸线定期往返。非常遗憾的是，有一次，发生了沉船事故，死了好几位乘客。

巴勒特船长因此被吊销了开船执照，只好跑到南太平洋讨生活。他现在掌管着一艘小型纵帆船，定期往返于火奴鲁鲁和邻近诸岛。那条船的船主是个中国人，聘用无照船长可以少付工钱，节省开支。况且，找白人做船长可以省去好多不必要的麻烦，更有利于他赚钱。

像往常一样，他们驾驶着这条破旧的纵帆船继续穿梭于太平洋上的众多小岛之间。船下浩瀚的太平洋风平浪静，船上一场精彩的大戏即将上演。

帕果帕果

他们航行的下一站是美属萨摩亚，即东萨摩亚。

这个岛位于夏威夷至新西兰的半程处，是由十个小岛组成的一片岛域。12月4日，毛姆乘坐的"沙洛玛号"轮抵达东萨摩亚首府帕果帕果。

毛姆看到的帕果帕果没有一丝风，酷热且多雨。刚刚还是一片蓝天，突然便可见一片浓黑的乌云飘至港湾入口，随后便是大雨如注。

在毛姆对帕果帕果的日记中，海岸陡直升起，成为小山，从山脚到山顶长满了茂盛的植被。椰子树沿小丘而生，十分茂密，林间可见萨摩亚人的草房，偶尔还会有一座小小的教堂在泛着白光。很快船到了进港处，慢慢驶入，靠了岸。

这个海港三面环陆，无比巨大，足以容下整整一支舰队，周围是高而陡峭的绿色山坡。靠近入口的地方，是矗立在一座花园里的总督府，能吹到海上来的微风。

他们的船到港后，一小群当地人、一群美国水兵，还有几位官员前来接客船入港。每三个星期才会有一条船从美国来，船的到来便成了一件大事。当地人拿来菠萝、大串的香蕉、桑树皮布衣服、项链、卡瓦树木碗，还有战斗独木舟的模型，和前往悉尼的客人做交易。

到了帕果帕果，毛姆庆幸再也不受汤普森小姐和那架留声机的侵扰，再没有那些趋之若鹜的男人们围着她转了。可是从这里前往西萨摩亚要先接受防疫注射，等待取消疫区封锁才能出入。让他意外的是，他和汤普森小姐不期而遇，成了邻居——他们都被安排在百老街的同一家寓所里。

天气闷热潮湿，有一种难闻的气味。热带雨季一开始，那雨便下得人连喘气的功夫都没有。毛姆满身长着疹子，没有几个星期还治不好。

一连几天，他在室内听着雨点永无休止地打在房顶的白铁皮上，叫人烦躁不已。可汤普森小姐的行为再次激怒了毛姆：她一到就勾搭上一个萨摩亚人，从她房间里不断传出钢丝床的响动声。然而，正是这百般厌烦之余，他那个经典的短篇小说出炉了。尽管他和那女人一句话也没说过，和那对牧师夫妇也只谈过一次话。那次谈话，牧师夫人也只是告诉他那里的女人没有一个规矩的（丈夫是这个教区的牧师，他们是回去述职后归来的）。

在毛姆的记事本上有这样一段：一名檀香山的妓女在那次行动以后，被迫跑到帕果帕果来了。同时来到这儿的还有一位医疗慈善机构的牧师和他的妻子。牧师发现那女人的职业后便百般迫害、侮辱，使她羞惭懊恼、无地自容。他还要去敦促当地政府把这个人撵回檀香山去。第二天早上，这位牧师的喉管被割破了，从现场看，还像是他自己干的。于是那女人又吐气扬眉了，看见男人就骂："都是些蠢猪！"

这就是《雨》（最初就叫《汤普森小姐》）的原始提要。

被迫在帕果帕果逗留期间，毛姆还构思好了短篇小说《奇妙的爱情》（又译为《红毛》《雷德》等）的主题，他认为这也是他的得意之作。

阿皮亚

禁令终于取消，他们乘坐一条破旧的72吨双桅纵帆船"曼努阿号"

毛姆：一只贴满标签的旅行箱

离开帕果帕果，前往乌波卢岛上的西萨摩亚首府阿皮亚。

船走得慢，汽油味又很难闻，毛姆难受得只好不停地喝茶、啃面包。那位美国船长告诉毛姆说，本地女人比白人女人强得多。这可正是毛姆想了解的东西。

毛姆认为阿皮亚比帕果帕果要好。天主教堂矗立在一丛丛可可树中间，海港岸上活动着一些割胶人，海面漂着本地人的独木舟，离岸不远处的一个珊瑚礁上，搁着1889年的12级台风中被毁掉的一艘德国战舰残骸。

毛姆和小哈下榻于中央大旅社。旅社经理以前是一个牙医助手，他自己酿酒供应旅客。这个人只要几杯下肚，就变得特别爱国，扬言旅社要停业，他要上前线去尽他的匹夫之责。

有一天晚上，他说要跟小哈打一架，因为小哈是美国人，而美国是中立国，他骂小哈是"惰民"，小哈揪住他的衣领说："来吧，我在救护车队里抢救回来的伤亡人员比你往这个酒吧间运的啤酒瓶还要多。你要上前线吗，走吧，我来代替你当这个家，帮你把用臭袜子、垃圾和马粪泡出来的又苦又涩的啤酒改进一下吧。"

毛姆看到的阿皮亚坐落在岸边椰树林中，是个乱哄哄的小镇子，镇上都是些木框架房屋，屋顶是红色的波纹铁皮。一座天主教堂，上下通白，高高耸起，算得上壮观。它旁边的几座新教礼拜堂看上去像会议室。这里很难说是供船舶出入的海港，只是一片由礁石围成的开放锚地。靠泊的船只很少，只有几只快艇、几艘捕鲸船、一两条摩托艇和几条土著们的独木舟。

在《叶之震颤》这部短篇小说集中，把这一类型的小说汇集在一起，背景在赤道，描写的都是某些人物的毁灭。这个集子包括了著名的《雨》，还有《红发小子》《池塘》(也译成《湖畔恋情》)《马金托什》《火奴鲁鲁》和《太平洋》。

短篇小说《池塘》的主角苏格兰人劳森娶了一个美丽的本地少女伊沙尔，本来很有希望得到幸福，但是他找到的却是失望，最后在池塘溺死。

小说的草稿写在一个蓝色封面的记事本上。每一页的正面标有页码，反面则没有页码。有页码的这一面写着正文，没有页码的那一面则注着修改的文字，不过修改的地方并不太多。

阿皮亚的新西兰总督是毛姆要会见的殖民地官员中的第一个人物。他记下的是："他把土人看作是子民，看作是没有理性却很有人性的人，谁也不许无理待之。"短篇小说《马金托什》就是根据这个原型塑造出来的。

离开阿皮亚之前，毛姆到斯蒂文森的墓地去朝拜了一次，并游历了斐济和汤加岛，然后经由新西兰到塔希提，并从那里搭香蕉船经苏瓦到奥克兰。

1917年1月30日，毛姆到达新西兰的威灵顿，下榻于米兰旅社。他给弗莱明写信说：

"战争使得我们所有的人都来到天之涯海之角，这些真是做梦也不会想到要来的地方。""新西兰这地方真好，因为它太像咱们英国了，我想威灵顿像咱们西部的哪一个城市，多像布里斯托或者普利茅斯呀！我承认我有点思乡了。"

斐济

毛姆在《作家笔记》里详细记录了位于苏瓦（斐济首都）的一家中央大酒店：

这是一座两层的大楼房，墙面刷了灰泥，四周环绕着游廊。屋内凉爽、宽敞。它有一座很大的客厅，里面摆着舒适的椅子，电扇一刻不停

地转着。服务员是印度人，寡言少语，隐约带点敌意，光着脚，穿着干净的白色制服，裹着缠头巾。食物很差，但房间很舒适，清新而凉爽。酒店只住了不多几个人：一个公司代表和家人，几个候船的人，还有几个从其他岛上来的官员，到苏瓦出差或度假。

毛姆在斐济时记下他遇到的两个男人。那二人彼此厌恶，互不说话，但却因工作而不得不在一起。每天晚上他们都醉得稀里糊涂。一天晚上，来了一个老牧师，是个法国人，在岛上住了好多年了。他们请他吃了晚餐，并留他住一晚，他则向他们讲莎士比亚和华兹华斯。

他们听着他说话，无比惊异。他们问他怎么会跑到这么个地方来。他回答说他生性耽于饮食声色，专好寻欢作乐，甚至有些后悔做了牧师，他觉得普通的生活才适合他，而正因为自己太热爱生活中所有美好的东西，他将自己同它们隔绝开来。现在他老了，一切都结束了。他们问他自己觉得这样做值不值。从他身上，他们隐约看到了生命的高尚，在这之前他们从没悟到过这点。

两个男人的目光相遇，其中一个向对方伸出了手。

重游

1920年，毛姆为了躲避妻子西莉，在美国住了一年，主要是跟好莱坞打交道。1921年2月毛姆和小哈离开洛杉矶，他们先去了旧金山，在那儿和金融家阿兰森共度了几日。21日，开始他的第二次南太平洋之行，先乘船去了火奴鲁鲁，又从那里去了澳大利亚，然后动身去最后一站新加坡。

这次出行后的作品直到1932年才出版，这就是《偏僻的角落》（也译为《窄角》）。此时他的声誉如日中天，这本书在大西洋两岸同时连载，并且再次成为畅销书。

尼柯尔斯船长，品行不端，他驾了船带着年轻温和的杀人犯弗瑞德绕南太平洋而行。弗瑞德在澳大利亚时杀害了情妇的丈夫，正等着当地的风头过去。尼柯尔斯船长曾在《月亮与六便士》里短短地露了一下面。毛姆以精湛的技巧明确地描绘出南太平洋的风土人情，与庄严的群岛和淡漠的大自然相较之下，南太平洋遥不可测和对人类所造成的灾害就显得毫不重要了。

毛姆的悲观思想在这里到达了极点。桑德斯医生和尼柯尔斯船长都是无可救药了，如果他们在漫长的航程之后，仍能活着，那是因为他们全无想头，全无希望，而炽情只会导致灾祸和死亡。

《偏僻的角落》还可以看成是毛姆生命中的转折点，1933年毛姆从戏剧界隐退了。

两次南太平洋之行，毛姆记下沿途的点点滴滴。他在小说《火奴鲁鲁》中提到"往咖啡里放盐"，"这样会增添香气，别有风味，口感既新奇又令人着迷"，而"有些地方被浪漫的光环围绕，眼见之时，你必然要经历那种不可避免的破灭感，也别有一番情趣"。

无疑，多彩的旅程证明，毛姆本人就是那个往咖啡里放盐的人，因为他最后都将看似平常的游历见闻点化成了一篇篇脍炙人口的佳作。

毛姆：一只贴满标签的旅行箱

阿兰森：金兰之契

1916年11月的南太平洋之旅，毛姆还收获了一份堪比金坚的友谊——遇到他命中的"财神"伯特·阿兰森。

在去往火奴鲁鲁的"大北方号"上，400多名乘客中，有商业代表团成员、有度蜜月的青年、有遵医嘱去旅游的老年，这中间就有一位高个子、气度不凡的人，他就是证券经纪人阿兰森。

毛姆与阿兰森一见如故。船抵夏威夷后，二人结伴同游。他们互相之间推崇备至。毛姆认为阿兰森和自己一样是个大有才干的人，深谙生财之道。阿兰森的父亲是德国犹太人，在危地马拉拥有一处咖啡园。他于1887年生于旧金山，童年在危地马拉度过，并在那里读大学。后来的地震毁了咖啡园，阿兰森于1908年回到旧金山，在证券交易所获得一席之地，成了交易所中最年轻的人。

阿兰森颇具艺术鉴赏力，喜欢意大利歌剧，能读塞万提斯的原文作品。他与哥哥开设了阿兰森兄弟公司，生意兴隆，事业兴旺。阿兰森结婚后住在旧金山一所最漂亮的房子里。和毛姆一样，他也爱挑剔，过分讲究穿着，不管有客人与否，吃饭都要更衣，穿上长袍，打上黑领带。

1921年，毛姆在爪哇，接到一份电报——在纽约的经纪公司特里普突然破产，这使毛姆损失了很大一部分存款。"我很心烦，"他抱怨道，"我一直在攒钱，就是为了不必再让自己为了钱而写作。"

这时他向阿兰森求助，让他给自己介绍一个可靠的美国证券经纪公司，阿兰森立刻毛遂自荐，愿意为毛姆管理他的投资产品：他已经替毛姆做了几份投资，现在他要接手其余的部分，为了表示对毛姆的钦佩和友情，他决定不收佣金。

当然毛姆也以各种方式回报阿兰森：1917年，毛姆在俄国时给他发过一封密电，提醒他卢布要贬值，这让他避免了一笔极大的损失。

自1922年起阿兰森一直为毛姆掌管财务，直至1958年去世。他让毛姆成了大富翁。他们之间的通信多达600封，他也拥有毛姆全部作品最初版本的版权，《叶之震颤》的扉页上写着"献给伯特·阿兰森"。

阿兰森也有一双势利眼，他因为朋友中有知名人士而趾高气扬。毛姆有时来访，桌上总少不了鱼子酱和香槟酒，杜松子酒特地掺上艾酒，这是别人根本无法买到的东西。他家还有一架高级钢琴，他的另一位尊贵的朋友、著名的俄国钢琴家鲁宾斯坦来到旧金山时，总会到他家弹弹琴。

毛姆曾以各种不同的方式把他和阿兰森的一个故事告诉别人：有一次，他把一笔来自好莱坞的改编费交给阿兰森去投资，过后自己就忘了。许多年后想起来时，发现那笔钱已经连本带利翻了几番。那是1949年，阿兰森到莫雷斯克去看望毛姆，毛姆的秘书艾伦说："你好久以前提到过你曾给他一万五千元美金，请他替你投资，打那以后他只字不提这事，如今他到这儿来了，你何不问问他呀？"

"我没有想起这件事，"毛姆说，"说不定是赔了，提出这事叫他为难不好。其实这也无所谓。"

阿兰森离开的那天，午餐时，毛姆说："你还记得在好莱坞时我给你的那一万五千元美金吗？可能是赔了，那也没啥，我只是偶然想起问一声罢了。"

"记得，记得，"阿兰森说，"没有赔哩，我以本求利，以利还本，一直在替你翻着哩，现在大约已经有一百万元以上了。"

毛姆：一只贴满标签的旅行箱

毛姆和艾伦面面相觑。

生活奢靡的毛姆非常感激阿兰森这个"财神"，把他视为良友。毛姆把阿兰森看作是一个魔术师，他真想不到存进去的为数不多的钱，在时间的魔法中居然滚成了一笔巨大的进项。

毛姆只要有了一笔意外收入，就给阿兰森拿去投资。阿兰森替他把钱投向信得过的厂家，还按照毛姆的交待，以两个秘书小哈和艾伦的名义，或侄儿罗宾、毛姆的外孙儿女的名义到处存上一笔。

随着年岁的增长，对毛姆而言，金钱的意义越发凸显：金钱能给他带来人身和艺术自由，允许他在愿意时出手慷慨，必要时换取宁静。他买得起最好的东西，在一定程度上补偿他青年时的物质匮乏。

1947年，他为青年作家设立了一项旅行奖学金——毛姆文学奖。

金钱更使他和阿兰森之间的友谊具有一种别样的深度和质感。毛姆生性多疑，却完全信任阿兰森，对他的感激和依赖从未动摇过。"你是个很棒的朋友。""我永远也报答不完这些年你对我的关照，只能对你付出深沉且真挚的情感。"

在一次给阿兰森的信中，他写道："……从洛杉矶到檀香山的船上能遇上你这个人，是多么走运呀。要不是有了这笔钱，我的房子又从何来呢？想出去走走，又怎么能有旅费呢？我能够说的只是谢谢你，谢谢你，谢谢你。"

1958年，阿兰森因癌症离世。毛姆又在世间行走了七年。

多彩塔希提

1917年2月,毛姆和小哈抵达塔希提,并在那里游览一个多月。他此行的目的就是高更,并根据他的事迹写一部小说。

高更自1890年来到塔希提,本想实现自己的梦想,但他在这里穷愁潦倒,与教会、政府龃龉日深,只好隐姓埋名,远离人群。他生性粗鲁、生硬,1898年,由于失望,曾想服毒自杀,被救过来。1901年他离开塔希提前往马克萨斯群岛,靠面包果和水活下来,直到1903年去世。帕皮提各报刊登讣告说:"高更是那种无政府主义之类的人,他蔑视传统,蔑视一切规则,导致他那对艺术与人生的过分简单的观念。"

高更生前说他的画只要每幅能卖上两百法郎他就心满意足了。然而在他身后,那些画都卖到几千美金一幅。

毛姆调查高更的办法是打发小哈充当素材收集员。

小哈酒馆进,茶馆出,一鳞半爪地道听途说,同时把一些毛姆想见的人找来。果然其中不少人都或多或少了解高更的事迹。一个珍珠收藏家告诉毛姆说高更攻击每一个人,酗酒,吃了又不给钱,还注射吗啡。毛姆访问过的多数人都认为高更是个野蛮人,但也都自我责备对高更的画不识货,那可是些无价之宝呀。

毛姆还遇到过勃兰德船长,高更坐一艘纵帆船到马克萨斯去时他正好也在那条船上,而且这个人后来还目睹了高更之死。

有一天,毛姆驱车到35英里外的前法国保护地的一位酋长的遗孀那

里走访。那女人告诉他就在附近的一家居民藏有高更的许多幅画,毛姆一听,垂涎三尺,立即请她带他前去。

那是一栋破旧的屋子,主人叫他们进屋去,毛姆一抬眼就望见一幅画在门上的高更画。高更卧病时,承蒙这位主人的爹娘照料,出于感激,他给这屋子的三扇门上都各画上一幅画,其中两幅已被人连同木板取走了;第三幅画的是塔希提之夜:一只兔子,一棵繁花盛开的树,倒是保存得很完好,毛姆问可否卖给他,那人说:"那我就得另外弄一扇门来了。"

"你说要多少钱吧?"毛姆问。

"一百法郎。""行呀,我给两百好啦。"毛姆说。怕那人反悔,毛姆和小哈忙不迭地下掉绞链,把门取了下来。到了那位遗孀家,又把门的下边锯掉,只把画那一部分带到帕皮提再转运回英国。1962年,毛姆出卖他收藏的名画时,这半截门卖了37400美金。

毛姆很是喜欢帕皮提,这里树荫茂密,空气宁静。他常到德罗勃特酒店去喝咖啡,也爱出没在那众多水手喧闹的帕·鲍甘维内剧场。而小哈则闲来无事专事叉鱼。

商铺和办公楼沿海滩而建,岸边有长长一排老树,树叶浓绿茂密,其间还掺杂着猩红的凤凰木,让绿色显得更为鲜亮。街上的建筑、邮局,还有大洋洲航运公司的办公楼不像太平洋诸岛上多数建筑那样严肃、务实、沉闷,它们看上去华丽俗艳,但颇让人觉得愉悦。海滩以及海滩上郁郁葱葱的树木都带有一些法国风情,让他想起都兰某个外省小城的城垣。

帕皮提城里尽管有英国和美国的商店,以及中国人开的小店,但整体上暗暗透着法国风格。它整洁得迷人,而且舒适惬意。可以感觉到人们是在这儿生活的,他们攫取利润的欲望绝对没有英国殖民岛上的人们那样明显。道路很好,就同法国的许多道路一样,建设、保养皆优,路两旁种着树，洒下可喜的阴凉。

海滩旁，有一个砖石砌的洗衣处，笼罩在一棵巨大的芒果树荫之下，旁边还有一大蓬竹子。整个城镇却有着一种异国情调，给了它一种特质。

除了塔希提语，当地人也能说些英语和法语。他们说法语时有点拖沓，那口音让毛姆联想到在巴黎的俄国留学生。每座小房子都有一个小花园环绕，园里的植物肆意生长，无人打理，整个园子就是一片乱糟糟的树木加上俗丽的花朵。

塔希提人通常穿长裤，着衬衫，戴巨大的草帽。他们看起来比大多数波利尼西亚人体态轻盈。女人们穿着宽松的长袍，不过很多都穿黑色。

毛姆记下了当时的蒂阿瑞旅馆。一百年后的2017年，本书作者专程前往塔希提追寻毛姆足迹，特地在这家旅馆住了两夜（见《蒂阿瑞旅馆：倏忽百年》）。

8个月后，作为间谍的毛姆从俄国回英国执行任务时，英国海军把他送到克里斯蒂安尼亚（挪威首都奥斯陆的旧称），他在等船时参观当地美术馆，竟看到高更的一幅静物，画的是各式水果，有芒果、香蕉、柿子，他当时记了这样的笔记：

色彩无比奇特，真难用言语描述它们会让人产生多么纷乱的情感。……谁知道是何等扭曲的想象力创造出了这些水果？它们像是长在赫斯帕里得斯波利尼西亚的花园里。它们看上去异常特别，似乎它们生长在凡世那段混沌的历史时期，彼时万物皆未定型。它们极尽奢华，带着浓郁的热带风情。它们自己似乎也拥有严肃忧郁的情感。

在毛姆眼里，这一切似被施了魔法。这也是他一直对塔希提念念不忘的缘由，后来他把对这幅画的印象直接写进了塔希提之行的重大成果——《月亮与六便士》，即思特里克兰德最后的那幅画。

毛姆：一只贴满标签的旅行箱

　　这部书中的布列塔尼人布吕诺，与妻子来到包莫图斯群岛。包莫图斯群岛在法属波利尼西亚的五大群岛中面积最大，从地图上看犹如首府塔希提的一道屏障。2017年国庆节期间，笔者曾在帕皮提与马克萨斯群岛的希瓦欧阿和努库希瓦之间空中穿梭，机翼下掠过许多环形珊瑚岛，那里就有布吕诺船长开创新生活的包莫图斯。

　　在近年的资料中，有数据统计，包莫图斯群岛的所有岛屿中，只有41个有人类居住，而在一百多年前，这个数字应该更小。布吕诺船长与妻子离开布列塔尼来到遥远的新天地，开辟的就是一个无人岛，这种拓荒人生被他称为——"生活的艺术"。布吕诺船长经常来往于南太平洋各岛之间，当他到帕皮提进货时，与思特里克兰德因下棋结识并结下不远不近的友谊。

　　毛姆此行还去了特提亚岛（当时译为泰蒂亚罗阿岛）。

　　他们乘坐一条烧汽油的小快艇，凌晨一点出发，因为那段时间海面最为平静，穿过礁石也要容易些。夜间四周一片寂静，非常惬意。空气温和宜人。天上的星星倒映在环礁内的水中。没有一丝风。他们在甲板上铺一条毛毯，舒舒服服地躺下。环礁外的太平洋同往常一样波浪起伏。

　　海滩上的白沙银光闪闪，毛姆在许多书中读过这样的情景，走在阳光下的沙滩上，亮晃晃的，让人不敢直视。

　　在毛姆登岛的40年后，特提亚岛与一位明星发生神奇的交集。他就是马龙白兰度。

　　1960年，马龙白兰度首次来到塔希提拍摄《叛舰喋血记》，期间曾到特提亚岛取景，他被岛上的风景深深地吸引，决定拥有这里。后来，他娶了塔希提姑娘塔丽塔为妻，并在1967年买下了特提亚岛安享晚年。

　　如今的特提亚岛是个私人度假村，只能通过专属内陆航班才能前往，帕皮提和莫里阿岛乘坐飞机15分钟内即可到达，私密性极佳，是世界上顶级的生态度假村，许多明星都以到那里度假为荣。

塔希提诸岛的许多美景，潟湖、沙滩、夜晚，都在《月亮与六便士》中有所描述。比如他提到的夜景：夜静极了，真是美妙。南十字座和老人星，群星璀璨，无比耀眼。一丝风都没有，空气温和宜人，透着奇妙的芳香。天空映着椰子树的轮廓，它们似乎在侧耳倾听着什么。时不时有一只海鸟发出一声哀鸣。

除了《月亮与六便士》，塔希提之行还有一个短篇——《爱德华·巴纳德的堕落》。

在芝加哥的爱德华和贝特曼是一对好朋友，他们同时爱上了美丽高贵的伊莎贝尔，伊莎贝尔却爱上了爱德华，贝特曼只好默默守护着他俩，忠于朋友，保持着自己的优秀品质。

然而，爱德华家破产了，自认无法再娶伊莎贝尔，决定去塔西提去挣钱，承诺两年后回来结婚。然而，两年后，爱德华却"给一个脏兮兮的黑人扯三码半烂布头儿"，他融入了塔希提的生活，不顾"体面"地围着"帕瑞欧"戴着花环，光着脚走路，甚至和诈骗犯阿诺德混在了一起，还准备娶他的女儿，从阿诺德那里继承一座岛，来种椰子。

最后，伊莎贝尔表达了对贝特曼的爱意。在贝特曼怀里，她想拥有一所富丽堂皇的房子，摆满古老高贵的家具，邀请最上流的客人来做客。他们一起哀叹着——"可怜的爱德华。"

毛姆对塔希提的顾念一直没能泯灭，去世前一年，时而糊涂，他对罗宾说："我想知道塔希提岛在什么地方。遗憾的是，我对此是一无所知的。肯定它是在哪个海里。"

毛姆：一只贴满标签的旅行箱

南纬17度，一百年后的遇见

  沿着一百年前毛姆的足迹，2017年国庆节，我从上海启程，经停东京，乘坐大溪地航空班机前往塔希提，一下子从中国的秋天穿越"回"到塔希提的夏天，梦呓般，就站在了蒂阿瑞旅馆（Hotel Tiare Tahiti）门前。

  码头的海湾里，船帆林立之间一艘豪华客轮——高更号正静静停泊，门前的海滨大道站满了椰姿蕉影，眼前的攘攘凡尘间，仿佛有一个人正悄悄走过来，以他惯于嘲讽的眼神瞟一下四周，依然与身边那个英俊男孩仰头打量着门牌，土著人为他们提着行李，他们的身影定格在旅馆门口回头的刹那。而对于我，则把这一幕镶进一帧发黄的画框，题为：毛姆抵达塔希提。

  心，隐隐地跳，但不惊惶，日奔两万里，越洲跨洋，我就是来寻找他的。100年8个月零10天后，南纬17度的一个正午，阴阳暌违之间，我似乎接住了毛姆散落于地球这一隅的气息。

  毛姆在100年前的路线是，1916年11月，在旧金山乘"大北方号"先到夏威夷，14日到达火奴鲁鲁，再到帕果帕果，之后是斐济、汤加、新西兰威灵顿（今惠灵顿），1917年2月4号到达塔希提，一直到4月8号离开。我在法属波利尼西亚半个月，不仅沿着毛姆在塔希提的足迹，还专程前往马克萨斯群岛的希瓦欧阿岛，那里是毛姆主人公最后的栖息地。

  我的塔希提之旅，友人定性为"疯狂"，显然不能冀望世间所有人都理解这样的抵达，正如并非所有人都了解毛姆在一战时的经历：开救护车，医院救护，后来他竟主动请缨，作家的羽衣遮蔽下，间谍毛姆开始在日内瓦湖畔出没……不久，他染上肺病，刚刚走出疗养院，他"……想恢复心境的平和，于是我决定去南海。我从年轻时就读《退潮》《营救者》，一直想去那儿，此外我还想为自己一直构思的一部以高更一生为基础的小说获取素材"。

毛姆惯于把热情表现为冷静，却在这一路满怀对"美和浪漫"的期待。他找到了所期望的一切，但他眼里"诺阿诺阿"（塔希提语：香呵香呵）的自然风光"并不比希腊和南意大利更美"，真正使他兴奋的是他遇见的一个又一个人，他在笔记本上记满了对他们容貌和性格的简短描述，"某个暗示，某桩意外，或是某个精心的创造"——"很多故事开始围绕着其中最生动的内容形成了"，《月亮与六便士》《爱德华·巴纳德的堕落》，堪此担当。

为什么他没能像高更一样留在塔希提？直到真正踏上这片土地，终于明白：这是两个多么不同的人啊！对于毛姆，太平洋的幽寂沉静，塔希提的丽日沛霖，皆成为他的富矿，不仅在《作家笔记》《总结》中热情洋溢着，更有了小说集《一片树叶的颤动》。当然，若论不朽，必属《月亮与六便士》。

在世人眼里，这才是毛姆的塔希提！感谢他生命中翻江倒海的美与浪漫，如此，才有了一个不一样的塔希提。

如今的 Tiare Tahiti Hotel，是个高五层的白色建筑，与海湾美景零距离，树影花魂，摇曳生姿。进至酒店，更是满室的花意，各式印花布装饰着从大堂、走廊到房间的各式用具，强烈地突出着"Tiare"主题……100 年前，毛姆选择这间旅馆，必是因为名号中的"Tiare"。他笔下的 Tiare 应是二层，在二楼房间的露台上，尼柯尔斯船长为他讲述着困于马赛的思特里克兰德，探头就看到船长的妻子在楼下"来回走动"，船长 7 岁的小女儿哭啼着来找父亲；厨房里，他与胖胖的老板娘蒂阿瑞闲聊，

毛姆：一只贴满标签的旅行箱

笑眯眯地看她与中国厨子吵架，随手把一只鞋子狠狠地扔向一只偷食的猫……蒂阿瑞一边择菜，一边告诉他，她给思特里克兰德介绍了年轻的土著妻子爱塔……

当然，100年，足以过滤如烟的旧事，塔希提几无《月亮与六便士》的气息，更无他的名字，就连高更也淡之又淡。仿佛那个"被魔鬼附了体"而弃家出走，为了追求艺术理想和灵魂的宁静远遁到与世隔绝的塔希提的白人高更，已经被100年吞噬。毛姆曾让"高更"固执地仰望月亮，现实里的高更却时常被六便士打翻在地……

离开塔希提几个月后，毛姆回到美国，旋即恢复间谍生涯，这次是被派往俄国奉命阻止布尔什维克党的行动，他暗佩手枪，周旋于克伦斯基等政要名流之间，谍影幢幢中迎来"十月革命"。

写这篇文章的那天，一看日历，正是2017年11月7日（俄历10月25日），十月革命纪念日，100年过去，连俄罗斯也低调地面对这个曾经风云激荡的日子。每当想起那段惊心动魄的历史关头竟有一个作家穿行其间，隔空与普希金握手，转身远观列宁挥舞的拳头，隐入彼得格勒街头的喧闹，如幽灵般再回到某高级宾馆客房里……此刻回望刚刚抛入身后的南太平洋，好想看清毛姆的面部颜色……

塔希提椰风轻摇，欧洲战场战火连天，冷静毒舌的作家毛姆，神秘吊诡的间谍毛姆，幽默诙谐的戏剧家毛姆，快意淋漓的旅行家毛姆……能否瞬间把它们统一起来？

当他躺在松软的沙滩上，头顶上椰子树风情地颔首，身边的露兜树叶吻着他的脸颊，他悠闲地欣赏着土著人叉鱼，他会如何想念此前和此后那些以命相抵的间谍生涯？

100年后，当我站在蒂阿瑞旅馆的门前，这样的"想着"，无疑是一个动词，犹如他老人家正将一粒佛罗那递过来，笔者的一颗躁动的心立即被抚慰着，安宁下来。

蒂阿瑞旅馆：倏忽百年

位于帕皮提市中心海滨大道边的蒂阿瑞旅馆，堪称《月亮与六便士》的素材库，也是我塔希提之行的最重要目的地之一。行程的最后，从波拉波拉回到帕皮提，终于住进毛姆100年前的下榻之地。

多部毛姆传记详细描述过毛姆于1917年2月初抵达塔希提的过程，他就住在帕皮提的"鸡蛋花旅馆"，旅馆老板娘的真实名字——鲁瓦伊娜·查普曼。毛姆把"Tiare Tahiti"移到书中，成为"鲜花旅馆"，鲁瓦伊娜·查普曼则成为"蒂阿瑞"。

尽管"鲜花旅馆"出现于《月亮与六便士》的后半部，但它与老板娘蒂阿瑞一样，都很有"料儿"。

不擅长交际的毛姆，在旅馆里悄悄搞着他的高更研究，而小哈到处闲逛为他收集素材。那时毛姆一方面欣赏塔希提极美的天然景致，另一方面集中收集高更及大溪地资料，老板娘蒂阿瑞为他提供了高更的一切，并介绍一些与高更有关的人让他认识。

"Tiare旅馆位置优越，离海滩只有几步"，毛姆在书中对旅馆位置这样描述。100年前尚无机场，法阿机场1962年才建成，彼时毛姆只能从水路抵达。也因此，当我从机场前往旅馆的路上，心始终"嘭彭"跳个不停，毕竟这个旅馆的模样在意念中多次想象模拟。这可是毛姆在100年前踩踏并生活了一个多月的住所！

站在门前的瞬间，让自己屏住呼吸，一寸寸搜寻着毛姆100年前的

毛姆：一只贴满标签的旅行箱

痕迹。没错，旅馆隔一条宽阔的海滨大道，相接的就是海湾。一眼望去，大路上汽车川流不息，海湾里船帆林立，一艘乳白色的豪华客轮——高更号正静静停泊，门前的海滨大道站满了椰姿蕉影……那个胖胖的老板娘蒂阿瑞，会在哪里？

对于旅馆外部环境的描述，毛姆在《作家笔记》里写得更为详细，"从城郊的海关大楼步行到这家旅馆大概需要五分钟，而你一走出旅馆大门就到了农村。旅馆前面是一个小花园，里面开满了鲜花，周围环绕着咖啡树篱。旅馆后面是个大场院，种着一棵面包树，一棵鳄梨树，还有夹竹桃和芋头。你如果午餐想要只梨，从树上摘就是了。"

100年后，模样依稀。从位于码头的海关大楼到这里的确只有很近的距离。隔壁相邻就是繁华的街市，各种门店与蒂阿瑞旅馆并排在一座骑楼上。从这里去往帕皮提的各个景点都很方便。彼时的楼房、餐馆、政府机关等建筑肯定少之又少，我收集过毛姆在许多国家的黑白照片，但在大溪地却没留下哪怕一张。只好随他的文字触摸大溪地。

对于蒂阿瑞旅馆的内部结构，《月亮与六便士》里做了这样的介绍："客厅并不大，摆着一架简易式的钢琴，沿着四边墙壁整齐齐地摆着一套菲律宾红木家具，上面铺着烙着花的丝绒罩子，……虽然蒂阿瑞已经又老又胖，可是有几次我们还是把布鲁塞尔地毯卷起来，请来在旅馆里干活的女孩子同蒂阿瑞的两个朋友，跳起舞来，只不过伴奏的是由一台像害了气喘病似的唱机放出的音乐而已。露台上，空气里弥漫着蒂阿瑞花的浓郁香气，头顶上，南十字座星在万里无云的天空上闪烁发光。"

这段文字，没能说明旅馆是平房还是楼房。但在毛姆的《总结》和《作家笔记》以及其他多篇文章中，对于他在帕皮提下榻的旅馆都有详细描述。例如在《作家笔记》里，他写道："旅馆是座平房，四面是露台，辟出了一块用作餐厅。有一间不大的会客室，地上铺着打蜡镶木地板，摆着钢琴和曲木家具，都盖着天鹅绒。卧室又小又暗。"

100年后的蒂阿瑞旅馆,高五层,奶白色外墙面,稍远望去,就像海湾里那艘"高更号"的形状。前室可以欣赏到海湾的美景、游艇和海港里来来往往的游船。我们的房间就给到了五层一侧,虽未正对海湾,但也能看到位于酒店东侧的大片海景以及城市风光。餐厅早已不是"独栋",而是位于一楼与二楼之间的夹层,餐布和椅套都是充满大溪地风情的鲜花布做成,温馨而具有视觉冲击。

客厅并不大,也就是进门处的顾客临时休息室。正对吧台,墙纸是一种米黄色草席,其间点缀着用各种花布做成的图案,以及各种形状的草编饰品,两只藤椅上也是花布椅垫,给人一种独特的装饰感。墙上挂着一个长方形玻璃框,里面有一只硕大的雄鸡,上面有中文"鸡年万事如意,信义堂同仁敬贺"的字样,但是繁体字,看得出,应来自港澳台。

前台值班的一位女士,无一例外地在右耳插着一朵洁白的蒂阿瑞花,一件圆领大花上衣,宽边眼镜,她身上有一种公事公办的正经表情,绝无毛姆笔下的蒂阿瑞那开朗活泼的热辣性格。不过仍能从她黑胖的外表依稀看到蒂阿瑞的身影。

毛姆把"鲜花旅馆"的老板娘取名蒂阿瑞,很是机趣空灵,令人感到兴味悠长。蒂阿瑞是一个有着一半塔希提血统的女人,个性十足,魅力依然,在整个南太平洋地区名声赫赫。蒋勋说,花的争奇斗艳,隐含着生命。这句话放在这里,既说给蒂阿瑞花,也说给蒂阿瑞这个女人。这样一个配角,别指望她多么端庄高尚,也别试图从她身上挖掘什么人性的光辉,她就是一个女人的俗世代表,蒂阿瑞"只喜欢三样东西:笑话,酒,漂亮男人"。

但这又是一个善良可爱的女人,蒂阿瑞的长相乏善可陈,只那肥胖就让人望而却步了。这又是一个活力四射的女人,弥勒佛一样的女人,天生菩萨心肠,看不得别人受苦,乐善好施放在她身上恰如其分,用眼下中国的流行语就是"身上充满了正能量"。

因为有了蒂阿瑞，毛姆笔下的鲜花旅馆就像慈善机构，她热心帮助所有旅客和非旅客，即，只要让她看到饥寒交加的人，她没有坐视不理的。最为关键的，蒂阿瑞和她的蒂阿瑞旅馆成就了思特里克兰德的最后姻缘，不但思特里克兰德就是蒂阿瑞让茶房从外面找回来的，她还把自己的远房亲戚、17岁的土著女孩爱塔嫁给了思特里克兰德。

想想看，没有她这个"月老"，思特里克兰德哪来最后安稳殷实的岁月静好？宽松安宁的创作环境又从何而来？

第五章
东方之魅

毛姆童年

毛姆少年

毛姆青年

毛姆中年

毛姆老年

毛姆与丘吉尔

中国屏风

踏足中国

1919年秋天,一部热剧的上演让毛姆的钱袋又鼓了不少。他早就渴望去中国体验生活了。他从利物浦出发去美国,接上正在芝加哥的小哈,从1916年的南太平洋之旅开始,他的旅途再也不能缺少这个人。

他们从西海岸乘船先到香港,之后是上海、北京和北部的奉天(沈阳),最后经由日本和苏伊士运河回家。

毛姆说"中国令人陶醉"(其实他在任何获得灵感的地方都是陶醉的),他也表示这个国家可以"给你一切"。

他到访的那段时间,中国正处于动荡之中。

1912年推翻帝制后,大部分国土落入封建军阀手中。一种近乎中世纪的封建经济和一心想要现代化和改革的学生运动之间产生了深层分裂。风雨飘摇中,名不副实的北京政府虽然在国外得到了正式承认,各大强国也在北京设立了大使馆,但在国内却基本上处于被忽视的状态。

这是毛姆第一次到一个不会说当地语言的国家,离开大城市基本上要靠翻译,好在他关注点广泛,既有中国风物,也有那些背井离乡生活在中国的西方人。

毛姆和小哈停靠的第一站是香港,这里明显具有英国风格,干净、高效,设有俱乐部、赛马场、网球场,铺着印花棉布的舒服的客厅;他看到的上海则是一个商业气息浓重的大都市，别有一番风味。大银行和商铺设在外滩，街上车水马龙，繁忙的夜生活围绕着餐馆和夜总会展开，经营者大多是从近来发生革命的俄国逃出来的白俄。上海和其他大都市一样，各种性趣味都可以得到满足，著名的男妓院尤其受欧洲人的欢迎。

尽管在中国旅行很麻烦，也很缓慢，但毛姆和小哈还是走了很远的路，他们身后有一队戴着大草帽、穿着蓝衣衫的苦力们用扁担挑着他们的行李。他们体验了各种交通工具，坐过轿子，骑过小马。

有一次他们连续走了几天，晚上住在乡下破陋的客栈里，有时甚至睡在光秃秃的土地上。他们乘坐的舢板沿长江行了1500英里到达成都，日落时分，从带雉堞的城墙上甚至可以望见西藏的雪山。

乡下的美景让毛姆着迷，这不同于北京、上海、香港这些大都市：翡翠绿的稻田，路边优雅的竹林，宽阔的平原，狭隘的山道，窄窄的运河，宝塔和寺庙，带飞檐的农舍和村落。毛姆一路在纸上记录着，经常是在移动过程中匆匆记下，比如坐在滑竿上或在一条顺流而下的舢板上。

一路上，他们参观过圣祠和庙宇，去茶室和大烟馆坐过，见过农夫拉着行动迟缓的水牛犁地，见过小脚女人在路上摇摇晃晃地走。夜晚他们看见好几条舢板，帆在月光下如幽灵一般。一次，他们在一个偏僻的地方看到一群蒙古部落的男人穿着黑色的绸衣绸裤，脚上蹬着翘头的靴子。

当然，他们看到的风景并非总是"如画"：在一处山坡上的墓地，一座可怕的小塔，那是中国人丢弃女婴的地方。毛姆写道：

塔边胡乱丢弃了许多只破篮筐。我绕了一圈，看到一边有十八乘八英寸那么大一个长方形的洞，洞口垂下一条粗绳子，洞里散发出一股奇怪的恶心气味……这是一座婴儿塔，那些篮筐是装婴儿用的，拽着那条绳子就能轻轻地放下去，那个气味就是来自腐烂的尸体。我站在那里，

一个活泼的小男孩向我走过来,告诉我,那天上午就送来了四个婴儿。

对于毛姆,北京"真是一次丰富灵魂的经历,""世界上安度余生最惬意的城市之一"。这里城中有城,紫禁城、皇城、中国城都被厚实的城墙围绕,"城里有庙、宫殿、湖、花园、塔和兔窝式的居民区"。每条宽阔的林荫道都被一大片小胡同围绕,一个门洞会通向一系列芬芳别致的庭院,或者散发着垃圾臭味的拥挤大杂院。

毛姆看到的北京城还没有下水道,街上到处是明沟,每天早晨会有人把粪便运到城外做肥料,"令人作呕的恶臭"扑面而来。

和喧闹的上海不同,北京的机动车很少,最常见的交通工具是黄包车,充气轮胎很安静,车夫脚上穿的也是软布鞋。大部分外国人住在公使馆里,那里有俱乐部和一两个欧式风格的宾馆。侨民有丰富的社交生活:骑马,在西山野餐、舞会、午餐会,还有外交晚宴。

作为贵客,毛姆自然接到了邀请,他们的浮华和礼节都被毛姆一丝不苟地记录下来。更合他口味的是在城里畅通无阻地漫步,逛市场,看玉器和金器,观察人群:女人、孩子,还有提笼架鸟的老人。

和波利尼西亚一样,毛姆在中国遇到了美国和欧洲的医生、外交官、商人和传教士,他们和他们太太的生活是他观察的对象。他的笔记本里写满了他们的故事:领事、大班、恨嫁的老处女、讨厌本职工作的传教士、想家想疯了的英美烟草公司代理商,还有来自法国南部生活在白墙修道院内思念家人的圣洁女院长。

很多热情的在华英国人款待了毛姆。然而,在毛姆看来,那些成天赴宴的人只是因为他们无事可做,他们相互之间也厌烦得要死;那些和他接触的传教士口中不断诉说中国人的善良,心里其实恨着中国人,而且凡是他意志上所爱的,他灵魂上都厌恶。

毛姆还遇见一位极其热爱旅行的英国浪游者。他最先在伦敦工作,后来通过担任商船的伙食管理员到达了智利，并从那里设法到了南太平洋的法属马克萨斯群岛，在土人中间住了六个月后，又旅行到了大溪地，然后乘坐一艘运送中国劳工的老式木船到了厦门。在中国，他在粗略掌握了汉语之后，在一家药厂工作，有三年时间，为了兜销药丸，他到处漫游，屐旅处处。在攒足 800 块大洋后，这位浪游者果断放弃工作，开始了一场横越中国的旅行。

在旅途中他装扮成一名穷苦中国百姓，扛着铺盖卷儿，手持旱烟管，和跑长路的人拥挤在土炕上，沿途吃着中国饮食。他很少乘火车，绝大部分靠两条腿步行，坐牛车或搭民船，他从陕西到山西，攀登上狂风怒号的蒙古高原，冒着生命危险穿梭在土耳其野蛮部落中间；经年累月困守在沙漠的游牧民族中，和运着砖茶的沙漠商队跋涉过干旱不毛的戈壁，整趟旅程长达四年。

显然，毛姆最感兴趣的就是这类人。他企图从这位同胞那里听到对旅途中的人和事物的绝妙观察，并从中辨别那些丰富多彩的旅行经验如何影响了他。然而一番交谈下来，毛姆却发现这位浪游者的冒险事业从未从心灵深处触动过他。这位浪游者虽然亲眼看见过各式各样事物，却只是乱糟糟地描述着这一切，他的经验仅仅停留在肉体上，从来没有成为灵魂的经验。因此，所有他做过的这些冒险的经历，似乎只说明了他脾气古怪而已。

当时西方有"到中国可以不看紫禁城，不可不看辜鸿铭"的说法。为了拜访辜鸿铭，毛姆赶到成都，四处托人搭线介绍。最终终于见到了这位"古老中国最后的代表"，那个拖着辫子的前清遗老。

毛姆看到的辜鸿铭退隐多年，梳着一条灰白的辫子，有一口变了色的牙。他曾是皇太后的某个大总督的秘书，在牛津大学和柏林大学读过书，讲一口流利的英文，为人还算随和。一番恭维后，他开始大谈历史和哲学，还热情地谈起中西关系。"你们将你们邪恶的发明强加给我们，"

他大声训斥这个稍显惊愕的客人,"可是你们难道不知道我们是一个对机械有天赋的民族吗?当黄种人也可以制造出同样精良的枪炮并迎面向你们开火时,你们白种人还剩下什么优势呢?"

毛姆把这位老学者的慷慨陈词记在本子上,并原封不动地用在1922年的戏剧《苏伊士之东》里的李泰成身上。

面对这个精通英、法、德、拉丁、希腊等9种语言,在清朝精通西洋科学的中国第一人,毛姆却没有买他13个博士学位的账。在毛姆笔下,辜鸿铭不过是一个抱残守缺、虚张声势的遗老而已。虽然辜鸿铭博学机敏,狷狂傲慢,但是洞若观火的毛姆似乎看到了他内心的空虚与骄狂。于是,毛姆用一种嘲讽却又不失温情的笔调在《哲学家》一文中写道:

"他的学问是渊博的,他雄辩的词组给那些掌故以一种光怪陆离的生命力。使我不得不思索他那有点令人哀婉的形象。他觉得自己有能力去管理国家,但是没有国王委他以官职;有渊博丰富的学问,梦寐以求地想传授给一大帮学生,而到这里来听讲授的只是少数,一些愚顽不幸的,面有菜色的,资质鲁钝的,村野土气的人已。"

毛姆多次提到了辜鸿铭的辫子,他记录道:"'你看我还蓄着一条辫子',他说,把辫子拉到手上。'这是一个标志,我是旧中国的最后的代表。'"

毛姆未能"免俗"地去了长城。但他对长城似乎并无好感,与笛福在《鲁滨孙漂流记》下卷中的感受如出一辙,即,"那种庞然大物未尝不是禁锢人性的枷锁"。

拴在棍子上的小雀,倔着不肯走的小黑猪,中国人的面目一片朦胧惨淡,中国彼时的社会万象尽收毛姆笔下。通过这种见闻,融入自己的见解，从而拼接出毛姆在"中国屏风"上的整体印象。

中国之行的第一收获就是随笔集《在中国屏风上》。

一个有趣的现象是，除非万不得已，毛姆不会在文章中表明具体的人名、地名以及相关行程——或许这个习惯与他曾做间谍有关。他不但没提辜鸿铭的名字，还像在其他所有旅程中一样，这次中国之旅依然没提小哈半个字。

1920年4月18日毛姆回到伦敦时，他的行李箱装满了各种中国宝贝——瓷器、明朝的小像、杭州丝绸，给西莉买的一条金镶玉的项链，做披风用的灰鼠皮，还有一件给丽莎买的小小的蓝色苦力服。

毛姆作品中的中国

除了《在中国屏风上》，《苏伊士以东》是三幕戏剧，以北京为背景。目前由鲍冷艳译介过来，暂时没有纸书正式出版，只有电子版。

那是半封建半殖民地的旧中国。出场就是"北平某街道"，然后出现了"英美烟草公司""忠义寺""安德森公寓的客厅""北平某中式庭院里的一个小房间"等字词。剧本讲述了"爱的毁灭"。剧中的黛西和乔治，两人之间似乎有种魔力，能将彼此牢牢捆绑在一起，天荒地老地纠缠在一起，相爱相杀……恐怕只有到了时间的尽头，类似这样的两个灵魂才能找到平静和安宁。

不过，有些中国元素在毛姆的笔下显得古里古怪，涉及华夏文明和西方文明的争论以及大段大段的台词。作为中国读者，这些台词都觉得不舒服，尤其有些称呼和认知很难接受。

笔者对毛姆描述中国人的最初印象是在《月亮与六便士》。

"中国"出现在后半部，思特里克兰德与作者在巴黎分手后流落到马赛，出现了"中国茅房"。"这是一个流浪汉给一个独眼的中国人在布特里路附近开的一家鸡毛店起的名字，六个铜子可以睡在一张小床上，三

个铜子可以打一宵地铺",不知毛姆从哪里得来这样的生活体验,曾混进乞丐堆?

《月亮与六便士》中出现的这个"中国",令人心有戚戚。中国人一"出场"竟如此委琐潦倒,这或许已代表了毛姆对中国人的一贯印象。书中毛姆多有对其他国籍公民的描写,比如马赛港混杂着邮轮上的印度水手,瑞典三桅帆船上金发的北欧人,军舰上的日本兵、英国水手、西班牙人,法国巡洋舰上英俊的水兵,美国货轮上的黑人。可以肯定,毛姆面对这些国籍,与面对中国人时情形与心境的迥然不同。他以平常安静的笔触和眼光去看待那些外国人,唯独给中国人安排了一个"独眼"的"鸡毛店"。

在主人公抵达塔希提后,鲜花旅馆的侍者和厨师也是中国人。老板娘蒂阿瑞与一个中国厨师发生冲突,他们用当地土语对骂,渲染中国厨师的失职。《月亮与六便士》写作年代,中国江河日下,在积贫积弱中艰难喘息着,中国人在异国的这种不良面孔虽于情难忍,却也理在其中。

《人生的枷锁》中,"黄皮肤,塌鼻梁,一对小小的猪眼睛,这才是使人惶恐不安的症结所在。想到那副尊容,就叫人恶心"——这是毛姆在海德堡疗养时与他同住的一个中国房客。那时,他尚未踏足中国,他对那样一个有别于自己的人大抵印象不佳甚而抓狂,通篇小说中的中国人都是负面形象,有些或许无意间的诋毁和污损,让笔者这个骨灰级的毛姆迷产生过小小的不适。他勾勒出那一时期的中国人:暗淡,受虐,丑陋,怪异,木讷,偏狭,自私,内敛……

有时忍不住做些无厘头的假设:毛姆为何没撞见林徽因、徐志摩呢?

中篇小说《天作之合》中的中国镜头颇耐寻味。故事发生在阿拉斯群岛。这个被荷兰统治的群岛"人口约八千人,其中二百人为中国人",岛上有中国大夫、中国杂货铺、中国农场主、中国厨师,"昨天晚上,在一家中国人开的店里发生一场可耻的争吵，金格·特德把人家的店给砸了，还把一个中国人打得半死"。

小说开始于这样一场嘈乱的扭打场面。作为中国人出现的，多为毫不起眼的小人物，至多是个殖民统治下的顺民。毛姆对那个"被瓶子打破脑袋的中国人"不多着一笔，而经常半醉不醒的英国人金格才被他精心设计、雕琢，这个一贯为非作歹声名狼藉的浪子，对当地女人有着致命诱惑，其中一个中国女人曾因遭到他遗弃而吞服鸦片。

源自中国之行的小说作品是《面纱》，于1925年出版。

一对怨偶——瓦尔特和凯蒂，初次相遇在伦敦。传染病专家瓦尔特当时从香港回家休假，遇到待嫁的凯蒂，瓦尔特骄傲地带着新婚妻子回到了香港，不久后发现凯蒂与助理布政司唐生的私情，随后便带凯蒂开始了到中国内地的霍乱之行，而丧命的却是瓦尔特本人。

毛姆在《面纱》中倾注了太多的中国元素：佣人、苦役、轿夫、总督、军官、前朝"格格"……比起《月亮与六便士》，《面纱》对中国的描写更具质感和东方意象，伸手可触。毛姆眼中的中国乡村、田野、河流、山脉以及瘟疫中的城镇，如果不曾亲履其境，很难想象一个外国人眼中如此细腻的中国情结。

书里直接描写的中国人不多，最为鲜明的是湄潭府的海关官员韦丁顿的中国夫人，这是一个旗人后代，书中称为"格格"，这位大家族的千金小姐在大革命中全家遇难，韦丁顿挺身相救，从此"格格"抛弃世间所有，与之不弃不离。

毛姆对中国佣人、杂役、难民等给以微妙的蔑视与同情，对这位格格却极尽欣赏和赞誉。她的绣花旗袍，她的茉莉花茶，她修长细嫩的手指，她绵延了上百年的贵族教养，在凯蒂与这位格格唯一一次会面时，有这样的描写，"她的坐姿给人印象很深，得体大方，丝毫不显拘谨。涂满胭脂的脸上，一双眼睛机警、沉稳，深不可测。她是不真实的，像是

一幅画,纤弱优美,使得凯蒂相形见绌。……从这位体态优雅的女子身上,凯蒂隐约看到了东方的理想与信仰,与之相比,西方人的所谓信念就显得粗陋野蛮了……这张色彩艳丽的面具背后,隐藏的是对世界的真知灼见,她五指修长的柔嫩的手,握的是这个未知世界的钥匙。"

这样的描写,不由得让人渐渐欢愉起来。从"心怀鄙视"到"对世界的真知灼见",毛姆在"格格"身上袒露了真实的心路痕迹,也终于在那个千疮百孔的时代为中国涂上几笔欢畅的亮色。

小说中另一个中国人——余团长,正面出场不多,面对为霍乱殒命的瓦尔特,日夜守护,"眼含泪水",一个有血有肉、钟情重义的铮铮铁汉形象。这使得那场中西方各色人等共同应对的霍乱,颇有些"让世界充满爱"的画卷式悲壮。

《家》是个短篇,乔治和哥哥汤姆都爱上同一个女子,而女子却爱上哥哥,于是乔治流浪世界,竟在中国生活了50年,最后回到家中死去。

《有良心的人》故事就在法属圭亚那的圣洛朗,那里的许多商店"是中国人开的,顾客是这里的狱警、医生,还有众多与罪犯流放地有关的军官"。

《海市蜃楼》中的格罗斯里,毛姆在圣托玛斯医学院读书时的同班同学,然而,这是一个彻头彻尾的投机分子,也因为投机而毁了整个人生。他先是在医学院不读书,却在外搞投机生意而被学校清除。于是他来到中国,在海关当了一名港口稽查员,负责检查船舶的鸦片走私。他在中国20年,赚了很多钱(狡猾的毛姆轻易就判断出,仅凭他的工作绝赚不了那么多钱,肯定他参与了鸦片走私),他的梦想就是成为大款回到伦敦,然而眼前的伦敦已物是人非,他找不到生活支点,想再回上海发展,却在轮船停留越南海防的48小时,上岸招妓后自愿留下,直到看到进入海防的旅客名单中的毛姆,"说来好笑,当初在中国时,他向来认为中国不怎么样,现在倒好——唉,中国竟然在他心目中怎么也挥之不去了。中国令他魂牵梦绕。"

格罗斯里对毛姆说出心里话："我时常怀念我在中国度过的那些快乐的时光，怀念我赚钱的门路，我也想念我过去经常打交道的那些人，那些中国人，那是一个伟大的国家，中国；我很喜欢那些商店，店里有一个老先生坐在高脚凳上抽水烟袋，还有那些店招牌。还有那些寺庙。天哪，那才是一个适合男人居住的地方。那才叫生活。"

《道听途说的绯闻》发生在新加坡，陪伴英国外交官杰克最后生命时光的，就是一个中国女人。前途无量的外交官杰克，在一次舞会上认识了贵妇卡斯特兰夫人，陷入热恋败露后，作为内政部副部长的丈夫威胁离婚，夫人耍弄了杰克，杰克却一往情深，堕落酗酒，被殖民地开除，最后生活无依，竟与一个中国女人同居。

他们住在一个破阁楼里，在本地集市里做生意，穷困潦倒。"这名死者和这个中国妇女，几乎连饭都吃不饱"，但中国女人却把"遗物"——一只香烟盒和一叠信交给殖民地官员，而这只烟盒"看上去似乎值一笔大钱呢"。这也从侧面说明这个中国女人不贪财。

这部小说中的中国女人情节也与《信》中与白人同居的中国女人相似。

《萨尔瓦托雷》中的小伙子萨尔瓦托雷经常随军队被派驻不同的地方，拉斯佩齐亚、威尼斯、巴里，最后被派往中国。在中国，他染上了一种怪病，在医院一连住了几个月。他揣着狗一样的耐心，默默承受着常人难以理解的孤凄。当得知自己得的是风湿病，不再适合继续服役时，他欢呼雀跃起来，因为这意味着他可以回家了。

这样的经历，正是那一时期殖民国家常有的状态，像法国军官皮埃尔·洛蒂、维克多·谢阁兰，都是这种类型，而他们也一样最后都到了中国。谢阁兰甚至迷恋上中国文化。

毛姆的南太平洋笔记里，记下了一幕檀香山中国人的生活日常。他

毛姆：一只贴满标签的旅行箱

看到的是中国人聚居区，一街又一街的木板房，一层、两层、三层高，刷着各种颜色，但时间和风雨已将这些颜色弄得脏兮兮的。它们看上去摇摇欲坠，似乎租期快到了，租户们觉得不值得再费力气去修葺。店铺里摆着东西方商品，各种各样，应有尽有。中国伙计面无表情，坐在店里漫不经心地看着店外过往的行人。有时，在晚上，会有一对黄皮肤、满脸皱纹、眼睛细长的中国人，正全神贯注地玩着一种神奇的游戏，大概是中国版本的国际象棋吧。他俩身边围满了旁观者，个个和他们一样专注，而两个下棋的人走起棋来慢之又慢，每一步左思右想。

毛姆作品中关于中国的一帧帧客观的镜像，散发着魔鬼与天使混合的奇异气息，感谢他为我们记录下了那一时期地球各个角落的"中国"。

习惯于暗中打量这个世界的毛姆，在这里却收敛起了他的尖刻锋芒，用一种同情和悲悯的笔调写下了他隔着屏风看到的中国。在西班牙旅行时，他还做了这样的笔记：就好像燕子筑巢哺育幼雏，却不会意识到由于燕窝具有壮阳的功能，孱弱但好色的中国人会用它来熬汤。

如今，在毛姆笔下撞见"中国"，最好为自己设计一个有点浪漫的情节：漫步或急行在异国的大街、商店、写字楼、轮船、飞机……忽然，就与一个生着相同外形、操着相同口音的同胞撞个满怀，他乡遇同宗，在一片金发碧眼中，惊呆地盯着自己的同类，心差不多要跳出来，久久不能平静。

一个世纪之后的今天，几乎地球的每个角落都遍布中国面孔，但毛姆作品中那一幅幅中国脸谱仍令人印象深刻。尽管毛姆"发现"的中国或许让我们感到深深不适，特别是那些贬斥甚至侮辱的字眼，仿佛钢针扎在百年后的我们心上，而有些褒奖或许显得言不由衷，但我们或许仍应"大度"地接纳和包容。

因为在这100年间，世界在战争和平的嬗变中颠覆、重构着，中国也被迫卷进大大小小的战事，经历了扭曲的与世隔绝以及井喷式的出国潮。许多时候，当我们"寻找"着这些异域中的"中国"，被神秘与诡谲撞击着，遥想先民们在不同的年代散落四海，有那么一瞬，恍然间那里面也许就有我们自己。这些同宗同类的人们，在不同时代不同肤色不同信仰的人中，不断被提及，被咒骂，被赞誉，冠以形象不一的外表和内心，终究，这件事蛮隆重的。

第五章 东方之魅

毛姆：一只贴满标签的旅行箱

印度：宗教之旅

在毛姆的旅游版图上，印度确是一个后来者。按他的频率和计划，早该在他三四十岁时安排，但生生到了64岁才到印度。

这是有原因的——毛姆创作的前20年里，印度一直打着吉卜林、奈保尔的烙印。他认为所有关于印度的好小说都被这二人写完了，因此他一直回避印度，既不关心印度艺术，也不去印度旅行。直到1937年12月，那时他正在构思一部年轻人弃家出走皈依印度教哲学的小说。

1938年1月，《总结》出版后，他计划圣诞节前从热那亚出发，先在孟买待五个星期。他已拿到了在里维埃拉的邻居、颇有名望的阿迦汗的介绍信，期待能在新德里时英国驻印度总督林利思戈侯爵能接见他。

谁知，印度办事处却拒绝给小哈签证。毛姆感觉受到了羞辱，非常愤怒。一切都准备妥当，改变计划已经太迟，再说，没有小哈，他如何应付得来。幸好，最后一刻禁令解除了，不过对方明确表示，官方不会正式承认毛姆先生现身印度。

其实毛姆真正想了解的不是英属印度，而是印度土邦，所以还是欢快地出发了。只是一种轻微的刺痛还是没有被遗忘，而且给将来带来了令人遗憾的后果。

土邦

1938年1月，毛姆和小哈抵达孟买。

土邦，英属印度中名义上由各自土邦主统治的区域，印度独立前共有568个土邦。毛姆来到印度时想自由自在地在各土邦游历一番。老友阿迦汗的引荐信非常给力，毛姆得到了盛情款待。可是当土邦主们听说他到印度既不打算猎虎，又不打算推销自己的书，也并非专程来游览泰姬陵、阿旃陀石窟、马杜拉的庙宇，而是要和学者、作家、艺术家、宗教领袖和虔诚教徒会面，他们着实吃惊但却十分高兴，因为毛姆这个作家让他们觉得新鲜。

印度之行的第一站是果阿，然后依次去了特里凡得琅和印度最南端的马都拉岛，接着向北到了东海岸的马德拉斯、海得拉巴、内陆的比德尔和那格浦尔，再到加尔各答和贝拿勒斯，最后到了阿格拉、斋浦尔和新德里。

尽管听过、读过了很多，一旦面对印度带来的冲击，毛姆依然感到震惊。无休止的旅行很累人，火车缓慢行进，天气热得时常叫人喘不过气来，他的笔记本上还是记满了对这个国家的印象：果阿的白沙滩和空教堂，奥里萨邦的黑宝塔，贝拿勒斯恒河上的落日，熙熙攘攘的加尔各答，泰姬陵的惊人之美……他终于明白什么叫震惊得窒息了，感受到惊讶和欢喜，真正自由的感觉。

泰姬陵是古代印度斯坦皇帝加罕为爱妃建立的白色大理石陵墓。尽管事前毛姆有过各种想象，看过许多照片，但当他第一次站在陵门前的平台上，亲眼看到泰姬陵的时候，还是被它的美征服了。他意识到这就是真正的"艺术的震撼"，努力想趁他感觉清晰的时候好好体会一番。

第二天他又去了泰姬陵，有了不同收获。夕阳西下，他走进大殿，殿内只有他一人。站在一端，望着分隔大殿的一间间幽室，突然有一种怪异、诡秘的感觉，深感大殿的空旷、寂静。他有些胆寒，只能用这句根本说不通的话来描述当时的感受：我似乎听到了神祇无声的脚步。

除了观光，小哈还兴奋地在丛林中打猎。

小哈对这次旅行非常开心。印度是一个巨大的狩猎国家，他特意带着一支枪以备随时狩猎之用。他们从加尔各答西行穿过丛林到达巴纳拉斯。小哈希望射杀一只老虎，但他们在15英尺高树冠的竹子平台上等了好几个小时，老虎也没出现。

他们驱车穿过丛林，林子不密，忽然看到树间有一只孔雀正在开屏，骄傲而华贵。它踱着步，步伐中透着特别的柔美和从容，是如此优雅、美丽大方。那只孔雀独自走在丛林里，他们从未见到如此动人心弦的景象。小哈叫司机停下，一把抓起他的枪。

"我来打它一枪。"

毛姆的心脏骤然停止了跳动。小哈开枪了，毛姆希望他失手，但没有。车夫跳出车子，捡回了死鸟，片刻之前它还是那样欢快鲜活。

这一幕真是残忍。

当晚他们吃了孔雀脯肉，"那肉白嫩、多汁"。在印度每天晚上都吃瘦得皮包骨头的鸡，他们迫切换个口味，简直是一顿佳肴。

他们每到一处都会受到热情款待，被奢华包围，特拉凡哥尔邦主让他们住进皇宫里的一栋房子，他和小哈每人一间卧室、更衣室和浴室，还有一个餐厅和两个客厅。有一个管家和两个男仆负责照顾他们，一辆黄色的豪华轿车停在门口，常备一个司机和一个男仆。

皇室般的待遇只有一个缺点：没有太多私人空间。走访了这些印度土邦后，毛姆发现他们的主人礼貌、博学、大方、迷人；当王公们意识到他对拜见诗人和哲学家感兴趣时，他们很乐意帮忙，这与英国人的做派形成鲜明的对比，毛姆觉得英国殖民者很庸俗，而且心胸狭隘。他很反感殖民者对印度人那种不可一世的优越感，尤其是那些太太们，极少人有兴趣了解当地的文化习俗。

一次茶会上，一位官太太询问毛姆旅行的情况，当毛姆告诉她大部分时间在土邦度过时，她说："你知道，我们除了帮助他们，跟印度人没有任何关系。我们要跟他们保持一定的距离。"

这让毛姆很不屑。

宗教

毛姆此行的任务是考察印度宗教，希望洞察一直令他着迷和困惑的精神生活。

他做了惊人的阅读准备，也见到了很多宗教学者，尽管他很努力，但怎么也搞不懂他们在说什么，这种经历令他沮丧。

在他看来，洞察无处不在的精神生活就像夜里借着闪电的光亮看到喜马拉雅山，但他依然固执地坚持。他遵照瑜伽修行者的指示，在黑暗的房间里盘腿打坐，脑子里一片空白，试图体会冥想的益处，他保持了那个姿势很久，以为早就过了师傅要求的三刻钟，结果一看表，才过了三分钟。

毛姆在果阿碰见一位天主教神父，他的信仰婆罗门教的祖先被一个名叫圣弗朗西斯·泽维尔的人改变了宗教信仰。毛姆怀疑一个祖先受过四百年天主教义教育的神父在他心灵深处是否仍是一个婆罗门教徒。他认为一个人的本质是不能改变的，至少不会因为宗教改变而改变。神父告诉他，甚至在基督教徒中，种姓等级制度仍然被承认，"我们是基督教徒，"他说，"但首先我们是印度人。"

在海得拉巴，毛姆跟一个享有盛名的印度教圣人谈话，可是，"他说的那些东西，我20年前就从别处听到过。"他还见了一个苏菲派长老，本希望听到不同的观点，结果发现这个穆斯林神秘主义者谈论的"自我和神我"与印度教的说法一脉相承。

在毛姆看来，这就是问题的症结所在，所有印度思想家都在用同样的话语传播同样的教义，这样的鹦鹉学舌难免令他厌烦。毛姆希望他们至少能想出其他的隐喻、明喻和例子，而不是没完没了地重复"蛇和绳子"的故事。

毛姆：一只贴满标签的旅行箱

当毛姆游历到马德拉斯时会见了几位绅士，他们对他此次印度之行的经历很感兴趣，当毛姆提出想见一下圣者，他们马上提议带他去拜会一位最为闻名也最受人尊崇"斯瓦米"，他们尊称他为"马哈希"。四面八方的朝圣者都去找他寻求指点，听取意见或是求得安慰以度苦厄。

这位圣者的修行之处离马德拉斯只有数小时的车程，他的修行隐居之所就在阿鲁那佳拉圣山脚下，这座山之所以称作圣山，就是因为人们将它视为大神湿婆的象征，每年都会有数以万计的民众举行盛大庆典来纪念这位神祇。

毛姆带着一篮水果，驱车行进在一条被牛车的沉重轮子压出车辙的肮脏的道路上。当他到后长长地等待引见时，突然昏倒，人们把他抬进屋里。苏醒后，他感觉身体不舒服，不能去中央大厅听圣者讲课了。马哈希得知，欣然答应前来见他。

毛姆看见一个结实、黑皮肤、白发和胡须都剪得短短的人，身后由两三个门徒陪着，走过来看他。他行走时稍有一点颠跛，撑着一根手杖，除一条白色缠腰布外，他什么都没穿。他令毛姆想起一个学者和一个快活的老农民差不多。他傍着毛姆坐下，越过毛姆的肩膀注视着墙壁，除了一只脚踏在地上，他的身体完全处于静止状态，老人就这样在沉思中打坐了一刻钟，毛姆问门徒是否该说几句话，圣者笑着说："沉默本身就是最好的交谈。"

圣者又沉思了一刻钟，然后起身，鞠躬，笑着告别，由门徒跟随着，一跛一颠地走了出去。毛姆当即觉得舒服些了，他怀疑是否沉思冥想的结果。他走进门厅，看见马哈希坐在矮讲台上的一张虎皮上面，旁边一个火钵里燃着香。信徒们坐在地上，有些念诵，有些在沉思冥想。

据说马哈希逝世时，几百万印度人前来哀悼他，他的脉搏停止跳动时，一个明亮的光球从他头上升起，慢慢地移动着升上天空。

日后，他把这段经历写进三万多字的随笔《圣者》。

178

在马哈希大师的道场，毛姆见到了一位英国圣人——退休军官 A·W·查德威克少校，此时已经转世为鲁那佳拉圣人。他在这个道场生活了很多年，高兴地向毛姆详细解释了何为"业"和"转世"，并描述了他如何努力"实现自我与宇宙大我的交流。但他的英国同胞毛姆到最后也没明白他说的是什么意思。

门徒中还有一个从长滩来的名叫基·黑格的美国退伍水兵，他在沉思冥想小屋中找到了平安和精神上的平静，他被称为《刀锋》中拉里的原型。

怪异

1938 年 1 月到 4 月，毛姆"遇见了各种古怪的人——印度人、信奉瑜伽的人、神秘主义者、哲学家、术士以及那些不知是什么人的人——看到了一些难以置信的事物"，其中体验最深的，在南端马都拉一座建于 17 世纪敬奉西瓦女神的大庙中，那些宗教仪式中光着上身的男人们，在胸上涂抹着牛粪烧成的白灰，一个个脸向下，身体成俯卧姿态，这种对西方一无所知的真正的印度带给毛姆一种恐惧——他自感发现了一个没有英国人的印度。

最不可思议的是，在一个穆斯林基地，毛姆看见托钵僧们用铁针穿刺自己的眼睛和面颊，其中有一个用小刀将自己的眼球挖出来，眼球就那么挂在他脸上来回走动着；还有一个则用铁针穿透自己的舌头。非信徒的毛姆迷惑了，感到庙宇中"有一种神秘而可怕的东西"。

毛姆问一个身着橘红色长袍的苦行僧，被夺去了一个普通人的快乐是否真的无所谓，"为什么我要把这个放在心上呢？"苦行僧反问，"在我的前生我已经有过快乐。"

在印度期间，毛姆举办了一个小型晚宴，请了六个人：哲学家、梵学家，还有学者。当话题转到瑜伽修行者通过戒律和禁欲所获得的力量

毛姆：一只贴满标签的旅行箱

时，毛姆听到一个超自然事件：有一个瑜伽修行者把自己埋在一口枯井底，叫人们六个月后再打开。到时如果他头顶是热的，就说明他还活着，应该让他苏醒过来；如果是冷的，就说明他死了，把他烧了就是。人们发现他还活着，很快恢复了元气，16年后依然活得健康快乐。这些人要么见过他，要么认识见过他的人。他们认为这件事的确发生过。

有一次，他们在巴纳拉斯乘船顺恒河而下，惊奇地看到城市中的两座清真寺塔尖倚着白色的天空。一清早，恒河上就挤满了沐浴的人。他们用刷子、碗把圣水浇在自己身上；从海得拉巴乘车至比德尔，毛姆看见几百人围绕着一株菩提树，人们告诉他这是一个宗教医生的神龛，这个神医过去是一个有钱的承包商，他感到了侍奉上帝的召唤。他头戴一条肮脏的白色头巾，身穿一件无领衬衣，戴着银耳环。他要求毛姆为他祝福，毛姆这样做了，又感到愚蠢。

离开印度前，人们问毛姆对什么印象最深？他想了想，让他触动最大的其实不是泰姬陵，不是贝拿勒斯河边的石梯，不是马都拉的庙宇，也不是特拉凡哥尔的群山，而是印度的农民。

那些农民们虚弱憔悴，衣不蔽体，只有一块破布围在腰间，破布和他耕种的、太阳炙烤的土地一般颜色。农民们在黎明的寒冷中瑟瑟发抖，在正午的酷热下挥汗如雨，当落日把干旱的田地染成红色时，饿着肚子的农夫们仍不眠不休地劳作着，为了少得可怜的收成辛苦耕耘，这是他们维持生活的唯一希望。这些景象最能打动毛姆。

毛姆离开印度时，对英国人在那里的表现印象不佳，"哦，那些管理这个国家的老朽笨蛋，"他说，"英国没有早把印度失掉真是件怪事。"

满载

1938年3月15日，身在新德里的毛姆得到一件家族喜事。

在"少女旅馆"他收到一份电报，得知张伯伦首相任命他二哥弗雷德为大法官，这是一个律师在英帝国所能获得的最高职位。这次任命轰动了政法界。弗雷德已经71岁，从未见过张伯伦。他没有想到自己会被选拔。由于职位高，弗雷德成为终身贵族。

伊丽莎白女王召见弗雷德时，还提到了他的"小弟威利"，她说虽然她没有读过他弟弟的任何一本书，但她留意到了他的每一本书。

毛姆为他哥哥骄傲。"假如你想到这件事会是非常奇怪的，"他写信给阿兰森说，"一个无名的年轻人，不借助于金钱或势力，纯粹以其职业上的成就步步高升，终于得到这样一种地位。"

在新德里时，毛姆设法让总督林利思戈侯爵知道他正在这座城市，他希望他和小哈都被正式邀请，谁知局面难堪了：总督和他的儿子曾谈起毛姆这位著名作家，也清楚作家的那个秘书一直是不受欢迎的人。林利思戈决定只请毛姆而不请小哈，毛姆认为不请小哈就是怠慢了他，他果断拒绝了邀请。

3月末，这两个旅行家回到孟买，住在"泰姬陵旅馆"，上了一条开往那不勒斯的船。

《刀锋》成为印度之行的重大成果，却是8年之后了。

1944年，《刀锋》出版，这一年毛姆正好70岁，他说："写这本书带给我极大的乐趣，我才不管其他人觉得这本书是好是坏。我终于可以一吐为快，对我而言，这才是最重要的。"

书中的拉里原本是一个活泼开朗、普普通通的美国少年。但参加完一战回国后，他就整天无所事事、到处晃荡，既不找工作，也不接受别人提供的体面工作，仅靠政府发3000美金过活，这让身边的人颇为不解和担忧。但实际上他之所以会这样，是因为战场上目睹了好友为了救自己而死，这让他的思想发生了天翻地覆的变化。

友人之死，让拉里开始追问上帝是否存在，如果存在，为什么还有恶——这个典型的神义论难题。在小说中，拉里这样说："我想弄清楚上

帝究竟有，还是没有。我想弄清楚为什么世界上会有恶。我想要知道我的灵魂是不是不灭，还是我死后一切都完了。"

早在1936年出版的《总结》中，毛姆就对灵魂和生命的一般思想呈现在大众的面前。《刀锋》延续了毛姆对生命和宗教的不竭探索，渴望找到一种生活模式或者目的，这也是他常年贪婪地阅读大量哲学著作的原因。从柏拉图到罗素，从基督教的神秘主义到《奥义书》，但从未找到能给他带来安慰的信仰。他无法将自己融入某种无所不包的信条之中，于是，他言之凿凿地说："生命没有理由，生活没有意义。"

毛姆和小哈从孟买回家途中就决定第二年重游印度。然而，世事难料，还在海上时，他们就从广播里听到了关于欧洲局势吃紧的消息。墨索里尼的法西斯帝国主义，希特勒入侵并吞并奥地利……小哈的情绪更是低落，他有很多朋友受到了影响。

那之后，开始了毛姆的二战阶段。当然，跟一战一样，他依然服务国家，坚持写作。直到1944年《刀锋》出版，为他的印度之旅画上圆满句号。

日本：那一年，他85岁

1959年7月，一群美国的五年级学生写信给毛姆，问作家怎样选择他们要写的题材。"亲爱的五年级同学，"毛姆回信说，"谢谢你们写得妙极了的来信。你们写信给我是对我极端的友好；我因此很感动而且高兴。回答你们的问题：作家们写他们经验过的，也写他们没有体验过的人物和环境。"

这时，毛姆已经85岁，他的书已在全球热销八千万册。防止沉思过去的办法之一是旅行，毛姆在他80岁之后依然频繁出行，欧洲的伦敦、慕尼黑、巴德加施泰因、维也纳、卡普里和威尼斯都是他所爱。但30年后筹划重访远东却令朋友们意外。

跟在有些国家一样，毛姆在日本有着庞大的粉丝团。他的短篇小说选进了大学教科书；一个日本毛姆学会，会员1200人，每年开年会，并讨论有关毛姆作品各方面的问题，如"W·S·毛姆的道德观概略"等。

毛姆研究会的会长是东京名叫田中睦夫的英语教授。这一年，斯坦福大学提供了一笔贷款，要在日本举办一个"毛姆展览"，毛姆被邀请参加开幕式。

当毛姆访问日本的消息传来时，有点狂热的毛姆崇拜者田中睦夫写信给艾伦：毛姆先生应当去拜见天皇而且由天皇授勋。艾伦回信说，这是毛姆希望做的最后一件事。并说明：毛姆是很老的人了，健康状况不佳，需要安静和休息，他不愿讲演、卷入官方的活动中，或者参加盛大

的集会。

双方商定好一切事宜，10月6日，毛姆和艾伦乘法国轮船从马赛启航。他带了杰罗姆·韦德曼新的长篇小说《敌人的营垒》在船上阅读。一个从芝加哥来的胖男人带着一个照相机要给毛姆拍照。毛姆突然想起他或许可能翻译书中的 Shkutzim 这个词，这是小说中的一个意第绪语（德语、希伯来语和斯拉夫语的混合语，犹太人使用的国际语）。那个从芝加哥来的人说，这个字的意思是"一群讨厌的、无用的异教徒"。毛姆想，这似乎对于一个字的意义说来是太多了。

法国海轮在亚丁、孟买、科伦坡、新加坡、西贡、马尼拉、香港和神户都做了停泊。在每一个停泊点，新闻记者都涌上船采访毛姆。当他们最后到达横滨时，几千人的人群等着欢迎毛姆。毛姆受到日本人的英雄式崇拜，这使他心满意足。他每去一个地方，人们都走上前去，扯扯他的衣服，像对待神一样招待他。

展览会于11月在东京最大的书店"丸善书店"开幕。毛姆发表了简短演说，用电视播送，演说吸引了大量观众，盛况空前，英国驻日大使都被人群挤倒在地。

毛姆在东京的帝国大旅社偶然碰上了英国侦探小说作家伊恩·弗莱明，两人在一起过了一天。弗莱明说，毛姆对于日本人对他的接待得意得"咕噜咕噜地叫"。

后来，他们去体育馆，看到50个男青年在练习柔道；在另一间房里，一群女孩子在有礼貌地表演模拟拳击赛，在另一层楼上一间大厅里，一场200回合的比赛正在进行中。在另一间房里，一班8岁到10岁的孩子们正在由一个系红色腰带的人指导着，这个人指导一个10岁的男孩怎样用杠杆作用打倒一个比他身材大一倍的人，而五六个慈爱的母亲坐在一旁的板凳上观看——这样的东方情景毛姆不曾看过，也使他兴趣盎然。

到了离开日本的日子，田中睦夫预示说，毛姆的名字在日本将永远不朽，并说他已经给毛姆学会提供了一种光荣的推动力。艾伦说，这是毛姆文学事业的最大胜利。艾伦自己感到像一个宫廷女侍，带着花束和礼物。

1960年1月25日，毛姆86岁生日那一天，他们已经离开日本到了曼谷，一个学生代表团把香水洒在毛姆的双手上。毛姆告诉一个来访的人说，他是一座死火山，已经没有活力了。

这次旅行太疲倦了，围着欢呼的群众以及供人"展览"使得毛姆精疲力竭。回到莫雷斯克时，毛姆便卧床。"从此以后，"毛姆写信给朋友，"他们一直在我臀部注射这样或那样的针。"他发现来信已经堆了三尺高，他以每天50封信的速度看完，通信成了他晚年全部的工作。

然而，到了5月，毛姆感到休息好了，他依然拉着艾伦去了慕尼黑、巴德加施泰因和威尼斯。

毛姆：一只贴满标签的旅行箱

毛姆到过首尔吗？

2020年7月，人民文学出版社出版了一套毛姆短篇小说集（吴建国等译），最后一本《一位绅士的画像》，共收录毛姆的短篇小说15篇，属于毛姆的东方小说系列，素材大多取材于东南亚诸国（只有《红毛》的背景是南太平洋的萨摩亚）。其中第9篇，也同时作了本小说集的书名——《一位绅士的画像》。

这个短篇的开篇有一段话："我将近黄昏才到达首尔，由于从北京乘火车远道而来，我感到有些疲惫……"这句话，令人颇费思量。

毛姆的确到过北京，但"首尔"这个地名，到2005年才从"汉城"改来，40年前的1965年，毛姆已经告别了人世，毛姆的小说里出现的这个地名是怎么回事？

更为蹊跷的是，往后读，当"我"休息好了，去逛首尔的街市，在一家书店里看到一些传教士的书，"我估计，这批书籍是某位传教士的藏书，他在如日中天的辛勤传教中突然亡故了，他的藏书后来被一个日本书商购买下来。日本人虽说精明，但我无法想象在首尔这种地方有谁会去买一部研究《哥林多书》的三卷本著作。"

这里是"日本书商"，而不是"韩国书商"，这与历史是吻合的。因为从1910年8月起，朝鲜沦为日本殖民地，而毛姆到达中国的时间是1919年10月，假设他从北京真的去了韩国，此时的韩国正处于日据时期,他所提到的"日本书商"是符合历史史实的。然而,彼时的总督府叫汉城府,绝无"首尔"这个地名。直到1953年7月27日签署停火协议,朝鲜民主主义人民共和国与大韩民国沿三十八度线非军事区分界而治。

再退一万步讲,从北京到首尔,从未有资料证明有火车通行,"从北京乘火车远道而来"是否过于唐突了?

再往后看,"我"发现"在这部著作的第二卷与第三卷中间竟夹着一本用纸牛皮包得严严实实的小书",名为《扑克牌玩家大全》,"我看了看扉页。作者是约翰·布莱克布里奇先生,精算师兼法律顾问,《序言》的落款日期为一九七九年。我有些疑惑,不知这本书怎么会混在一位已经作古的传教士的藏书之中……"

更疑惑的,该是读者吧,"一九七九年"?难道毛姆穿越了?玩起了乔治·奥威尔的《1984》?

翻遍迄今为止的所有毛姆作品中译本,没能发现《一个绅士的画像》的故事情节。读的过程,也让人怀疑这篇小说是否该叫小说,或许叫书评或读后感更合适。通篇解读一本书——解读都算不上,因为后半部干脆就是对原书的大段引用——这极颠覆毛姆的既有风格,直觉是:这篇是毛姆的作品吗?

诚然,毛姆的一生,是游历的一生,地球上除了非洲腹地没有他的身影,他的足迹印遍其他各大洲。他的一生虽多次到东方旅行,却多在东南亚诸国。他到韩国最为直接的路线应有两个:中国和日本。笔者手中九个不同版本的《毛姆传》,都显示毛姆只有在1919年到过中国、1959年到过日本,翻遍所有毛姆传记中1919年前后的旅行记录,甚至把《在中国屏风上》找出来,也没看到毛姆从北京前往"首尔"的记录,蛛丝马迹都没有。

毛姆在1959年访问日本时,已经85岁了。在日本前后流连四个月,整个过程及前后没有一个字提到韩国、首尔。

毛姆的这套短篇小说丛书共有七集,作为国家顶级出版社——人民文学出版社,可信度毋庸置疑,期待专家解读上述疑问。

第六章
东南亚：陌上花开　缓缓归

毛姆童年

毛姆少年

毛姆青年

毛姆中年

毛姆老年

毛姆与丘吉尔

毛姆：一只贴满标签的旅行箱

文学富矿

必须承认，东南亚成为毛姆在这个地球之上的又一文学富矿。

《木麻黄树》《马来故事集》《客厅里的绅士》等，都是毛姆多次前往东南亚的成果。而毛姆的一生还有一个特点，每当他心情郁闷想散心时，倘若时间短促，他会选择就近的欧洲某地，一旦时间允许，他就会奔向东南亚。

1920年代的东南亚

毛姆曾多次到达东南亚那片海域，但有两次时间最长：1921年和1925年。

美国批评家西利尔·康诺利曾说，走进毛姆的"廊台和普拉胡帆船的世界，就像走进柯南·道尔的贝克街"，"他告诉我以前没有人说起过的东西，远东的英国人——法官、种植园主、公务员和他们的女眷，就是这个样子。"

20世纪20年代，毛姆的创作力最为旺盛，他和小哈云游天下，小哈让他的写作如虎添翼。在东南亚的殖民地中，自信的英国人具有天生的优越感。毛姆写道："当时的英国人普遍认为，除了英国人，没有谁可能永远正确，或者曾经相当正确，无疑，全能的上帝是盎格鲁—撒克逊人，统治棕榈和松树，这是上天赋予'斗牛犬'的特权。"

由于《木麻黄树》《马来故事集》，绝大多数读者会把毛姆与大英帝国后期，尤其是远东的大英帝国联系在一起，正如人们将奥威尔与缅甸、吉卜林和奈保尔与印度等同起来，人们也将毛姆与马来群岛相提并论。

那些以橡胶园、马来亚的边远地区和当地俱乐部里的桥牌室为背景的著名小说，那些乱伦和通奸、性饥渴的传教士和酗酒的种植园主、丛林里的脚步声和廊台上的谋杀案之类的故事，正是活生生的东南亚。康诺利也认为："即使一切消亡，还有一个从新加坡到马贵斯群岛（法属马克萨斯群岛）说故事的人的世界留了下来，这个世界专属于，而且永远属于毛姆。"

1921年3月，毛姆和小哈到达东南亚时，当地正经历一段相对繁荣期，这主要归功于美国汽车工业的发展，为战前橡胶生意的迅速发展提供了契机。

毛姆所涉足的区域包括直接隶属于英国的三个海峡殖民地——新加坡、槟榔屿和马六甲，以及由英国管理的四个州——雪兰莪苏丹国、森美兰州、彭亨州、霹雳州，彼时的英国试图在赤道建设一个新英格兰。

他们把英国佬的生活方式也带到了这个热带：午餐时人们穿上燕尾服；英王的生日也要隆重游行庆祝，其中供军官乘用的马匹也要从澳大利亚运来。人们穿着紧绷绷的白裤子和束腰半长外衣，钉着镀金扣子，登着黑高筒靴，戴着钢盔帽；那里尽管没什么猎物可狩，猎犬也耐不住炎热，他们还照样有个狩猎俱乐部。

尽管战争带来巨大的社会动荡，但人们仍普遍相信英国的统治会无限期地延续下去，日常工作照旧继续，生活水平一直在改善中。即使是最穷的种植园主也开上了汽车，小轿车代替了小马和双轮轻便马车；一个冷藏公司在新加坡开业；两幢现代的大酒店在吉隆坡拔地而起。以吉隆坡为首都的马来联邦弥漫着一种自信、稳定的气息。在毛姆的小说里，火车站、高档商店、茶室、高尔夫球场、马球场和赛马场都会适时地出现。

毛姆：一只贴满标签的旅行箱

英国人一到苏伊士以东，新世界就呈现在他们眼前：在开罗和塞得港的酒店露台上工作的男孩，卡拉奇的男妓院，暹罗人轻松接受同性性行为，西北边境白沙瓦送上门来的青年，据说"得到一个男孩比在路边采一朵野花还容易"。殖民地的性风气很开明，毛姆曾表示，他一生中最难忘的性经历发生在一条舢板上，那是一个月夜，他身边是个马来男孩。

驻东南亚的英国人分成两种，一组是马来亚的公务人员，另一组是专业技术人员，前者认为自己的社会阶层绝对高于后者。大部分上层公务人员构成了统治阶层。毛姆在笔记本中描述了种植园主对政府官员的态度，"掺杂了敬畏、妒忌、轻蔑和愤怒。"他们在背后讥笑那些官员，同时又将游园会和在驻地长官家中举办的晚宴视作生活中的大事。

人们经常攀比，谈论自己读的哪所学校，在哪个军团服过役，以及怀特岛上的度假屋；亮出一个有头衔的亲戚，哪怕是远房亲戚，也被认为像是亮出了一张王牌。毛姆记录道："在一些非常偏僻的种植园里，一个种植园几个月甚至几年也见不到一张白色的面孔。每个月收到一次河运的邮件，有信、书，以及至少过期六个星期的杂志和报纸。"这也是小说《驻地分署》中的沃伯顿先生的生活日常。

移民社交生活的中心是俱乐部。白人官员在凉爽的夜晚聊天、打网球，主要是来放松心情，不必再端着架子，摆出一副跟土著人打交道时应有的尊贵的白人样。在穿白衣、系红腰带的佣人的服侍下，他们灌下几杯烈酒，在廊台上抽烟、闲聊，抱怨天太热，抱怨他们的仆人，翻看新到的《笨拙》《女士》和《伦敦新闻画报》。

他们经常聊的话题是"家"，还有退休以后去哪儿生活。热切盼望着每五六年才有一次的探亲假，提前几个月就开始兴奋地计划去哪儿：伦敦，商店、戏院和餐馆，享受生活中最愉快的时光。但一般过了两个星期，"他们比在丛林里还孤独。要是在戏院碰上某个在东方认识的人，他们会感到安慰，约一个晚上见面，大笑一番，互相讲述曾经有过的美好时光。"

毛姆的印象是:"他们厌倦了自己,也厌倦了彼此。他们渴盼挣脱桎梏,获得自由,然而未来他们满怀沮丧。"尽管殖民地号称维持高水准的种族和谐,但整体来说,白人对土著人的文化习俗重重隔膜。不知疲倦的旅行家亚力克·沃这样描述20世纪20年代的英国人:"他们并不试图去吸收被占领国的特点。一个住在槟榔屿的英国人,身边围绕的是马来人、泰米尔人和中国人……"

这里的非欧洲人一般被称作土著人或亚洲人,称呼他们的语气里通常带有轻微的蔑视,但是他们坚决反对任何白人虐待土著人的行为。毛姆在笔记本上描述了他被驻地长官带去见爪哇的当地长官——苏丹。苏丹的宫殿是摩尔风格的建筑,"像个巨大的玩偶之家,被刷成亮黄色,这是皇家的颜色。我们被领进一个宽敞的房间,家具是英国的海边公寓里能见到的那种,但椅套是黄丝绸的,一个陈列柜里摆放着一大套各种各样的水果,全是用钩针钩出来的。"

毛姆见到一个拥有4个妻子、24个孩子的苏丹,"为了顾及体面,他需要把时间平均分配给四个妻子。他说,跟一个妻子待一小时就像一个月,跟另一个妻子待一小时就像只有五分钟。"

有一次他和小哈去见一位苏丹和两位摄政王。苏丹本人、侍卫,以及苏丹的孩子,都有各自的"脸谱",并详细记录下人物的衣饰、家具风格。摄政王代表苏丹向毛姆和小哈致以亲切的问候,然后,特派专员代表毛姆发表了长长的演说,向众人介绍毛姆的身份。

忠实的聆听者

毛姆和小哈都是忠实的聆听者,善于挖掘人的内心世界。毛姆坚信:一个人如果孤身一人生活在地球上这么偏远的地方,把多年来压在心头、昼思夜想的心里话,倾诉给一个他可能永远再也见不到的人,也是一种

毛姆：一只贴满标签的旅行箱

解脱。

而他自己呢，"说起与人做伴，我属于既可悲又可怜的那种。不管跟谁聊，只要聊一会儿，我就厌烦了。不管跟谁玩，只要玩一会儿，我就厌倦了。"

谁说这种性格不适合蜻蜓点水般的旅途呢。

在酒吧里，俱乐部的廊台上，或与内陆某个孤单的地区官员在一起时，毛姆会听到这些看似普通的生活中发生的不同寻常的故事。"……喝着苏打水或一瓶威士忌，在一盏电石灯的照明半径内，一个男人对我讲了他自己的故事，我相信，他以前从来没对任何人讲过……用这种方式了解一个人，一个晚上能比认识他十年的人了解的都多。"

这片殖民者和种植园主组成的古怪的殖民地，最不缺的就是趣闻，当官的可以惩罚酗酒的马来亚人，鞭打偷了主人东西的仆人，他们在执行这些惩罚时，自己便站在一旁数打了多少鞭，不准狱卒在鞭打时将鞭子只举齐肩高。毛姆在这里如在自己家乡一样，混得很熟了。甚至人们称马来亚为"毛姆国"。

毛姆对那些关于生活在这个热带地方的英国大的新闻引起了强烈的兴趣。他像写兰贝斯一样，认为自己又看到了生活的本来面目。他遇到的每一个人似乎都有故事可谈：关于立法议会某议员臭名远扬的丑闻；某从男爵跟一个中国财主的妹妹私奔的艳闻；某人与其姐妹乱伦的怪事……虽然毛姆抓住传闻、闲话来创造他短篇小说中的那个世界，他又是承认自己写的那些人物都是生活中的例外的第一人……他们是善良的、正派的、正常的人。

他写作的方法是沿路访问一些人家。为了构思的一部新小说，他深入到马来亚各个岛屿上去体验生活。他给友人写信："我要是不觉得十分值得去，我怎么会花上近万元美金跑到这些地方去呢？"

随身带着介绍信，享受那些远离祖国、愿意有客人来访的人们的殷勤招待。有时来到一些根本陌生的人家里，他也大胆地提出要借宿和他们住在一起，跟他们一块吃喝。小说《道听途说的绯闻事件》取材于婆罗洲。毛姆从婆罗洲北岸一座海岛上岸，当时已经在海上颠簸了很长时间，渴望陆地休息一下。于是见到了英国殖民官员洛夫妇，并由此扯出一起婚外情案件。

毛姆在东南亚一带旅途中，经常碰到这种情况。英国殖民官员非常渴望遇到来自祖国的人，所以毛姆往往得到过度热情的接待。他这样写道：

> 我觉得，他们夫妇俩见我来了都很高兴，特别是洛夫人，因为平时没有多少事情可做，只是照看一下家务和孩子，她便把大量精力投放在她自己喜爱的娱乐活动上了。这座海岛上本来就没有几个白人，因此，社交生活很快就变得索然无趣起来；我来这儿还没到24小时，她就好说歹说地劝我，要我在这儿住一个星期、一个月，或者一年也行。我刚到达的那天晚上，他们夫妇俩特意为我举行了一场晚宴，还把岛上的所有官员都请来了：政府商检员、医生、小学校长、警察局长，但是，第二天晚上就只有我们三个人自己聚在一起吃晚饭了。

他也听来了《书袋》中那个兄妹乱伦的故事；《赴宴之前》中酗酒的丈夫被妻子杀死这个案子的灵感，源自他在新加坡一个晚宴上认识的一对夫妇；和他在内陆同住一家客栈的一个商人给他讲了一个妻子发现丈夫有三个混血私生子的故事，于是有了《环境的力量》；出现在《丛林中的脚印》中的丑闻是小哈听来的，他们当时在苏门答腊，小哈一如既往地在酒吧里流连，毛姆等烦了就自己吃饭。快吃完时，小哈摇摇晃晃走进餐厅，"对不起，对不起，"他说，"我知道我喝多了，但我有一个特别棒的故事要讲给你听。"

毛姆：一只贴满标签的旅行箱

毛姆第一次抽鸦片，是在新加坡。

一百年前的新加坡已经是东方大港之一了，也是海峡殖民地的总督府所在地，拥挤、喧闹、充满异国情调、道德松懈。海湾里挤满了炮艇、客轮、舢板，码头上乱哄哄的军舰和载客的汽艇登陆上岸，货物卸到仓库里，马车和出租汽车懒洋洋地揽客，导游们争先恐后提供你能想象得到的各种服务。

毛姆看到的新加坡这座亚洲城市半东方半欧洲——主要是中国和英国，昂贵的住宅区里住着富有的西方人和比他们更富有的中国人，中国人控制着大部分更赚钱的行业。

毛姆在新加坡第一次体验抽鸦片。抽完立刻感觉内心平静、头脑清晰，可惜到了第二天早上就开始头痛欲裂，不停地干呕，这也让他从此远离了鸦片。

毛姆和小哈从新加坡开始游遍了整个半岛，时而住在酒店和客栈，时而住在驻地长官家里，最不舒服的要数住在偏僻的驻地分署或香蕉种植园：根据毛姆的说法，和相对奢华的官员宅邸比起来，种植园主的家"有点沉闷，很多粗制滥造的家具、银制饰品和老虎皮，食物也难以下咽"。

他们乘船到达群岛中的各个岛屿和更远的地方，经常乘坐定期穿梭于南太平洋上的采珠船去印度尼西亚的马老奇、班达群岛和卡伊群岛、托雷斯海峡的星期四岛。

在毛姆到达新加坡的前几年，当地报纸曾刊登一条消息，一位已婚的英国女人莱斯丽·克罗斯比枪杀了情人。这就是小说《信》的起因。新闻界后来认为毛姆一定是看了这个报纸的。《信》是与《雨》齐名的名篇，先是1924年在《赫斯特国际》杂志上刊载，两年后收入短篇小说集《木麻黄树》。后来改为戏剧，拍成电影后同样叫座又红火。

然而在毛姆成名后的一些年中，东南亚诸国被他写到的人们渐渐开始对他频频非议，说他侵犯了他们的隐私权。他的短篇小说集《木麻黄树》出版，使他成为一个不受欢迎的人。那些曾经对他友好相待的平民，那些对他推心置腹的官吏，请他吃过饭的主妇，留他住宿过的军官，都觉得自己被出卖了。在《木麻黄树》后记中，他曾为自己辩解"在被中国海冲刷的国度里，有些偏小的社区是非常敏感的……"。

他从来没有否认过旅行是为了寻找故事，也没否认过他找到的故事构成了小说的基础。他也承认大部分虚构人物源于现实生活中的人物，也承认尽己所能"利用他们，利用他们的问题"，也承认没把那些人的情感处境描绘得像他们想象的那么迷人，所以招致相当多的批评和怨恨。

在他最后一次马来亚之行十多年后，那里的愤慨还不曾平息下来。当地报纸曾有一则"编者话"说：分析一下"这边对毛姆的偏见，是颇为有趣的。一般的解释是说他在某个边远站抓住个别坏蛋的事实，渲染成一篇小说；另外一个原因则是，人们对毛姆把这种怯懦、凶杀、酗酒、强奸、通奸等丑恶事实都解释为欧洲生活方式在马来亚的表现这一点感到不满……"

这自然也有他自身的问题：他就把听来的故事几乎依样画葫芦体现出来，都懒得虚构了，素材中人自然不舒服。

当然，白纸黑字的故事已然沉浸在历史中，为读者带去源源不断的别样体验。后世的我们，不该感激这样的文学留存吗？

除了这些难忘的故事，毛姆的东南亚之行还为读者留下许多不朽的金句：

我害怕魅力太多的人。他们把你吞没。最后，你成了他们施展魅惑才能与虚情假意的祭品。

而他的旅途最关心的也是人，比如他曾问一位来往于雅加达和横滨

的商人:"你肯定认识非常多的人,你对人类有什么看法?"

毛姆作品里的东南亚

随笔集《客厅里的绅士》成为东南亚"地图集"。

这部书里东南亚的各个地名应有尽有:掸邦、西贡、暹罗、苏门答腊、印度支那、曼德勒、科伦坡、景栋、西贡、河内、蒲甘……这些地名带有那一时期独特浓郁的地域风情。

那是 1921 年,毛姆第一次到东南亚,通过水路从仰光来到曼德勒,又骑马通过山区和国家森林公园、曼谷、再过海来到越南海防,把一个个故事呈现给世人,让人领略无尽的人性真相。即使不喜欢看游记的人看了这本书都不会太厌烦。他写所见的风土民情,骡子、小马、集市、船屋、村落,带着犀利的洞悉和评价:

队伍就要秩序井然,安宁愉快。行走的时候,你的鼻子对着前面骡子的尾巴,后面骡子的鼻子又对着你的尾巴,这就是美德。骡子就像有些哲学家那样知晓,唯一的自由,就是做对事情的能力;别的能力只是放纵。它们无需质疑,它们只需劳作而死。

细腻地感受"夜色之中,金子和大理石隐隐闪光,让它们有种奇妙的华美";在从前的缅甸都城,阿玛拉普拉,"男人女人坐在小屋外纺纱或绕丝线,他们的眼光柔和而友好,孩子们在大人周围玩耍,野犬睡在道路中央",这一切令他感觉"这些人至少找到了解答生存之谜的一种方法";在暹罗的故都罗富里和阿尤达,"一片荒芜侵占了这么多昙花一现的壮丽";面对树木丛生的废墟遗址,草木间那些破碎的神像与精美的浮雕,不由得让人"昏然思及世事沧桑"……毛姆的径直白描展现了一个不再存在的美丽新世界，以及他那难得为人窥见的柔软之心。

他还陶醉在月光下的曼德勒。那是一个著名的佛教中心，银色的月光洒满白色的门洞，块块剪影似的天空映照着上面的建筑，看上去简直令人陶醉。曼德勒的护城河是世界几处小家碧玉式美景之一，它不似基拉韦亚有火山般的庄严崇高，也不似科摩湖那般风景壮画如画，它没有南太平洋海岛海岸线的醉人魅力，也没有伯罗奔尼撒半岛某些地区的高贵肃穆。但是它的美，你能抓得住，享受得到，可以拥有。它的美不会让你飘飘欲仙，但却能给你持久的快乐，其他的那些美景需要有心情才能享受、欣赏，而这幅美景一年四季不管什么样的心情都让人陶醉。

他在书中写到一个细节："捷克斯洛伐克人翻起他的斯丁格衬衫（没有翻领），给我看了别得整整齐齐的四枚别针。"

他观察寺院里的一小片槟榔林，"很高很细，有着一组警句细长的精度，以及不加修饰、准确无误而且聪明睿智的直截了当。这就是南国。"

除了白人和土著，毛姆在东南亚见到许多混血儿，但混血儿的处境极其微妙，日子不好过，两边都不把他们当自己人。欧亚混血儿说的英语带一种别扭的口音，在欧洲人听来很滑稽，很多人极力掩饰他们的种族来源。比如小说《胆怯》里的伊泽特。这位哈罗公学的老校友，相貌英俊、衣着时髦，战争期间曾是某著名军团的一员，但伊泽特有一个说出来会令他丢脸的秘密：他的母亲是个混血儿。毛姆出色地刻画了他在这方面的不安全感和绝望的焦虑：他脸皮薄、势利眼，唯恐暴露自己的出身。

英国统治下的马来联邦内部明显反对种族隔离，战前殖民者就有纳妾的习俗，白种男人跟马来或中国女人同居必然会被广泛接纳，原因是很少有欧洲女人愿意来东方受苦。

然而随着战后的经济繁荣，情况发生了变化，越来越多的英国人带太太来到东方，她们发现丈夫有亚洲情妇甚至有孩子后大为震惊。这恰

恰为毛姆的写作带来无穷的乐趣,他一直对性关系抱有浓厚的兴趣,他在小说《环境的力量》中照原样描述了这样一个实例:新娘子多丽丝刚刚来到马来亚,幸福地和她的丈夫盖伊生活在一起,身边的异域情调令她着迷。然而渐渐地,多丽丝的心情变得不安起来,一个来自小村庄的当地女人隐约对她构成了威胁,她带着她的三个混血孩子经常在平房附近转悠。她问盖伊这个女人是谁,一开始他支支吾吾,后来终于承认这个女人做了他十年的情妇,那些孩子是他的孩子。

如果说男人容易犯错,女人其实也难免。带太太来热带的男人会面临棘手的问题。这里白女人稀缺,被过于忙碌的公务员或种植园主丈夫忽视的妻子们,自然成为单身汉追逐的对象。造成这种麻烦的部分原因是无聊。太太们几乎无事可做,只有少数人对当地的慈善或社区工作感兴趣。许多人觉得这里的生活水平比家里高得多,哪怕级别最低的公务员也会给配一个厨师、一两个童仆、一个马夫或司机,有孩子的话,还会有一个奶妈、一个园丁、一个男洗衣工。需要做的家务活很少,太太们又不能亲自去市场买东西,所以她们唯一的职责是点餐,而等丈夫回家前还有好几个小时的空闲时间。

缺少有趣的消遣,是白人女人最大的难题。在大一点的城镇,有欧洲商店的地方,女士们还可以上午去购物或访友,换成小地方,或者庄园、矿场,生活就很容易单调乏味。这时风流韵事不时登场,只是有人下场很惨——毛姆仅仅利用一则报纸上刊登的枪杀案就构思完成了一篇著名小说——《信》。

《书袋》是一个姐弟乱伦的故事。毛姆住在槟城时,遇到殖民地官员马克。马克高大英俊,长着一张刚毅而又严肃的脸,还有一双漂亮的眼睛,一对浓密的眉毛,看上去像个军人。

毛姆住在了马克的家,但他们先去打桥牌,遇到其中的一个人,就是主人公哈迪。后来他们回到马克的家,提到毛姆那硕大无比的书袋,那实在是毛姆出游时的嗜好,那里面有诗集、小说、哲学、评论、传记、历史,可谓五花八门。这时,马克就看到了《拜伦传》。拜伦的姐弟恋乱伦是出名的,于是牵出马克的恋人奥利弗的乱伦故事。

毛姆借《机会之门》里的安妮之口,抨击英国派往各国的殖民地官员入木三分:"来殖民地的那些男人都是从二流学校毕业的,对生活一无所知,活到50岁还是一副傻头傻脑的样子。他们中的多数人都喜欢酗酒,读的东西完全不值得一看,他们的理想就是要和其他人平起平坐。……他们互相之间眼红嫉妒,心里满是精明的算盘。那些女人也是可怜,总是为了微不足道的事情和别人一争高下。她们的社交圈比英格兰最小的小镇上的圈子还要迂腐,个个表面上假正经,暗地里心怀鬼胎。"而安妮最终发现曾经自己眼中自命清高孤傲完美无瑕的丈夫阿尔班,才真正是个愚蠢、虚伪、装腔作势、庸俗和懦弱的殖民官员。

出现在《丛林中的脚印》中的丑闻是杰拉德听来的。他们在苏门答腊,小哈在酒吧里听来发生在"卡特怀特夫妇"(小说中的名字)身边一系列惊人的故事。乍看起来,他们不过是一对和和美美的老夫妻,晚上去俱乐部开开心心地打几局桥牌,然而其中的阴谋触目惊心。

1925年10月,毛姆再次前往新加坡。花了四个月时间向他所遇到的一些人采访写作素材,中篇小说《尼尔·麦克亚当》就是这次的收获。

22岁的英俊小伙尼尔从苏格兰来到马来西亚,做了吉隆坡博物馆长门罗的助理。后来,尼尔住到了门罗的家,家中只有门罗和妻子达丽娅。

尼尔的朋友毕晓普告诉他,"我们都认识我们的达丽娅。你不是第一个她喜欢打情骂俏地勾引的英俊小伙子,你也不会是最后一个,""达丽娅跟这儿的好多小伙子都活蹦乱跳地上过床,我估计,她同样也不会错过勾引麦克亚当上床的机会。"这让尼尔很气愤地跟他们打了一架,他告诉他们,门罗夫人很正派。

然而,随着日子推进,他很不适应达丽娅的一些"小动作":故意把

尼尔刚点燃的烟放到自己口中,吸一口,再把沾满口红的香烟还给尼尔;故意用尼尔的杯子喝水;门罗要带着尼尔去原始森林考察了,一向不跟门罗外出的达丽娅突然破天荒地说,她愿意和他们一起去。而那两个傻呵呵的男人,根本不知她的阴谋。

尼尔到一个僻静地洗澡,达丽娅悄悄跟踪一起跳下去。无疑,尼尔是个正派善良的年轻人,"他一想到性交这种事情就感到非常恶心。他在爱丁堡大学读书时就认为,他身边的那些同学乱搞不正当男女关系的滥交行为十分可耻。他对自己的贞洁怀有一种具有心灵象征意义的欣慰感。爱情是神圣的。性交行为令他感到很恐怖,唯有繁衍后代,以及使婚姻正当化,才是发生性行为的理由。"

在达丽娅死缠烂打的追逐下,尼尔决心等门罗一回来就告诉他自己一定回吉隆坡,从那里回国。那天,尼尔本来下午不工作,为了躲避达丽娅本能地逃到了森林,可是达丽娅穷追不舍,从未离开营地50码的她疯狂地跟随着尼尔,他到哪儿她就追到哪,并且她已丧心病狂,威胁尼尔要对门罗告状,说尼尔非礼她,她可以随便把自己身上搞得青一块紫一块,并且,刚刚她咬破尼尔的手指,也让尼尔有口难辩。

情急之下,尼尔也疯了,他迈开双腿逃开去,他也不知方向和速度,只是疯跑,而达丽娅也狂追。显然,从未进过丛林的她怎能跟得上尼尔,而尼尔一个多月的工作已经对丛林了如指掌,轻易就回到了营地。

达丽娅却没出现。接着,门罗回来了,一场罕见的暴风雨随着夜幕降临了,尼尔非常清楚,达丽娅永远回不来了。他坚信,这是上帝的安排。

这是一个正义正派正直的小伙子,能抵挡"师母"炮弹样的诱惑实属不易。而水性杨花的达丽娅则是咎由自取。毛姆的小说中,不乏这类因性迷失而丧命的女人。比如长篇小说《魔法师》中的玛格丽特,抛弃憨厚忠诚的亚瑟,而选择了疯狂恶魔哈多。

最经典的短篇《梅布尔》，简直串起了整个东南亚、日本与中国。

开篇就是这样的句式："我那时在缅甸的蒲甘，于是我就从那儿乘船去了曼德勒……""蒲甘""曼德勒"都是缅甸著名的地名，从此开始，主人公乔治为了逃婚跑遍东南亚、日本、中国，把一长串地名串连起来。

乔治作为英殖民地驻缅甸官员，在回国休假时与一位叫梅布尔的女子订婚，后来的一系列变故使他们总是不能结婚，一拖就是七年。

乔治觉得七年已经面目皆非，于是逃婚，又不好明讲，玩起了躲猫猫。他先是在去仰光接梅布尔时改变主意，抛弃了风尘仆仆专程跑了6000英里跟他结婚的新娘，自己跳上一艘马上起航前往新加坡的轮船。他给梅布尔写了一短信，匆匆离开。

然而，后面的行程，就像梅布尔在乔治身上安装了北斗导航，无论他逃到哪里，她居然分毫不差地找到他：先是追到新加坡，在新娘下船之前，他又迅速跳上开往曼谷的列车，第二天乘坐一艘法国不定期远洋轮船前往"西贡"（越南）。他以为平安无事了，因为从曼谷到西贡需要五天，肮脏拥挤，梅布尔肯定不能承受，然而刚到宾馆，就收到梅布尔的电报，于是他立即跳上开往香港的轮船，不敢久留。又去了马尼拉、上海、横滨，而刚到横滨的洲际酒店，又收到妻子电报："非常抱歉，在马尼拉与你失之交臂，妻，梅布尔。"

乔治又立即返回上海，此时他制订了周密方案：踏上扬子江的游艇。长江正处于枯水期，他赶上最后一班轮船，前往重庆，后面只能等到第二年春天才能再开船了。乔治得意地经过汉口、宜昌、重庆，坐滑竿到了成都，住在英国领事馆里。几周后的一天，梅布尔出现在他面前，他们结婚了。

毛老人家想象力够丰富吧！

仅凭这篇，可见毛姆对这一带多么熟悉，想必汉口、宜昌的急流他领教过不止一次。

沙捞越　婆罗洲

沙捞越、婆罗洲，令人一眼难忘。甚至第一眼就能确定它们在这个地球上的方位。

在毛姆的东南亚作品中，这两地出现频率极高，看这几个字，笔画间都渗漏着那一带咸湿的海风以及独特的热带雨林风情。

当然，一百年过去了，如今这两个名字悄悄发生了变化，沙捞越成为现在的沙巴，婆罗洲就是如今的加里曼丹岛。但本文仍沿用一百年前的称呼，就是想留住历史那一隅的片羽吉光。

婆罗洲分属于三个国家：印度尼西亚、马来西亚和文莱。毛姆如此钟情这里，自有其理：赤道横穿其中，他的作品中经常出现的"爪哇"就在婆罗洲的南部，西部和北部则是中国南海。

婆罗洲因为其独特的地理位置，成为西方殖民者的必争之地，尤其是在发现那里埋藏着丰富的石油资源之后，殖民者接踵而至。1910年，英国对马来群岛领土的统治模式成形。为了满足经济的需要，英国大量引入华人和印度人，以满足在马来半岛和婆罗洲所产生的殖民地经济需求。

婆罗洲蕴藏着举世无双的大自然奇特的动植物生态和许多神秘的洞穴。在一些古老的洞穴里面住有成千上万数不清的蝙蝠，又有另一个时代留下来的绘画作品。这里有着简单淳朴的生活，也有着繁荣进步的经济。

沙捞越是马来西亚最大的州，有广阔的原始热带雨林、巍峨群山、历史悠久的山洞、独特的动植物生态和多元文化的族群生活。沙捞越的历史充满着冒险、爱情、海盗、叛乱等动人的情节。

毛姆到婆罗洲和沙捞越距今整整100年了。1921年3—8月，毛姆和小哈先是落地新加坡，马上就去了婆罗洲、沙捞越。他看到的河，"两边都长着红树和聂帕桐，浸在水里，被水冲刷着。郁郁葱葱的丛林后面，在更遥远的地方，碧蓝的天空映衬出崎岖山峦的深色轮廓。你一点都不觉得阴郁，也不觉得压抑，反而觉得开阔、自由，绿色植物在阳光下泛着光，天空无忧无虑、轻松愉快。好像是踏入一片友好而富饶的乐土。"

他们在沙捞越一般住在一种长屋里，墙是未上漆的实木，上面挂着凹版印刷的照片、迪雅克人的盾和帕兰刀，还有装饰匀称、色彩鲜艳的大草帽。屋里有长长的藤椅，几件文莱铜器，花瓶里插着兰花。桌子上盖着脏兮兮的迪雅克布。一个粗糙的木架子上放着廉价版小说，还有好几本年代久远的游记，皮制封面已有磨损。地板上铺着藤席。屋外连着一条回廊。它离河只有几英尺远，能听见河对面集市上中国人欢庆时的锣鼓喧天。

沙捞越的天空是蓝色的，"既不是炎热炙烤下的倦怠苍白，也不似意大利的天空那般暴躁，好像是混合着奶白色的铁。朵朵白云像海上的一只只小帆船，在太阳下亮闪闪的，优哉游哉地漂过"。

这一次，一位非常英俊也非常有英伦范儿的"拉者"（东南亚以及印度等地对于领袖或首长称呼）接见了他们。拉者的妻子是活泼古怪的西尔维娅·布莱特，妻姐则是D·H·劳伦斯的密友、画家多萝西·布莱特。渴望探索新领地的毛姆和小哈跟着一群当地迪雅克船夫乘独木舟沿河逆流而上。他们拒绝待在遮阳篷下，而是尽情享受宁静美丽的风光：白鹭在深绿色的水面上低飞，沙岸上生长着柔软如羽毛的木麻黄，更远处的山坡，还有长满金合欢和椰子树的茂密的丛林。

毛姆：一只贴满标签的旅行箱

每天晚上，他们把船拴在一个迪雅克村庄旁，在一间屋顶是茅草的长屋里过夜，全家二三十口人住在一个长屋里，这些人的热情令他们疲惫。晚上主人请他们吃饭跳舞，一直到凌晨时分，他写道："即使到了这个时候也睡不了觉，婴儿哭，公鸡叫，母鸡和狗四处转悠，房子下面还有猪一边哼哼一边拱垃圾。"

毛姆纵情婆罗洲时，一部被认为是他最好的戏《恶性循环》在伦敦"草市场大剧院"上演了。这个戏的剧情就是以沙捞越为背景：英国上层阶级的一位绅士年轻浪漫的妻子，在即将离开沙捞越的前夕，爱上了一个年轻的橡胶种植园主。她犹豫着不顾社会舆论与之私奔，她的母亲在30年前就是与一个勋爵私奔的。当剧终幕落时，她偕同她的情人双双启程前去马来亚联邦，走向那充满情爱的生活。

这部剧一连演了181场，还在1925和1930年两次被搬上银幕。当时饰演剧中女主角的演员为了把戏演得更好，打洲际长途电话找作者，想请教一下剧中人的情感状态，可是毛姆此刻正在沙捞越的丛林河上经历着一场生死考验。

他们乘的是带桨的船，水浅处便撑篙，一直把他们送到大森林的心脏地带。入夜后，他们便与多礼友好的猎人同宿；每到一村都为他们举行宴会与跳舞。毛姆看见过大海鱼、猴子，人们还告诫下河洗澡不可离岸太远，因为河里有鳄鱼。鳄鱼倒没有来找麻烦，正当他们沿河而下时，遇到了那个地区任何一条河上都能遇到的最大的危险，水由窄窄的河口向内倒流，即涨潮。当时是满月后的第三天，最危险的时刻，而给他们划船的又是几个从监狱跑出来的犯人。

有一天，船正缓缓上行，突然他们看到巨浪靠近，一股怒潮呼啸着扑过来，潮水迅速增大体量，直至一堵八英尺高的巨大的水墙在他们头顶爆炸，独木舟被掀个底朝天，将他们抛入水中。毛姆和小哈不顾一切地想抓住船舷，但怎么也抓不牢，汹涌的潮水在他们四周横冲直撞，他们一次次被水淹没。

没过多久,毛姆就鼻青脸肿、筋疲力尽、气喘吁吁,感觉越来越没力气,他知道自己快要淹死了:"我认为最好被冲向岸边,但杰拉德恳求我抓牢船舷……我喝了一肚子水……身旁的杰拉德帮了我两三次。"他们又挣扎了几分钟,听到一个船员大喊,那个人抓住了一张从身边飘过的薄薄的床垫,用床垫托着他们终于到达了陆地。

他们的脚陷进厚厚的淤泥里,拖着身子向岸上走,最后终于爬到岸边,瘫倒在高高的草丛里。他们一动不动地躺着,浑身是泥,直到毛姆使出浑身力气站了起来,脱掉脏衣服,用衬衣做了块遮羞布。这时他才惊恐地看到小哈想站起来却摔倒了,一副痛苦的样子,好像犯了心脏病。"我以为他要死了。"毛姆回忆。手头没有救命的东西。毛姆在小哈身边坐了几个小时,安慰他。终于,救他们的人来了,两个筋疲力竭的人被独木舟送到一间长屋。慢慢地,他们缓了过来。

回想当时,毛姆惊讶于自己居然没有害怕,他很高兴发现自己还活着。"那晚,我穿着干的纱笼,坐在迪亚克人家里,望着天上黄色的月亮,有一种强烈得近乎性欲的愉悦。"

最初的一两天,毛姆和小哈都很高兴死里逃生,似乎其余的一切都不再重要了。但没过多久,他们就开始为沉入河底的私人物品烦恼起来。两周后,他们再次从这里出发,这次是去爪哇,他们打算在那里待几个星期,然后踏上漫漫的回家路。

这次的死里逃生堪称奇迹,幸亏有那几个救命的犯人。毛姆后来请那里的"拉者"转达他对那几个犯人的谢意。拉者回信告诉他,其中一个犯人已经释放,另一个他却爱莫能助——返回监狱时,犯人在本村停留,把岳母杀了。

书袋沉落是毛姆最大的遗憾——平时他每天必须阅读几个小时。他一直把读书称作一种瘾,无论在哪里,他都会准备充足的书。有了这次

毛姆：一只贴满标签的旅行箱

经历后，他决定再也不冒没书可读的风险了：他买了一个皮底帆布袋，虽然笨重，但容量大。从那时起，他都把书包装得满满的，每次旅行都带在身边。

没书可读的"可怕"经历，却意外催生了一项文学奖——战后，英国设立了"毛姆文学奖"。

他在日记中写道：我惊讶地看到生活在英国以外的英国人读的是哪类英文书，以及读英文书的外国人的数量之大。英国作家协会如果知道荷兰人在马来群岛读的是什么书，一定会大吃一惊……

回到英国后，毛姆立即给作家协会写信，希望用他的遗产设立一个年度奖项，鼓励英国作家"有机会在他们的'村子'之外生活一段时间"。

第七章
非洲掠影

毛姆童年

毛姆少年

毛姆青年

毛姆中年

毛姆老年

毛姆与丘吉尔

埃及：异乡里的宁静

毛姆这个骨灰级驴友为何从未进入非洲腹地？这至今仍是个谜。

在 400 年的殖民历史、230 次的殖民战争中，英国两次在南非发动的布尔战争，出兵最多、拖延时间最长、最残酷，开销也最大。

毛姆的侄子罗宾、秘书小哈以及毛姆的女婿文森特都曾赴非洲作战。1940 年 8 月，罗宾作为第 22 装甲骑兵旅的一员被派去中东。他是一辆十字军坦克的指挥官，带着三个坦克兵，参加了沿着埃及和利比亚边境进行的大规模沙漠战争。1942 年，英国第八军正在非洲西部的沙漠里和希特勒宠将隆美尔带领的非洲军团装甲师交战，英军被赶出利比亚，罗宾的旅成了新组编的第八军的一部分。伤亡消息不断传来，毛姆不在乎文森特，却牵挂罗宾。他听说罗宾指挥的十字军巡洋战车被一枚榴散弹击中受伤，被送往埃及的医院。最终，罗宾回到英国，并因伤退役。

多年后，罗宾多次到坦桑尼亚等非洲国家旅游，途中一直与毛姆保持通信。

这一时期的毛姆，只能在美国做一个"兼职"间谍，非洲的任务则给了比他年轻 30 岁的作家格雷厄姆·格林——格林曾到过西非多个英属殖民地，而格林的妹妹就供职于军情六处总部，于是格林很顺利地被录取。历经了一系列培训，格林拥有了一个代号"59200"，被派到了塞拉利昂。

毋庸置疑，尽管身在欧洲大陆，毛姆与非洲却有着千丝万缕的联系，并一次次将目光投向非洲那片土地，人未到，却将笔伸到那里——四幕

戏剧《探险家》的故事发生地，就设置在了非洲

　　一对相爱的男女，男方英俊潇洒且充满着英雄气概，极富荣誉感和冒险精神，并要去非洲冒险。女方属于极要面子，但又家道中落，父亲刚刚犯罪被判刑，家族声誉倍感蒙羞。她拜托未婚夫将弟弟带到非洲去打天下，除了赚钱以外，毫无疑问对家族声誉有益。

　　然而这个弟弟和父亲如出一辙，在非洲苦痛的生活压力下，内心所有的阴暗暴露无遗，做尽了坏事，并且导致整个探险队伍陷入危险的境地。这让他的未来姐夫失望透顶，考虑到整个团队的安全，同时也要他自己负起责任，姐夫命令他去执行一次必死无疑的自杀性任务，在这个任务中，弟弟也真的一命呜呼。

　　当然，毛姆曾在1906年和1928年到过埃及。

　　1906年去埃及时，毛姆写给朋友的信中说，这是第一次来到一个语言完全不通的国度。他本想在开罗学习阿拉伯语，后来这个想法为写作让了路。正是埃及的游历，让他塑造了《月亮与六便士》中一个让人过目难忘的人物——阿伯拉罕。

　　初看之下，这个人物一定是与本书脱节、隔离的，然而只要读过，又必定拍案称奇——神来之笔。

　　"我"，即毛姆，到达塔希提后，在蒂阿瑞旅馆中听那个胖胖的老板娘蒂阿瑞讲到思特里克兰德，"我正在擦洗甲板，突然间有一个人对我讲：'看，那不是吗？'我抬起头一望，看到了这个岛的轮廓。我马上就知道这是我终生寻找的地方。后来我们的船越走越近，我觉得好像记得这个地方。有时候我在这里随便走的时候，我见到的东西好像都很熟悉。我敢发誓，过去我曾经在这里待过。"

　　蒂阿瑞的讲述，引出"我"当年在圣托马斯医院读书时的同事——阿伯拉罕。

　　那一章的开头颇有些谶意：

毛姆：一只贴满标签的旅行箱

有些人诞生在某一个地方可以说未得其所。机缘把他们随便抛掷到一个环境中，而他们却一直思念着自己也不知道坐落在何处的家乡。在出生的地方，他们好像是过客；从孩提时代就非常熟悉的浓荫郁郁的小巷，同小伙伴游戏其中的人烟稠密的街衢，对他们来说都不过是旅途中的一个宿站。这种人在自己亲友中可能终生落落寡合，在他们唯一熟悉的环境里也始终孑身独处。也许正是在本乡本土的这种陌生感才逼着他们远游异乡，寻找一处永恒定居的寓所。……倒好像这里的一切都是他从小就熟稔的一样，他在这里终于找到了平静。

这正是毛姆的自我写照呵！

"在出生的地方好像过客"，怎么不是呢？毛姆出生于巴黎的英国驻法国大使馆，后来他很少描述，不知他是否经常怀念，后来的他，眼光早已飞出爱丽舍大街，飞出巴黎，飞向世界。

阿伯拉罕是个犹太人，倾尽所能才融入英国社会。这个医学天才，能力超群，在医学院毕业时成绩遥遥领先，以此成为唯一进入医院领导层的毕业生，由此也成为众人羡慕和嫉妒的耀目人物。谁都不会怀疑他的锦绣前程，特别是一直把他当作竞争对手的同事阿莱克，更以一种喷火的目光表达着自己羡慕嫉妒恨之后的无奈。

然而，阿莱克大概做梦都没想到，美丽的陨石偏偏砸中了他：就在履职之前，阿伯拉罕作为随船医生申请了一个短暂的假期到埃及旅游，船在亚历山大港靠岸，也只有短暂的停留，但他从此再也没回伦敦。

"就在这个时候，他的心境发生了奇异的变化。他无法描述这是怎么回事。事情来得非常突兀，好像得到了什么启示……突然间，他感到一阵狂喜，有一种取得无限自由的感觉。他觉得好像回到了老家，他当时就打定主意，今后的日子他都要在亚历山大度过……24 小时之后，他已经带着行李登岸了。"

若干年后,毛姆在亚历山大港靠岸,在乘客例行体检时,碰到一个长相平庸衣着寒酸的医生,定睛一看竟是阿伯拉罕。他们有过一段精妙的对话,毛姆问他,对自己当初的选择是否后悔?阿伯拉罕说:"从来没有。一分钟也没有后悔。我挣的钱刚够维持生活,但我感到心满意足,我什么要求也没有,只希望这样活下去,直到我死。我活着非常好。"

于是,阿伯拉罕在亚历山大终了一生。一所狭小的医院里做着平静的医事,薪水刚好养活自己。没有前呼后拥,没有香车宝马,没有上流社会的派对,重要的是,那个本该属于他的位置顺理成章地被阿莱克获得。这个世界一副太平景象,皆因各得其所。阿莱克得到了他想要获得的一切名位与勋章,志得意满,踌躇满志。在他眼里,也顺理成章地将阿伯拉罕看作"变态""可怜虫"。而寒酸卑微的阿伯拉罕也得到了他想要的——心灵的宁静。

对于阿伯拉罕,一个人自成世界。他的留下,毛姆耍了一点小伎俩——超自然的神性,"做出这事来的不是我,是我身体里一种远比自己的意志更强大的力量"。他让阿伯拉罕利用"意念"找到一家希腊人开的小旅馆,阿伯拉罕闭着眼睛就知道这家小旅馆的位置,毫不费力就找到了,跟他想象的一模一样。

要知道,阿伯拉罕此前从没到过亚历山大城,连英国都没离开过半步。这种心灵的东西尽管有点"玄",但我们读来并不排斥。这样的召唤来自天外宇宙,人力所不能及,说它神性,可能有些玄虚,却不得不承认这种神性的昭示。

这种"超自然"却自然地令人想到《圣经》中的犹太人命运。研究犹太民族的历史学家都承认,犹太民族的遭遇,的确是20世纪世界的大奇迹,正式亡国2000年的时间中,犹太人被驱赶到世界各国去,他们成了没有国家,没有政府,没有军队的民族。祖居地又全部被外邦人占领

毛姆：一只贴满标签的旅行箱

长达2000年。奇怪的是，他们散居世界各地，却不被同化。

显然，阿伯拉罕身上有着极为鲜明的犹太品格，不合群，不流俗，我行我素，意志坚定。他就是那只"孤独的刺猬"。

人类是这样不遗余力地抵抗着庸常。阿伯拉罕对于平庸的抵抗是另一种套路，他不给任何人添麻烦，反而用自己的医术服务当地人，捎带着，就把自己逃离平庸生活的愿望实现了。

"做自己最想做的事，生活在自己喜爱的环境里，淡泊宁静、与世无争，这难道是糟蹋自己吗？与此相反，做一个著名的外科医生，年薪一万镑，娶一位美丽的妻子，就是成功吗？"

虽过去百年，毛姆这段话越来越被印证。看看我们当下的生活吧，微信的使用大大解放了一些不愿被束缚的人，越来越多的自由职业者，凭自己的一技之长活得活色生香，而不是无奈地在体制内挣扎。

与毛姆的不断出走，寻找那个永远在路上的自己不同，阿伯拉罕却是一眼看到出生地之外的某个生命归宿，从此安土不迁。毛姆的许多故事中都涂满这类"乡愁"主题，他也在多部小说中做了这种乡愁的探索和思考。其实透过悲剧的表层可以发现极为丰富和深刻的悲剧之因。水火对立的悲剧中，表现着不同观念与文化相融过程中的千般况味。但毛姆塑造阿伯拉罕这类人物，已经告诉我们，这个世界本就存在这个人群——包括他自己。

他们的生命中存在一种流浪基因，遵从了内心，不允许灵魂上的星点灰尘。这种处处不苟且，凛冽昂然的清高，和他作品的完美是一致的——玫瑰的刺是可以原谅的，他教会我们领悟自己生命中的孤独荒寒、爱的执着、寻找的艰辛与刹那满足的喜悦。正如女作家张洁所说，在流浪的路上，最重要的体验就是"感念杂生"，而后在无数个感念中达成一个又一个更高层次的宁静。

第八章
诗意的流浪

毛姆童年

毛姆少年

毛姆青年

毛姆中年

毛姆老年

毛姆与丘吉尔

这一世，两个人

对于常人，影响男人一生的往往是某个或几个女人，但对于毛姆，纵观他92年的生命，却是得到两个"美男子"先后形影不离的陪伴、支撑并成全。

每当谈到毛姆，特别是他那旖旎多姿的旅途，很难撇开这两个人——前半生是美国人杰拉德·哈克斯顿，下半场则换成英国男孩艾伦·塞尔。

为什么是小哈

毛姆的许多作品已成经典，但人们阅读时往往忽略了对于作品至关重要的另一个人——杰拉德·哈克斯顿，即毛姆的朋友调侃的"小哈"。

这个人，无论如何都不应被遗忘。没有小哈，毛姆的许多作品就会沦为空中楼阁。在他们长达四分之一世纪的友谊中，他们周游世界多个国家和地区，欧洲、印度、南太平洋、东南亚，包括1919年10月来到中国。他们二人从1914年10月在法国布伦港的野战医院相遇，很快就成为一对黄金搭档。"军功章"里，一定有小哈的一半。

抛开小哈谈毛姆，毛姆的完整性稍受影响；抛开毛姆，小哈则整个散架，"戳"不住了。因为离开毛姆，小哈不再是小哈。他们神奇的相遇，以及一生的交集，堪称上世纪前半叶一点也不逊于毛姆戏剧的人生大戏。

1914年10月，一战在继续。毛姆所在的救援车队来到法国布伦的一所战地医院，被派与美国红十字会联合行动。一天晚上，毛姆正在安慰一个受伤士兵，那是一个难缠的角色，情绪激动着，医生不让喝水，他却大喊着要水，还对毛姆的安慰冷嘲热讽，连毛姆给他写一封家信的提议都粗暴地拒绝……平时一贯怪异、冷漠的毛姆，能够付出这等耐心，多难得！若不是特殊的战争环境，毛姆可能都懒得瞭他一眼。

就在毛姆难以招架之时，一个年轻人走过来，只见他大大咧咧地递给伤者一根烟，并讲了几个庸俗笑话，居然把伤员的注意力从疼痛上成功转移。

这就是小哈。这个情节让毛姆终生难忘。

医生来了，安顿好伤员。毛姆和小哈相约来到阳台，趴在栏杆上，俯瞰战争中城市的夜景，畅谈战争后的各自打算。接着，意犹未尽的他们，又来到小哈的住处……

其时的毛姆正值不惑，小哈22岁。小哈早就认出这个经常在报纸上抛头露面的当红作家。他们倾心交谈，瞬间明白这次相遇的意义。如果说毛姆此前不放过任何一个漂亮男孩而此时会轻易忽视荷尔蒙无处宣泄的小哈，显然毫无道理。小哈的样子正是毛姆无法抗拒的：有点机会主义，放荡，自我放纵，很清楚自己的性魅力。况且在那种战火硝烟的环境，人最易于陷入孤独……池莉的《来来往往》中，康伟业与林珠在北京饭店相拥着，彼此看到的是眼前单调的白墙，满墙只两个字——孤独。显然，这样的时刻，也最易催生爱情。人到中年的毛姆与青葱性感的小哈，人生的机遇就这样来临了。一瓶杜松子酒，开启了他们的30年。

他们的第一次情感"合作"，始于1916年的南太平洋之旅。《月亮与六便士》在他们的30年甜蜜"情缘"中成为开山之作，具有划时代意义。

只有到了海上，小哈的价值才被大海烘托得完美无缺，也向毛姆展示了他在这个世界上的唯一性。小哈这颗自由电子，擅用他的天性"工

毛姆：一只贴满标签的旅行箱

作"，他跟船上各色人等极易"化合"，哪怕在极为惰性的人面前，小哈就像一枚活性超强的精子，让对方很快"受孕"。而他的主人则天性矜持谨慎，虽为社会名流，却被公认难以接近，小哈这一媒介多么及时啊！

在公众面前衣冠楚楚的毛姆，却难掩作为小说家的好奇心，他多么想走进所有人的内心，挖走他们所有的故事啊。幸运的是，小哈为他做了这一切：与同船乘客相处甚欢、饮酒玩牌，将听来的趣闻一一转述给毛姆。有小哈的所有旅途，两个人就像男女生殖器一样吻合。

人与人之间，是需要信息密码的。小哈是那种敢于把自己的缺点写在脸上的人，毫无做作、矫情，抛开欣赏或贬斥，说明毛姆对这类人是多么感兴趣！这也是小哈的可爱之处，某种程度上弥补了毛姆的"婊子牌坊"心理。纵观小哈的一生，他在毛姆这里从来不缺乏的就是"获得感"。早在他们初识时，谈到战争后的打算，毛姆问他想要什么。

"从你那儿，还是从生活中？"听听，这小混混暧昧的挑逗多么大胆！

完全可以想象小哈说这话时轻佻的眼风和赤裸裸的进攻性。但毛姆偏偏不缺这个底气：也许二者兼有。

后来的事实证明，小哈基本撇开了生活，全部从毛姆这里"获得"。

诚然，对于"获得"，他们是双向的。毛姆也从小哈身上"获得"小哈之外任何人都给予不了的东西。无论在哪里，表面循规蹈矩的毛姆，其实强烈需要小哈这样一个"混混"式刺激，以使他能够保持与社会的联系，以及创作的永久激情。

岁月飞逝，当他们成为一对模范同性恋伴侣之后，尽管小哈"恶行"不断，但毛姆对他仍无法抗拒，跟他在一起时毛姆生机勃勃。小哈对世间一切都感兴趣，精力充沛，这恰恰弥补了毛姆的沉闷，同时又从这个举世闻名的大作家身上获取了一种完全不同的人生经历、生命体验。他们那个圈子目睹了这一对神仙眷侣的甜蜜岁月，得出结论：小哈是唯一让毛姆真正感到舒服的人,"毛姆非常喜欢哈克斯顿,这是他一生唯一的爱,他为他神魂颠倒"。

毛姆曾把叶芝的一首诗抄送给小哈——

我在恋爱中

而这是我的耻辱

伤害我灵魂的东西

我的灵魂爱慕

还不如一只四条腿的动物

早在第一次世界大战期间,1915年,小哈遇到一件麻烦事,他在国外与一位男子约会时被捕。以绅士著称的英国绝不容忍小哈的放荡不羁,把他列为不受欢迎的人驱逐出境,终身不能入境。毛姆后来把住所选在英国之外的法国地中海沿岸,显然也有屈就小哈的因素。

他们住在豪华的莫雷斯克别墅里,一起游历了世界所有美丽而刺激的风景名胜,毛姆必须回英国处理事务时,小哈像一个贤惠的主妇等着他归来……特别是,他们之间有过一次生命"事故"——在婆罗洲航行时翻船,如果没有小哈,毛老人家早就永远留在了那片海域。

尽管有人把小哈定性为"下流坏子""贼眉鼠眼""声名狼藉""基本上就是个骗子""不知检点",甚至直接将他视为魔鬼的化身。可这要看在谁面前,小哈可以在全世界面前通天妄行,世人也对这种"流氓"避而远之,但谁让毛姆是小说家呢,小说家的毛姆专门寻找"魔鬼",并有专门从"魔鬼"中发现神奇的本事。

这个眼眸里尽是星辰大海的美男子,生生让毛姆爱了一辈子。

毛姆一生最大的财富是自由。而这自由是他自己辛苦挣来的,职业、荣誉、感情、性、生活状态……都是自由的。他挣脱了一个个枷锁,包

括妻子西莉和女儿丽莎。唯有小哈，恒久地留在他的生命中。

不得不佩服毛姆的"藏"功。

在毛姆的各类作品中难以寻到丝毫传说中"小鲜肉"的蛛丝马迹。因为王尔德的遭遇，毛姆在文字里把那个陪自己天马行空的小男友"捂"得严严实实。毛姆的所有作品中，除了他身后旁人写他的传记中的详细记录，他个人从未提及小哈一字。他们相伴30年间，他可以事无巨细地提到旅途中的每一个人：中国厨子、印度小贩，甚至一只小鸟、一头小猪、一棵树、一片叶、一丝风、一滴雨……却独独没有这个与他朝夕相处又救过他性命的同伴。

毛姆70岁时，小哈死于肺病。他像女人一样大哭，"你（毛姆侄子罗宾）永远也不会知道我是怎样的伤心""我总想忘掉他，但一天中，不知多少次想起他，无论碰到什么，读到什么，或者偶然看到一个什么字，我便立刻想起他，而只要想起他，我就伤心极了"，"我能有今天，全亏了他"。

无论小哈多么不堪，哪怕整个世界都背对他，可是，在毛姆这里，他是生命。或许这就是对立面的价值。"恶棍"往往"怀璧其罪"，特别是在一个高度一致性的环境中，一个异类永远会成为异类。有时，甚至是"不堪"造就了人的成功。

艾伦登场

1928年，在伦敦的一次晚宴上，毛姆遇到了第二个对他一生至关重要的英国男孩——艾伦·塞尔。

当时艾伦18岁，他是一个荷兰裁缝和伦敦女人的私生子，有着黑眼睛和一头浓密的黑色卷发，被称为"糙货的改良版"。

这是一个普通、性感的男孩，聪明、温和，渴望提升自己。"我当年很帅的。"他说。他喜欢老男人，身边蜂拥着一群热烈追求他的名人。他们被这个"富于幻想的小朋友……世上最可爱的宠物"迷得晕头转向，给他写了一系列充满色欲的信。

艾伦在布鲁克街的一家画廊工作，晚宴那天，主人家有个客人临时有事，艾伦被叫来顶替那个人的位子，而那个位子旁边就是主宾毛姆。毛姆立即被这个小伦敦佬吸引，习惯性地打听他的生活和志向。艾伦告诉他，他渴望旅行，这与毛姆一拍即合，他立刻提议带艾伦去欧洲大陆旅行，并建议一同离席，以便讨论进一步的计划。

但那时的艾伦被众多名人缠着，当晚跟别人走了。毛姆很泄气，第二天，他给艾伦打电话，说他很生气，"但是，如果你今晚跟我一起吃饭，我就原谅这一切。"

他们在夸格利诺餐厅共进了晚餐，艾伦说，那晚"改变了我的一生"。两人不仅成为情人，也开启了之后的近40年，一直到毛姆去世。

毛姆意识到艾伦和小哈的个性存在鲜明反差。艾伦温柔，但很无趣，缺少邪恶和机智以及与小哈在一起时那种纯粹的兴奋感。毛姆告诉朋友："他永远不是那种聚会上的灵魂人物；所以，没有人跟我一起逗乐、开心，在花园里漫步时，我多么渴望哈哈大笑。"

但艾伦可靠，给人安慰，"塞尔是个小猫咪，"一个认识他俩的朋友说，"小哈毛发直立，甚为粗鲁，像一头想要挣脱掌控的斗牛犬。"

事实上，毛姆已经把艾伦当作他的理想伴侣。他有魅力、工作效率高、脾气好；他喜欢旅行和音乐，了解绘画，有不错的鉴赏力；和小哈不同，艾伦从不喝醉，也从不大吵大闹；最重要的是，他很顺从。

温和而无趣，放荡邪恶却魅力十足。艾伦是"好人"，小哈是"恶棍"——在毛姆眼里，"恶棍"则往往"恶"得可爱。他多么希望二人合而为一啊！

其时，距离小哈在美国去世还有16年，艾伦也不能立即全职为毛姆服务，但他们讨论了各种方案。艾伦虽不能立即取代小哈，但毛姆把艾伦搞到身边的心思非常坚定。慢慢地，他说服艾伦到莫雷斯克帮他工作。

毛姆有时也自我怀疑：他爱小哈，小哈在他的血液里，但他也需要艾伦；抛弃小哈是不可能的，但艾伦对他的工作至关重要。1936年4月10日，毛姆抵达伦敦，一起讨论艾伦的未来。艾伦也能给毛姆提供故事，有几次，艾伦带他去伦敦东区的穷街陋巷，甚至安排他去了监狱采访。

第二次世界大战期间，毛姆在美国六年。战争结束时，他已经决定，无论莫雷斯克是否能够重建，他必须让艾伦当他的秘书。他当即决定让艾伦到美国。

那时候英国的出国手续很是繁琐，毛姆为此颇费周折：作为答谢美国在战时对他的款待，毛姆把他的《人生的枷锁》的手稿赠送给美国国会图书馆。可是手稿在英国，这样，派人专程把手稿带到美国就成为艾伦出国的正当理由。他就这样为艾伦搞到了美国签证。

1945年12月2日，艾伦带着《人生的枷锁》手稿从英国新城起航，于圣诞节在美国霍博肯登岸，径自前往毛姆的住所。时隔多年，艾伦的外表此时已远不如过去潇洒飘逸了。但毛姆执念旧情，艾伦也就一直相安留在他身边，勤勤恳恳地照顾了他最后20多年的生活。用作家格伦韦·韦斯科特的话来说，艾伦是"毛姆第二童年的保姆"。他替毛姆回复信件，安排旅行计划，充当毛姆和外部世界的缓冲器，当毛姆感到口吃得紧，半天还说不出一句话来时，艾伦就替他把话接过去说完。

在毛姆的眼里，艾伦的优点在于他像一条爱犬一样忠诚。"艾伦对我是一个很大的安慰，"毛姆写信给阿兰森，"他没费多大工夫就把事情安排妥当，替我把肩上的重担卸下了，在这儿那么乐观，这是令我高兴的。"

他们在美国一直住到1946年。5月29日，毛姆和艾伦乘坐法国哥伦比亚号回到马赛，并立刻回到莫雷斯克。

笛福 毛姆 鲁滨孙

一

毛姆幼年在巴黎的英国驻法大使馆时，母亲经常教他背诵的一首封丹寓言，完全印证了日后的驴友毛姆。这样的童年教化，特别是当他呈现给世人一只"贴满标签的旅行箱"时，不得不承认，那首诗赖在了他的血液中。

中年后再读《鲁滨孙漂流记》，顿然想起这首诗，也立即把毛姆与鲁滨孙联系在一起，游历的影子根植于他们思想意识的沃土，成为身体一因子对他们不离不弃——毛姆的一生，恰似笛福和鲁滨孙再世。

世间总有这样两种人，一种安土重迁，一生固定在一个地方，哪怕换一小步，也会全身不适。我们身边不少洁癖之人，由于不能改变许多卫生和居住等生活习性，宁可放弃许多出差机会。

当然，在这方面，最为典型的名人还有一位——康德。他一生没离开过柯尼斯堡。

与以上境况相反的，就是毛姆、笛福、鲁滨孙。他们若总在同一地方就会周身不适，整个人身心失衡，必须不断出走，把自己抛到一个个充满未知的途中，去体察世界的多样性和生命的多种可能性。

毛姆和鲁滨孙，令人充满好奇地打量着地图上漂离欧洲大陆的英国版图，那个不规则的奇形怪状的小长条，究竟对其子民有着怎样的潜移默化？重读《鲁滨孙漂流记》时，盎格鲁·撒克逊的民族基因颇耐寻味。

毛姆：一只贴满标签的旅行箱

笛福所生活的 17 世纪的伦敦，英国工商业迅速发展，海外贸易和海外扩张方兴未艾。这样的时势之下，一个像笛福这样有才智有精力富于进取心的人，自然要努力为自己在社会上争取一席之地。这也造就了笛福经历丰富的一生。他经商、参军、写诗、从政、办报，还当过商业间谍。

当他写小说时，已经 59 岁。一生的遭际大起大落，复杂多变。然而正是这些起伏变化显现出他视逆境为坦途的坚毅性格。他自身就是像他笔下的鲁滨孙，百折不挠一心只想探知未知世界的顽强人物。在他之后相继出现的斯威夫特《格列佛游记》、班扬的《天路历程》，都显示出英国人的民族性中渴望闯荡天下的一面。

彼时的英国，读书界最感兴趣的就是与游历和冒险有关的书籍。航海经历极为丰富的笛福，使鲁滨孙成为当时中小资产阶级心目中的英雄人物，表现了强烈的资产阶级进取精神和启蒙意识。

笛福的父亲常用中庸、知足常乐的哲学教育他，要他满足现状，不要"冒尖"，更不要出海。然而，海外的新奇具有一股不可抗拒的吸引力时时诱惑着他，他雄心勃勃，决心舍弃安逸舒适的平庸生活出海远航。

第一次出海他几乎淹死。第三次出海，又被海盗掳去，逃出后在巴西发迹。但他仍不死心，经别人提议，再次出航，结果滞留荒岛。

二

成年之后再读这段惊心动魄的经历，与少年时迥然不同——少年很难想象 28 年的时间长度。28 年，一代人已经过去，鲁滨孙终于把荒凉的孤岛、难以言说的孤独抛到身后，回到文明社会。

谁知，伦敦却留不住他。晕乎乎、懒洋洋的幸福仍然阻止不了他的继续漂泊，他要继续开拓世界、占有世界。这种征服自然的无限勇气和坚韧不拔的实干精神深深影响了 18 世纪的大英帝国，成为一个时代的符号，其形象产生的巨大艺术魅力源源不断地影响着后人。

与鲁滨孙冒险的性格极相反，父亲主张中庸，向往"中产之家"。他对鲁滨孙说，只有穷得铤而走险的人，或雄心勃勃又富有资财的人，才去海外冒险。中产的社会地位才是世上最好的，最能使人幸福，既不像劳力者那样必须历经艰辛，也不像所谓的人上人那样，受骄奢、野心和忌妒所累。

　　他的理由是：帝王们不得不处理军国大事，他们常为由此带来的不幸后果而抱怨，恨不得自己出身不贵也不贱。他相信，高贵者和低微者在生活中总是多灾多难的，只有在中层这个位置上祸殃最少，不像上层或底层的人那样大起大落，顺逆无常。也只有中间阶层的生活，才会产生种种美德并享受到种种乐趣，具有中庸、节制等美德，才会获得安宁和富足，才有福气享受到安闲、健康、友情和各种令人舒心惬意的消遣和娱乐。只有这样，才可以清静安闲地过上一辈子，舒舒服服地走完人生之路。

　　父亲劝鲁滨孙别"孩子气"，否则会一头栽入苦海。父亲最后说，尽管他会永远为儿子祈祷，但如果儿子"实在太蠢，真的跨出了离家远行的那一步，上帝就不会保佑你"，"今后在你求救无门的日子里，自会在空暇的时间回想我的话，当初是如何将父亲的话耳旁风的"。

　　父亲说到伤心处泪流满面，说到他日后后悔莫及的种种情状，难过、伤心至极，无法再说下去。

　　这样的时刻，鲁滨孙"大受感动"，"谁还不能为这话感动呢？"于是他下决心不再想航海这件事，安安心心地侍奉双亲，哪也不去。

　　然而，只能说是上帝植入他体内的流浪基因作祟，不消几天，他早把父亲的话忘得一干二净，开始时试图通过母亲"曲线救国"，不料母亲担心日后独自承担"放走"鲁滨孙的责任，不但坚决反对，并通报了父亲，父亲忧心如焚，"这孩子若是不背井离乡，倒是可以指望过上舒心日子，若是要远去海外，那么他将成为最倒霉的家伙……"

毛姆：一只贴满标签的旅行箱

父亲的话竟"一语成谶"。鲁滨孙晚年"检讨"自己的忤逆时说："我虽迄今为止经历了种种磨难，但却从没想到，这一切都是出于上帝的旨意，都是我罪有应得，我的行为背叛了父亲，或许我选择了无法无天的生活方式，上天就让我得到这种报应。"

别看鲁滨孙的父辈传统保守，但他们的家族却有着流浪的渊源，三兄弟中都不肯守在温柔乡，立志天涯漂泊。鲁滨孙的两个哥哥，长兄战死疆场，二哥就像他后来一样航海失踪，不知下落。那一时期，探险、远方的诱惑，无人能敌，似乎只有未知和冒险才能抵抗生活的平庸无奇。

三

在人的感情中，往往有一些潜流，当这种潜流受某种明确目标吸引，或者这个目标并不明确，但由于想象力的作用，这目标呈现在心头，那么这潜流就会以汹涌澎湃之势，挟着他们的灵魂急急向那目标奔腾而去。

"哦，哪怕有一两个人，不，哪怕只有一个人能够死里逃生，从那船上逃到这里，那该多好，至少我可以有了伙伴，有个同类可以对我讲话，彼此可以交谈，我孤身一人生活了那么久，从来没有因为需要有个作伴的人，这种殷切的愿望，从来没有因为缺一个伙伴这样深切的遗憾；我的这种愿望急切而又强烈，真是只要有一个逃出性命也好，哪怕只有一个人！"

——面对岛外失事的海盗船，鲁滨孙动了以上这些心思，实为对孤独的独特诠释。孤独，在此时显示了其独特的"威胁"。

28年后鲁滨孙终于回到文明社会，并取得丰厚的资产收益，除非大肆挥霍，他那不断增加的资产一辈子也花不完。但这也不足以抵挡他再次出游的强烈愿望，在他身上，这种愿望简直就像一种慢性病，尤其是，他脑海中总是念念不忘那个小岛，经常梦见，以致与别人谈话时他总是鬼使神差地把话题引入小岛，搞得别人不尴不尬。

对他来说，他弄不清楚，究竟是否真有鬼魂、幽灵或走尸之类的事，但他非常清楚，他神不守舍甚至歇斯底里的状况已经非常严重。身在伦敦，他就像天外来客，在东游西荡中，他觉得上帝创造的万物中这种无事可做的人最没用处；他最厌恶的就是这种无所事事的生活，"游手好闲地过活，就是生活中的糟粕，还不如"花 26 天做一块松木板值得"。

他经常想起那个获救的西班牙船长的话，在船长遇到的所有人中，英国人在危难中最为沉着冷静，"先生，在你那处境里，换了我们不争气的西班牙人，从那船上弄下的东西绝不会有你的一半，根本也想不出扎个筏子运东西"。

险象环生的旅途，让鲁滨孙体验着作为英国人的自豪和幸福。

他经常觉得自己已经回到岛上，站在那老寨子和树木中，看见那位西班牙老朋友、礼拜五的父亲以及几个心术不正的水手……尽管他极力说服自己，不断提醒自己的年龄，要淡定和安分。但生活中除了想小岛，无任何乐趣，他的妻子也看出他的心早就飞到那个小岛，富足的生活，幸福的家庭，可爱的妻儿，都不能拴住他的心。于是就在丧妻之后，把儿女安顿好，自己又踏上了流浪的荆棘之路。

四

某些时候，毛姆等同于大英帝国。

毛姆似乎自出生就注定了渺远、流浪的异国血统，那种神秘的遗传密码水到渠成地流淌到了毛姆身上。

父亲罗伯特·毛姆是新移民，母亲则出生于印度，母亲后来跟随外婆先是回到英国，而后又到法国，才有了与毛姆父亲的交集。双亲故去后，10 岁的孤儿毛姆只好从法国回到在英国做牧师的叔叔身边，而后，十几岁的他离家求学，16 岁时只身来到德国，从此，开始了他一生永不

毛姆：一只贴满标签的旅行箱

停歇的远行。

远方，对他有魔一样的召唤，假如在同一个地方超过三个月，他就会感觉生活"肯定出了问题"，必须把自己抛到路上，才心安。

相对于鲁滨孙，毛姆早在十岁便失去双亲。假设他的父母在世，是否会遇到同样的障碍和阻拦？他的父母是否会比鲁滨孙的父母开明？虽为未知，但可以肯定的是，毛姆对旅途的向往也像鲁滨孙一样，绝不会因父母的阻挠而泯灭。

与鲁滨孙稍有不同的是，毛姆的旅途很少孤身一人，特别是当他"拥有"了小哈和艾伦，他的旅途更加多姿多彩。某种程度上，毛姆与他俩，相当于鲁滨孙与礼拜五，相辅相成的给予和施舍。这两对奇特的关系看上去兴味无穷，其中的曲折、表里告诉我们：知恩图报并不是人性中固有的美德，正如笛福在他的书里让鲁滨孙说，"虽然以色列子民起先为自己被救出埃及而高兴，但是当他们在旷野里食不果腹时，他们就大发怨言，连救他们的上帝也不放在眼里了"。

毛姆的小说似乎都在探讨"上演"与"谢幕"、"出走"与"回归"之间的林林总总，经常出现逃离现实回归原始自然的人物，最为典型的就是《月亮与六便士》《爱德华·巴纳德的堕落》《快乐的人》。归纳起来，从思特里克兰德开始，爱德华·巴纳德，布吕诺船长，阿伯拉罕，都不约而同地走了鲁滨孙的路线。如果寻找他们的祖先，无疑鲁滨孙应算一个。

显然，毛姆身上流淌着鲁滨孙的血液，而毛姆又把这种基因"栽种"到他的一个个小说人物身体里……

或许，我们每个人心里，都住着一个鲁滨孙。

毛姆在一九五四

1954年,漫漫时间长河中的这个普通年份,却对毛姆有点特别:1月25日,他满80岁。

尽管科技对寿命已拥有了巨大贡献,人类的80岁仍意义非凡。今天的80岁与近70年前注定不同,在此将毛姆特别"拎"出,是因为他很"例外":毛姆的80岁颠覆想象,比现代人还硬朗,远不是我们印象中的颤颤巍巍、老态龙钟。相反,朋友眼里的他健壮得不像个老人,敏捷、结实、健康。在英国作家、特工(驻莫斯科外交官)罗伯特·洛克哈特眼里,毛姆的"身体棒极了,没有一点赘肉,对他这个年龄的男人来说,就像头小牛犊"。

毛姆80岁这年,一家权威营养机构,通过严密测算,给出一个针对毛姆的"精准"寿命路线图:再活五年零三个月。有零有整,言之凿凿。

可是事实上,他老人家突破了这个设限,一举活到差40天满92岁。

一

要想了解毛姆是如何进入80岁的,最好再去看看他的"80-"。

80岁之前,功成名就的毛姆渐生厌倦,进入一个失望的时期。他几次想卖掉莫雷斯克,因为"没有朋友,没有游艇"。别人邀请他参加一些豪华集会他都拒绝了,"那是呆板和愚蠢的"。他给别人写信:"我有好仆人,好饭菜,一所漂亮的房子和美的花园,但仍然不能使我不感到

厌烦。"

基于这样的心情，79 岁的时候，毛姆拜会了多年好友、英国皇家学校校长卡农·雪利，他向雪利吐露心思：年近八十还没有从英国政府接受过荣誉称号。他为此怏怏不乐："他们给了哈代勋章，我认为我是英国最伟大的作家，他们应该把勋章授予我。"

勋章是一种为数很少的荣誉奖，由皇室个别选定。在世的成员数目限制 24 名并选自一个广泛的领域。作家入选的名额不多，一些成就不如毛姆的作家——高尔斯华绥和 J·B·普里斯特利，特别是后者，获得时已 83 岁高龄；E·M·福斯特 1969 年就到手了。

这样的挫败感，竟让毛姆想到自己的"后事"。他告诉雪利一个秘密：想把自己的骨灰葬在坎特伯雷皇家学校范围内某一处。

雪利建议他俩漫步去寻找，走进一个早期诺尔曼人的祭祖教堂，这是学校喧闹声中的一块安静宜人之地。由于毛姆早就宣称不信上帝，坎特伯雷教堂当局颇费周折，但最后还是批准了毛姆身后这块墓地——当然，他为学校修建船坞捐赠了三千英镑。

1953 年的春天，毛姆在他的莫雷斯克"闷"了三个多月，多年来，他在同一地方是不能超过三个月的。此时，他想换换环境，决定带着爱仆艾伦去希腊和土耳其旅行。艾伦长期同毛姆在一起生活，感到"神经十分紧张"，因为他几乎每天都要受到人们的冒犯，这使他不得不出面制止这些人的叨扰。艾伦太渴望出游了。

毛姆以为自己在土耳其不会有什么名气，谁知船刚到岸就有一个警署官员报告：警察总监给他任务来照护毛姆。这个警官就像一个保镖，到处跟随毛姆。原来，毛姆的许多作品在土耳其没有按照出版法规定出版，而是被私下印出来了，因此土耳其出版界热切追逐着他。艾伦认为伊斯坦布尔又脏又令人厌烦，值得一看的地方太少，跟随的警察和他们一样感到拘束。

在雅典，国王和王后请他午宴。毛姆把这当作一种敬意，以为他们会邀请一些文学界人士出席作陪，但他们决定只让夫妇二人拥有这份陪毛姆吃饭的荣耀。国王还派了一辆车供毛姆在雅典郊外作了一小时的游览。为回应警察们对王室车辆的敬礼，毛姆的手臂举得酸痛……

1953年6月毛姆回到莫雷斯克，丘吉尔邀毛姆在蒙特卡罗的巴黎饭店共进午餐。毛姆和艾伦到来时，丘吉尔说："我要了一顿美味的午餐。"饭后丘吉尔又说："我希望你喜欢这顿美味的午餐。"离开时，毛姆对艾伦说："我根本不欣赏这顿饭。"

9月，繁忙的里维埃拉交际季已经过去，毛姆到意大利拿波罗去看望英国作家马克斯·比尔博姆。

10月，毛姆到伦敦作一年一度的访问。他86岁的哥哥突然发病，住在楼房的第一层；毛姆喜爱的侄女凯特·布鲁斯失去了丈夫。毛姆的一个脚趾骨跌伤了，需要包起来。用艾伦的话说，毛姆像尼津斯基（俄国芭蕾舞蹈家）的动作一样，从一块岩石跳到另一块岩石。而此时，他必须要在《寻欢作乐》的精装版本上签名达千次，他感到可怕的疼痛。

12月，他们回到莫雷斯克同一个孤单的美国士兵一起度过圣诞节，这个士兵是作为他们唯一的客人由艾伦请来的。

对于欧美文学界，1953年还发生了一件大事——《巴黎评论》创刊。

时年75岁的英国作家E·M·福斯特接受了首访。毛姆79岁，他太老吗？可是《巴黎评论》在采访英国作家V·S·普里切特时，他已90岁。

同样在1953年，就在伦敦圣詹姆斯街街尾的那幢底楼，《巴黎评论》采访了49岁的格雷厄姆·格林。走近《寻欢作乐》就会明白，毛姆就是在这附近遇到了休·沃尔波尔，并冷嘲热讽着把他虚构成阿尔罗伊·基尔。

"不甚崇高""有点通俗"的毛姆,尽管当时处于众星捧月,却被《巴黎评论》抛置圈外,可见《巴黎评论》选定作者的"偏见",以致笔者在遍寻所有《巴黎评论》中译本而不见时,为毛姆愤愤不平。

《巴黎评论》若采访毛姆,他会说些什么?

二

终于迎来了生命中的80岁。

1954年1月22日,毛姆到达伦敦,开始了他的80寿诞年。

《笨拙》杂志登载了一首关于他的诗,《伦敦广播》杂志把他的照片作为封面。新闻出版界极为尊重他,他愉快地接受访问。一位摄影记者问他是否要把照片上他面部的皱纹做些技术处理,"绝对不要,"他说,"花了我80年的时间才有了这些皱纹,我为什么允许你在两分钟之内把它们抹掉?"

毛姆注意到,在多切斯特他自己的房间里,格雷塔·嘉宝在她青春年华时得到的鲜花也不会比此时的他得到的多。艾伦面对要回答1200多件祝贺的函电颇有些怨言。在毛姆生日期间,《纽约时报》发了头条新闻:"萨姆塞特·毛姆,不列颠的小说大师,以半小时桥牌开始他的八十诞辰。"

"加里克俱乐部"给毛姆举行了一个生日宴会。只有三个作家受到过这样的厚谊:狄更斯、萨克雷和特罗洛普。剧作家和剧评家圣约翰·欧文当众介绍了毛姆,认为毛姆在宴会上作了一次最好的演说,"充满了机智、幽默、措辞得体,而且使一些人大为吃惊的是,充满了感情。"

毛姆事先记熟了他的演说词,开始一直极为顺畅,直至说到其中一段时,由于口吃,在"V"字的发声上卡住了,显赫的客人们静静地坐着,犹如受了催眠似的看着他张开的嘴,在努力发出一个特定的音符。毛姆安然地站在那里,虽然他的手指在颤抖。等了一会儿他说:"我正在想我接着要说的东西。"于是他又陷入沉默,这时烟灰从他不动的雪茄上掉下来，雪茄的烟上升缭绕在那些名画的周围，"我很抱歉让你们等着我。"毛姆接下去说，又是一阵沉默。然后突然间嘴型改变，脱口而出要说的话："从一个豪华的旅馆的游廊上……"他很有风度地完成了他的演说。

宴会完毕，毛姆不是回去睡觉而是溜上楼去，打桥牌去了，一直打到第二天一点钟，人们劝他应该像个80岁老人那样回去睡觉。

生日第二天，毛姆到《泰晤士报》书店去参加他的手稿和初版书的展览。六点刚过，毛姆就去寄存了他的帽子，他对那些冲着他皱眉头的盛装妇女们彬彬有礼。在一个名叫斯特罗恩的青年作家眼里，毛姆看起来比他的年龄要年轻一些，他那褐色的两眼像蜥蜴的眼睛一样转着。艾伦把斯特罗恩引见给毛姆，毛姆伸出潮乎乎的手跟他握手，并以抱怨加自豪的口气说，在过去的三天里，他赴了27个约会。

为了庆贺毛姆80岁，并给他一个惊喜，毛姆的老东家海因曼出版社委托美国作家乔斯林·布鲁克编一本纪念文集。布鲁克约请了30位左右的英美作家撰稿。然而他们多是推诿，有的直言拒绝，这使人感到毛姆的作家朋友是多么忘恩负义！最后只有两个朋友分别写了两千字，但期间牢骚怪话不断。由于拒绝太多，这个计划只好取消。

疲于生日庆祝，毛姆患了风湿性关节炎，过完生日他立即回到莫雷斯克。

为了缓解这样的疲惫，不久毛姆就前往瑞士，到一个由保罗·尼汉斯博士经营的诊所住了十天。毛姆一生中多次光临瑞士这家诊所，是因为其特殊的养生服务。

40年后间谍毛姆重回日内瓦湖，站在诊所俯瞰湖面，该是志得意满了。

这个诊所提供一种"活细胞回春法"，价格昂贵，但效果极具革命性。他们从刚宰杀的绵羊体内取出羊胎，提取新鲜细胞后注入人体。当

时欧美名流如卓别林特别是教皇庇护十二世等一大批名流贵胄,都在梵蒂冈秘密接受过治疗。

毛姆带艾伦来到瑞士时,尼汉斯铺红地毯欢迎他们,邀请他们去家里吃饭,带他们参观诊所、屠宰场和实验室。尼汉斯向他们详细介绍了整个程序:在短短一个小时内,他们宰杀母羊,取出羊胎,将组织切片、绞碎,和生理盐水混合后用大号注射器注入客人的臀部。按照惯例,接受治疗者要在诊所住三个星期,但才过十天毛姆就受够了。

回到莫雷斯克后,他遵照医嘱三个月不沾烟酒,"感觉怪怪的,"他说,"既不难受,也没有特别好的感觉,就是怪怪的。"

艾伦则很高兴,如此昂贵的事物毛姆毫不吝啬地为艾伦注射,可见这个爱仆在毛姆生命中多么重要。毛姆的一位邻居说:"他们俩都在瑞士接受了活细胞治疗……艾伦变成了一只饶舌的汤姆猫……他用他那娘里娘气的伦敦东区口音说:亲爱的,你想象不到是什么样,一觉醒来后我发现支了顶'帐篷'。"

三

从瑞士回到莫雷斯克,毛姆的美国朋友伊恩·佛莱明前来拜访。他是《泰晤士报》专栏作家,商议把毛姆的《十部小说及其作者》(中文译为《巨匠与杰作》)在这份报纸上连载。这次毛姆对稿费的大方令人意外:只取了3000英镑稿费,而报纸的发行量因为毛姆陡增了五万份。毛姆同意延长连载15周,并不增加稿费。

刚进6月,一个大好消息适时到来——丘吉尔来信告知,他成功进入英国女王授勋名单,将被授予荣誉奖章。

女王秘书写信给毛姆,问他能否到伦敦接受奖章。"我方便,"他回信,"就是女王陛下方便的任何日期。"即使这个荣誉在他的生命中来得这么晚而且远在"勋章"地位之下,他还是感到很骄傲。

6月下半月的一天，毛姆走进了白金汉宫，身穿晨礼服，头戴礼帽。他被领着通过长长的走廊，走了一扇扇门，最后一扇门打开了，一个随员说："陛下，毛姆先生晋见。"

他鞠躬，前进，女王同他握手，送给他一个小小的皮盒子，里面是一个系着红缎带的金奖章，用蓝珐琅印了八个字"行动忠诚，荣誉清白"。

毛姆认为面前的女王"极端美丽，秀目白肤，身材漂亮、苗条"，他后来写信告诉阿兰森："她请我坐下来，我们谈了一刻钟，然后她说，'很高兴见到您，毛姆先生'；我起身，她也起身，我们握了手，我向她鞠了一躬，然后向后退了大约三步，接着转过身走出门。这一切是那么的轻松惬意。"

这个荣誉，是毛姆长期奋斗达到的高度之一，为他带来了大批祝贺信，艾伦以每天50封的速度回信。这让毛姆在几个月内心花怒放，来看他的朋友形容他"得意忘形，成天喜上眉梢"。

就在毛姆获得荣誉奖章之后第三年，他的一位教授朋友克劳斯·乔纳森从诺贝尔奖金机构的一个秘密渠道得知：毛姆正在被考虑作为一个诺贝尔奖的候选人。他给阿兰森写信："我希望而且祈祷有一个聪明的决定……在过去，当我谈到获奖人的名单时，我常常感到失望。"

20年之后，乔纳斯再接受访问时提到，"我的妻子常常和我一道在夏天去斯德哥尔摩，我和那里重要的批评家们有所接触，他们告诉我，毛姆的作品并不在诺贝尔评奖的标准以下，他却没有获奖的起码的机会。在某一点上说，这是一个时机不佳的问题，因为毛姆某些早期小说的版权已经过期了，那些都是粗制滥造的作品。一瑞典出版家买下了那些作品的新版的版权，因此，毛姆是以他最坏的作品来接受评判的。这就完了。当然，我从来没有把这件丧气的事告诉过毛姆。"

7月，他为一位童年伙伴翻译的书写序言，分文不取。这极不符合

毛姆对待钱的态度，然而这位朋友与毛姆一同出生于英国驻法国大使馆，他们一起在香榭丽舍的花园长大。这样的无私，在他这个锱铢必较的人来说极为罕见，由此看来，毛姆有时也非常念旧。

8月，女儿丽莎和丈夫约翰带着孩子们来莫雷斯克看望他。这次，毛姆把莫雷斯克别墅办成私人公司，归丽莎所有，而艾伦却暗里制造毛姆与丽莎的矛盾。从此时至毛姆去世，父女之间因财产龌龊不断，最后还对簿公堂。

9月，毛姆又去了西班牙，得知他的许多书在西班牙大卖，滚滚财源正涌向他的钱包，于是他又给自己收藏了几幅画，月底才转向伦敦，开始每年的年终之旅。

11月30日是丘吉尔80岁生日，英国两院委托曾给毛姆画像的格雷姆·萨瑟兰为丘吉尔画像，结果丘吉尔对画像甚是不满，妻子销毁了画像，这件事24年后才公开。

1954年接近尾声，美国作家S·N·贝尔曼转交给毛姆一封出版人马克·古尔堡写给贝尔曼的信，探讨在毛姆退出写作活动时出版一本传记的可能性，贝尔曼给毛姆附言："我正有着一个惊人之篇《毛姆一生中最重要的事情》——它将是关于你的厨师的事。"毛姆回信给贝尔曼："世界上再没有像出版商这样愚蠢的人了。""这个人多年来一直在报刊上抨击我，而出版商却选出这个人与你合作来写一本关于我的书。"

圣诞节来临，毛姆的美国朋友鲁思·戈登和加森·卡宁来到伦敦，他们和毛姆艾伦一起过海峡前往法国。船上，鲁思把她在渡船事务长那里换得的法郎向毛姆炫耀，毛姆回头对艾伦说：把我们的拿给她看。

"好吗？"艾伦不解地问。

"对，按我说的做。"毛姆说。

艾伦打开公文包，里面有成扎成扎的美金百元票。

"天哪！"卡宁说。

"带上这么多现金没事吗？"鲁思问。

"好是不好，"毛姆说，"是很危险，这一共是十多万，要丢失或被盗也容易得很，火车也兴出事，轮渡也兴下沉哩。"

"那么你为何把它带在身上？"卡宁问。

"因为我有一年秋天到法国去身上没带多少那里的流通券，受了不少急。我发誓再到法国一定不能再这么狼狈了。我的经验是这里以美国现钞最受欢迎，上次我要是随身带着就方便多了。"

这样一位一字值一美元的作家，身带十万巨款闯荡江湖。

毛姆就在这样的"炫富"中，迈入了他的 81 岁。

第八章 诗意的流浪

毛姆：一只贴满标签的旅行箱

坎特伯雷：肉身与尘 灵魂飞天

毛姆进入老年之后，目睹一切的艾伦感慨：看到一个伟大人物的结局是令人悲哀的。

毛姆83岁时，他对朋友说"这使我感到我的年纪比上帝还要老"。

毛姆一生虽取得了至高的成就，表现出无限的智慧，对人性有敏锐的洞察力，但他的晚年却陷入无法自拔的痛苦之中。他时常从噩梦中惊醒，楼上楼下疯跑，有时跌倒，便溺满身……艾伦不得不睡在他的卧室，以便在他醒来时随时安慰他。艾伦告诉罗宾，有时他起夜多达六次。

白天，万念俱灰的毛姆愣愣地坐上几个小时，难以抑制地哭泣，什么安慰都无济于事。可怜的他从任何东西或任何地方都找不到慰藉。在那本未能出版的《回顾》末尾，他毫不妥协地表明："我既不相信上帝的存在，也不相信灵魂的不朽。"一直吸引他也一直令他困惑的宗教既没有给他带来信仰，也未能带给他安慰。

即使到了90岁，他也非要去旅行不可，仿佛是在寻找家里再也无法为他提供的避风港。艾伦心情沉重地说："他的身体很虚弱，但渴望旅行，这对我来说是莫大的焦虑。"事实上，毛姆糊里糊涂，加上越来越严重的大小便失禁，即便住在豪华酒店里也不太好处理。1963年10月，在慕尼黑的四季酒店就发生了一些可怕的事，艾伦发誓说："如果没有贴身男仆和男护士在身边，他再也不想掺和了。"

第二年去威尼斯那次更是巨大的灾难，他们不得不提前两个星期回家。艾伦终于告诉自己，旅行的日子已经成为过去。

然而，即使回到莫雷斯克，艾伦也没办法消停。此时的毛姆很少有理智的时候，而且痛苦至极，他知道自己快要死了，开始渴望离开这个世界。"可怜的，可怜的威利，"艾伦写信给罗宾，"他不愿意吃药。他恳求我：'别想着让我活下去了，让我悄悄地离开吧。'"

1964年1月25日，毛姆90岁生日那天，他被拍到浑身裹得严严实实地在阳台上踯躅而行。偶尔有老朋友来看望他，比如住在附近的诺埃尔·科沃德，"我去看了威利·毛姆，"1965年8月25日，他在日记中写道，"我很高兴，真的，因为他可怜得令人愉快。他正在绝望的噩梦中熬过最后的日子，这个可怜的家伙。他几乎不讲理了，当然，他也知道自己丧失了思考能力。我让他振作了一点，当然，我也只是想帮一把可怜的艾伦。"

艾伦的确处在水深火热之中。他逢人就说：人活到90岁，真是一场灾难。

"狼来了"喊了这么多年，现在终于有抱怨的理由了。毛姆耳聋，视力也很弱，他无助、绝望，一切都要靠艾伦。更糟糕的是，毛姆的情绪变动剧烈，时而泪流满面，时而哭哭啼啼，其余的时候则像被复仇女神附了身，以这样一具虚弱、萎缩的身体所不可能拥有的力量向艾伦发起攻击。"我和一个疯子关在一起。"艾伦写信告诉罗宾，"他的兽性令人无法忍受……他生活在一个属于他自己的可怕的世界里。"

浮生三叹，不叹悲欢，一叹花疏酒淡，再叹无人知弦断，三叹夜已尽，春将阑。

就在1965年1月24日，在毛姆91岁生日的前一天，丘吉尔去世。同时代的人仅剩毛姆一人了。

这枚仅存的硕果也日渐虚弱，尤其是他的神经。他总坐在角落里生气地唠叨着，时而喷出一连串的脏话，有时他会衰弱地抽泣，这些极端

的状态总是交替出现。《星期日快报》上刊登的一篇对他的生日访谈中引述了毛姆的话,他依然为母亲的离去感到伤心:"直至今日,丧母之痛依然如在巴黎家中那日一般强烈。"他渴望死亡:"我沉醉在这种想法里。在我看来,死亡能给予我最终且绝对的自由。"

倒是罗宾常到莫雷斯克,安慰艾伦。艾伦简直就是个囚徒,仆人们不愿单独跟主人在一起,也不想做任何跟护理、喂食、清洗或打扫有关的工作。艾伦要干很多讨厌的家务活。罗宾说,要是叔叔发起疯来,他必须鼓足浑身勇气才能面对。

不过,罗宾在莫雷斯克的那些日子还是有收获的。叔叔头脑清醒时,罗宾会孜孜不倦地向他打听他的生活和他认识的人,然后急忙跑到楼上自己的房间,把他们谈话的内容逐字逐句记录下来,以备将来之用。他还认真记下了毛姆的衣着、情绪、外貌,甚至吃了什么东西。毛姆入睡后,罗宾就开始盘问艾伦,循循善诱,让艾伦说出多年来毛姆吐露给他的小秘密和他目睹的许多情景。

罗宾最后一次到别墅是1965年的7月,艾伦被囚禁的日子将在不久之后结束。"威利已经完全疯掉了,时刻处在恐惧和痛苦之中。"他写信告诉朋友,"他快不认识我了,经常在家里走来走去,嘴里嘟囔个不停,有时能持续三天三夜,他的精力太吓人了。"

在毛姆草拟的遗嘱中,莫雷克斯里的所有产权股份留给女儿丽莎,艾伦获赠5万英镑,此外,还有莫雷克斯里的所有财物,并在有生之年收取毛姆的所有版税——每年约5万美元。艾伦故后,版税归属"皇家文学基金会"。毛姆的厨师和司机各获得2000英镑,其余仆人每人各得500英镑。

毛姆朋友中最后一个来莫雷斯克的政界人物是布思比爵士,20年代他曾作为议院秘书为丘吉尔工作过。布思比是采取毛姆人生哲学的老朋友,这种人生哲学是:无可奈何地承认人生的毫无意义,但又以顽强的决心要把人生看个透彻。布思比认为，20世纪中有四个英国人比其他任何人都更多地给了众人以快乐，他们是查尔斯·卓别林、诺埃尔·科沃德、P·G·沃德豪斯和毛姆。

布思比发现艾伦孤单、平静、听天由命。"在某些方面，"艾伦对布思比说，"你和威利的友谊是无与伦比的，……他非常喜欢你，而且和你在一起时总是心情舒畅的。你是否注意到当我们单独在一起时，他的口吃就消失了？但最重要的是他知道你真的喜欢他，而这样对待他的人并不多。"

艾伦说毛姆此刻躺在楼上他的卧室里，他问布思比要不要上楼去看看老朋友。布思比摇摇头，艾伦问他为什么不去，他说："因为生活里再没有像死人那样死气沉沉的了。"

在92岁生日前两个月，毛姆在花园里摔倒了，跌伤了胫骨。隔了几日，他被屋里的地毯绊了一跤，头撞到了壁炉上。当天夜里，他睡觉醒来，下床时又摔倒在地。艾伦发现他躺在卧室地板上，已经不省人事，赶忙将他扶起来。恢复了意识之后，毛姆对眼前的艾伦说："哎呀！艾伦，你到哪里去了？害我找了你好几个月。我要跟你握手，感谢你为我所做的一切。"

这句话竟成了毛姆的临终遗言。

艾伦送毛姆到尼斯的"英美医院"，那里有毛姆的私人医生罗萨诺夫医生照顾他。毛姆在这里住了一个多星期，躺在病床上，处于半昏迷状态，一楼的落地窗外有一个花园，从那里可以遥望地中海。越来越多的记者、摄影师和摄像师聚在医院门口，每天医生向他们简要通报毛姆的病情，这让一下子成为名人的医生十分自豪，很享受表演的每一刻。

海风吹得窗棂格格作响，病房里的毛姆烦躁不安。一个年轻的英国护士走进来，坐在他身边，发现她的病人焦虑困惑，迫切需要有人安慰。她给他披毯子时，他让她躺到床上去。"与性无关，"她说，"他要的是安

慰。"他想再体会一下儿时被母亲抱在怀里的感觉,她拿出一个软垫子,垫在他背后,这样似乎能减轻他的痛苦。

12月15日夜间,毛姆去世了,这天离他的92岁生日只差40天。

由于法国的一条法律规定,死在医院的人需要作尸体解剖,艾伦用救护车把毛姆送回莫雷斯克,宣布毛姆死于家中。

那天夜里11点,纽约哥伦比亚广播公司新闻广播员说:"天上有生命,地上有死亡,这个信息后是这样和那样的故事。"天上有生命指的是火星,地上有死亡说的是毛姆。

艾伦还要应付新闻界,应付法国当局和等着分配遗物的毛姆在伦敦的家属。艾伦为那些来向毛姆遗体告别的人提供了饮食和点心:给英国人杜松子酒,给法国人朗姆酒,给大人物香槟酒。一个来访者偷走了一个鼻烟盒。艾伦还发现一个可疑的老妇人,她聚精会神地在摸毛姆床头的一领纱帏,看看它是不是用丝绸衬的里……

最近的火葬场在马赛。20日,一辆救护车把毛姆尸体运到那里。出席仪式的人们把尸体送入一个炉中。一个参加者用法语对艾伦说:"你愿意再看看这位先生吗?""我看了他最后一眼,"艾伦回忆说,"天啊!他真的不再坐起来了。"

疲惫、悲伤的艾伦精神恍惚,怀里抱着一个小骨灰盒坐在火葬场的等候室里,时间似乎过去了好几个小时。炉子的高温使毛姆尸体折叠起来,工作人员带着一个盛有骨灰和尚未烧化的两根骨头的白铁盘走过来,上面蒙了块亚麻布。掀开那块布,里面露出几根长长的灰白色的骨头,骨头太大,烧不毁,那人向艾伦询问可否把骨头敲碎再装进盒子里。

接着,那人从口袋里掏出一把锤子,卖力地干起活来。艾伦实在看不下去,跑到街上,呕吐起来。

艾伦制作了一个孔雀石罐子,放进一个桃花心木的小骨灰盒里,用飞机运回伦敦。

12月22日，骨灰埋葬在坎特伯雷教堂尖塔下面的《毛姆图书馆》墙根下。没有唱赞歌，没有颂辞，没有宗教仪式。只有由丽莎领头的一个简单的送葬行列。他们从皇家学校绿色庭院里的校长住宅出发，走四百码到一个安静的回廊，大约有30个学生从圣诞节假期中赶来参加葬礼，站成半圆等待着。

在骨灰盒上有一个镀镍的饰板，上面写着"萨姆塞特·毛姆1874-1965"。

宣读毛姆的遗嘱时，艾伦得知自己变成了大富翁。莫雷斯克归丽莎所有，罗宾得到了信托基金（毛姆去世没几个星期罗宾就在发行量很大的周日报纸上告诉世人毛姆是同性恋，接着出版了一系列关于毛姆的回忆录：《与威利对话》《萨默塞特和毛姆一家》《摆脱阴影》《寻找涅槃》）。毛姆的肖像捐赠给了尼斯市政府。

从巴黎的丹婷路25号，到坎特伯雷一角的一块墓碑，一个真实的人，一个伟大的作家，走过了91年零11个月的生命历程。

这样的历程，像不像他在《作家笔记》的最后一段——

我就像一个在战时码头等船的乘客，我不知道船哪一天会开，但我做好了准备，一接到通知就可以立刻上船。……我看看报纸，翻翻杂志，但若是人提出借给我一本书，我会拒绝，因为我可能来不及读完它；再说，面对即将到来的旅程，我才不会对这么一本书感兴趣呢。我在酒吧里或是牌桌上会认识一些人，但我很快就要离他们而去，因此不打算与他们深交。我人在旅途。

人在旅途，这是毛姆一生乃至百生、万生的写照。

作为肉身的毛姆，他累了，归于尘泥，长眠此地；但对于一颗不羁的灵魂，他永远在路上。